高等职业教育"十二五"规划教材

市场调查与预测

主 编 | 冯志强
副主编 | 王利东　蔡明清　晏　凡
　　　　宋艳萍　孙长平　吕家剑

中国轻工业出版社

图书在版编目（CIP）数据

市场调查与预测/冯志强主编. —北京：中国轻工业出版社，2014.5
高等职业教育"十二五"规划教材
ISBN 978-7-5019-9541-7

Ⅰ. ①市… Ⅱ. ①冯… Ⅲ. ①市场调查—高等职业教育—教材 ②市场预测—高等职业教育—教材 Ⅳ. ①F713.5

中国版本图书馆CIP数据核字（2013）第313509号

责任编辑：张文佳　　责任终审：劳国强　　封面设计：锋尚设计
版式设计：王超男　　责任校对：吴大鹏　　责任监印：张　可

出版发行：中国轻工业出版社（北京东长安街6号，邮编：100740）
印　　刷：北京君升印刷有限公司
经　　销：各地新华书店
版　　次：2014年5月第1版第1次印刷
开　　本：787×1092　1/16　印张：15.5
字　　数：360千字
书　　号：ISBN 978-7-5019-9541-7　定价：35.00元
邮购电话：010-65241695
发行电话：010-85119835　传真：85113293
网　　址：http://www.chlip.com.cn
Email：club@chlip.com.cn
如发现图书残缺请与我社邮购联系调换
KG971-140005

前言

面对经济全球化与知识经济的发展，市场调查与预测的理论与社会实践不断地发生着变化。全国大多数高等学校特别是高职高专院校财经专业将《市场调查与预测》课程设为核心专业技能课。在高职高专教育强化实践技能理念的指导下，结合编者多年的一线实践教学经验和企事业实践工作经验，我们编写了本书。

本书的特点是理论与实践相结合，从高职高专学生学习实际出发，系统地介绍了本学科的理论知识点，吸纳了新的研究成果，在内容与知识体系上更加突出实用和创新。本书以市场调查与预测的实际工作过程为依据构建了完备的知识体系，在具体知识点的介绍上引用了大量新颖案例，进行深入浅出的分析，满足不同学生的学习兴趣和求知欲，书中还穿插了小思考、经验谈、知识链接，使得本教材在使用过程中，通俗易懂，便于学生学习。

本书共十二个项目，项目一至项目七为市场调查的内容，包括市场调查的绪论、内容、方法、抽样调查技术、市场营销调查技术、调查资料的整理与分析以及问卷的设计技术。项目八至项目十一为市场预测的内容，包括市场预测的基本理论、方法（定性预测方法，时间序列预测法，回归分析预测法）。项目十二为市场调研报告。

本书由河南工业贸易职业学院冯志强担任主编，嘉兴南洋职业技术学院王利东、河南工业贸易职业学院蔡明清、江苏省扬州商务高等职业学校晏凡、郑州经贸职业学院宋艳萍、河南林业职业学院孙长平、硅湖职业技术学院吕家剑担任副主编。具体分工如下：项目一至项目六由冯志强编写；项目七由王利东编写；项目八由蔡明清编写；项目九由晏凡编写；项目十由宋艳萍编写；项目十一由孙长平编写；项目十二由吕家剑编写。此书大纲与最终定稿由冯志强完成。

本书在编写过程中，参考了大量的论文、论著与文献资料，特向作者表示深深的谢意！在编写本书的过程中还受到各界同仁的大力支持和帮助，在此一并感谢！

由于作者水平有限，书中难免有不妥之处，敬请广大同仁和读者批评指正。

编者
2014.3

目录

项目一　市场调查绪论　1
　　任务一　市场调查概述　2
　　任务二　市场调查的含义与特征　5
　　任务三　市场调查的类型与作用　8
　　任务四　市场调查的原则与程序　12

项目二　市场调查内容　23
　　任务一　企业宏观环境调查　24
　　任务二　企业微观环境调查　28
　　任务三　企业及其策略调查　34

项目三　市场调查方法　44
　　任务一　资料调查法　45
　　任务二　询问调查法　49
　　任务三　观察调查法　52
　　任务四　实验调查法　54
　　任务五　网上调查法　56

项目四　抽样调查技术　65
　　任务一　抽样调查基本理论　66
　　任务二　抽样技术的类别及特点　69
　　任务三　抽样误差及样本数目的确定　77

项目五　市场营销调查技术　83
　　任务一　产品试验与销售试验　84
　　任务二　购买动机调查　86
　　任务三　持续性实地调查　91
　　任务四　竞争调查　93

项目六　调查资料的整理与分析　102
　　任务一　调查资料的整理　103
　　任务二　调查资料的分析　114

项目七　问卷的设计技术　123
　　任务一　问卷设计的原则和程序　124
　　任务二　问卷的类型与内容　129
　　任务三　问卷的设计技术　135

项目八　市场预测基本理论　142
　　任务一　市场预测的含义与作用　143
　　任务二　市场预测的内容与种类　146
　　任务三　市场预测的基本原理与原则　152
　　任务四　市场预测的一般步骤　156

项目九　定性预测方法　161
　　任务一　定性预测方法的概念　163
　　任务二　对比类推法　164
　　任务三　集合意见法　167
　　任务四　德尔菲法　168
　　任务五　其他定性预测法　172

项目十　时间序列预测法　183
　　任务一　时间序列预测概述　184
　　任务二　平均预测法　186

任务三　指数平滑预测法　191
　　任务四　趋势延伸预测法　194
　　任务五　季节指数预测法　198

项目十一　回归分析预测法　203
　　任务一　回归分析预测法　204
　　任务二　一元线性回归分析预测法　206
　　任务三　多元线性回归分析预测法　210
　　任务四　非线性回归分析预测法　211

项目十二　市场调研报告　220
　　任务一　调研报告的作用和种类　224
　　任务二　调研报告的格式与内容　229
　　任务三　调研报告准备的原则　232

参考文献　240

项目一 市场调查绪论

知识目标

了解市场调查的必要性及发展历程,掌握市场调查的含义、特征、内容、类型、原理、程序等相关问题,为从事市场调查打下理论基础。

技能目标

了解市场调查的类型,并能针对不同的对象和环境,掌握不同类型的市场调查。

能力目标

具有遵循市场调查的原理,根据市场调查的程序进行市场调查的能力。

案 例

伦敦咖啡店老板的生意经

英国伦敦的绅士淑女们喜欢到咖啡店喝咖啡休闲,如何把咖啡店经营好是许多老板梦寐以求的事,但貌似人们没有更好的方法。

有一个老板做了如下尝试:第一个礼拜六晚上,咖啡店全部用白颜色的咖啡杯,放50g的咖啡,当顾客走时,让大家留下对咖啡店的评价,进行分析。第二个礼拜六晚上,咖啡店全部用黄颜色的咖啡杯,放50g的咖啡,当顾客走时,让大家留下对咖啡店的评价,进行分析。第三个礼拜六晚上,咖啡店全部用红颜色的咖啡杯,同样做上述的分析。第四个礼拜六晚上,咖啡店全部用黑颜色的咖啡杯,做上述同样的事。第五个礼拜六晚上,咖啡店全部用橙色的咖啡杯,同样进行分析。老板发现顾客对红色咖啡杯的评价:感觉、味道、口感、浓度最好。第七个礼拜六晚上,第八个礼拜六晚上,咖啡店全部用红颜色的咖啡杯,并且把咖啡的量减半,只放25g的咖啡,顾客走时,再次让大家留下对咖啡店的评价,结果却是感觉、味道、口感、浓度非常好。这个老板终于发现了营销咖啡的市场规律:用红颜色的杯子,减一半咖啡的量,可以多获利一倍。他用这个市场规律经营咖啡店获得了成功。（资料来源：冯志强.市场营销策划.北京：北京大学出版社，2013.）

案例分析

市场调查就是发现各种市场的运动规律，用这个规律去解决企业存在的问题。市场规律很难发现，又很难改变，我们可以用市场运动规律去判断解决企业未来要处理的问题，这就是市场预测。

现代企业的经营决策对市场信息的运用不是"一劳永逸"，也不是"时有时无"，而是永不间断的。企业要想在不断变化的市场环境中及时发现和捕捉新机会，适时调整经营计划，使自己立于不败之地，就必须依赖于有效和稳定的市场调查研究。由此可见，市场调查与预测已经成为企业日常性的业务工作。

任务一　市场调查概述

一、市场调查的必要性

"没有调查就没有发言权"，对于一个现代意义上的企业来讲，要占领市场并获得预期效果，必须依赖于行之有效的经营决策，而行之有效的经营决策要以科学的市场调查与预测为前提条件。要想对市场未来的发展进行科学的调查与预测，则必须及时掌握市场信息，做好市场调查。从一定意义上讲，市场调查与预测是企业战略管理、经营决策过程中必不可少的一部分，是企业经营管理决策的前提。

市场调查是认识当前企业市场运动的规律，用这些规律解决目前的问题，而市场预测是用这些规律去判断解决未来的问题。市场调查与预测是市场调查与市场预测的总和。

二、市场调查的历史与未来

在成熟的市场经济中，使用市场调查方法无疑会给企业管理决策人员带来很多好处，这里面包括避免较大的投资风险和获取较大的收益，由于企业能够从中赢得竞争优势，所以人们认为市场调查和预测非常重要。市场调查与预测作为一门学科已经存在了几百年，这门学科的产生，本是生产力发展到一定阶段的产物，也就是说市场调查和预测作为一门学科或者是一门应用科学是现代工业发展的产物，具体地说是20世纪初，首先在美国发展起来的。以市场营销学的观点来看，市场是由具有一定支付能力的需求所组成的，而形成需求和选择商品的权利都在消费者手中，企业所要解决的问题是如何把消费者的注意力吸引到本企业的产品上来。在众多的商品面前，消费者之所以做出自己的选择，是何种因素在影响和支配着他们，这就需要进行市场调查，并以此为基础宣传企业的产品，引导消费者购买。

在市场上，生产紧随消费的情况普遍存在，但生产也可以强制需求，即在消费者对产品有了了解和认识以后，认可产品，并进行购买，这种强制需求一旦成功，企业就可率先进入产品的销售领域，从而在市场上占据绝对优势。然而强制需求的成功必须建立在满足消费者某种需求的基础之上，成功的背后，市场调查起着极为重要的作用。

（一）市场调查的历史

1.萌芽期

根据文献记载，最早的大规模调查来源于1824年8月美国的一场对总统当选的选票调查，这是由美国一家报纸进行的。同年，另一家报纸也进行了类似的一次民意调查。而真正用于市场营销决策的市场调查，则是在1879年由一个广告代理商为农业设备制造商制定广告安排，而对当地农产品产量的收获水平做的一次市场调查和预测。而有专门的学者进入这个领域则是在1895年，美国明尼苏达大学的一名心理学教授用邮寄问卷调查法进行调查，当时问卷回收率仅为10%。

2.成长期

进入20世纪后，随着生产力的发展，生活消费品的不断丰富以及生产机械化程度的提高，对扩大市场提出了新的要求，原来那种仅能满足基本生活需要的小农经济一去不复返，为了了解更多的消费者的购买习惯和对产品的需求，美国产生了第一家正式的调查机构，即在1911年美国的柯蒂斯出版公司成立了一个商业调查部，而部门经理就是被称为"市场调查先驱"的佩林（Charles Coolidge Perlin），现在美国市场营销学会每年都要以纪念佩林的名义召开学术年会。

3.成熟期

由卖方市场向买方市场的转变，使企业的市场风险加大，必然要求企业在产品销售、新产品开发方面加大力度和不断创新。为了避免决策失误和规避风险，企业必须要获得更好的市场情报，通过市场调查来发现市场需求，以便做出正确的决策。20世纪50年代，在市场调查过程中就提出了市场细分的概念，并展开了消费者动机研究、消费者行为分析。这些研究和分析与先进的调查技术相结合，派生出消费者心理学等边缘学科。随着计算机技术的发展，市场调查和分析也由原来的定性分析转变成定量分析，并产生了人工智能型的专家决策系统软件，为调查人员快速分析、储存和探索大量信息提供了有力支持。

（二）市场调查与预测的现状和未来

1.市场调查与预测在国外企业中的现状和未来

在发达资本主义国家的企业里，市场调查与预测是在激烈的市场竞争中不可缺少的工具，也是它们谋求更大的市场份额和进行主要决策的依据。

目前在美国大公司中，都有独立的市场调查部，直接由最高决策层负责。这些调查部门由专家组成，每年预算占公司销售额的1%~3.5%，必要时还聘用公司以外的专门市场调查公司进行专项调查。

在日本，市场调查工作是在第二次世界大战后从美国引进的，但是发展很快。日本的对外贸易，自20世纪50年代以来，发展速度相当惊人。而增长的原因，除了政府制定的贸易政策有利于扩大出口外，就是花了大本钱做市场调查，把握市场趋势，做到了产销对路。

在日本除了大贸易公司外，还有官方、非官方和民间机构在收集世界各地的政治、经济、军事和社会资料。其中，日本企业提供的资料分为三类，即一般经济情报、个别调查情报与贸易统计快报。其中个别调查情报具有较强的针对性，包括市场调查、商品动向调查、国外企业信誉调查等。

2.市场调查与预测在我国企业中的现状和未来

一个专项调查结果表明，无论是对境外投资者还是对内地企业来说，在中国投资环境中最需改进的投资环境要素之一就是中国的市场调查与咨询服务能力。在实际活动中，相当数量的现实服务需求得不到有效的满足。国际信息咨询服务中占据重要地位的公共信息领域，在我国受到多方制约，开放程度与社会需求相比相对滞后，这也对市场调查业的发展形成负面影响。市场调查业的迅猛发展，使占相当比例的市场调查机构在专业人才培养、调查技术进步以及管理手段更新方面因准备不足而面临社会需求的强有力挑战。同时，市场调查业在快速形成和成长过程中，某些业内不规范现象在某种程度上的存在，也在一定程度上直接或间接地影响了市场调查业的社会声誉和成长环境。目前，国内大多数市场调查机构还处在非常弱小的状态。据估计，大约占整个行业2%的机构拥有全行业85%以上的营业额。

在市场调查应用方面，我国市场调查和西方发达国家相比，存在相当大的差距。

首先，在理论研究方面，缺乏有效的渠道引进国外先进理论，传播缺乏有力手段。国内缺乏全面的市场调查与预测的理论专著，高水平的专业理论书籍不够多，经常性的具有广泛影响的理论刊物《调研世界》、《预测》被有关部门评为中文核心杂志，一批管理类、经济类、决策类、统计类期刊杂志开设有市场调查与预测的栏目。由于缺乏正确而系统的理论指导，导致中国市场调查与预测的应用水平一般。

其次，在应用方面，范围狭窄，层次浅显。目前，中国市场调查与预测主要涉及部分消费品方面，还涉及金融保险、旅游文化、交通运输、工业农业、教育卫生、投资管理等方面，而且在应用中，许多方法虽可全过程操作，但重前轻后，对调查研究后半部分，即统计分析比较粗浅，缺乏应有的深度。许多计量化的研究手段未能在实践中应用。

从企业角度考察，市场调研的重要性普遍受到社会重视，市场调研虽然已经引起社会和企业的重视，但存在的问题是比较明显的。第一，机构设置不完善，许多企业没有专门的市场调查机构。例如，上海市有关部门曾下达文件，要求年销售额在1亿元以上的企业成立市场部，但市场部的功能定位问题尚未根本解决，特别是市场调查功能在市场部的定位问题尚未引起足够重视。许多市场部由原有的广告部、销售部改组而成，把广告、推销作为市场部的主要功能。这种功能上的交叉，明显反映了企业高层决策人员对市场调查功能认识上的错位。第二，大多数企业没有固定的市场调查经费，少量的市场调查经费只能以广告费的名义支付。第三，市场调查专业人才紧缺。能够胜任市场调研岗位的专业人员在企业如鱼得水，在企业受到十分地欢迎，一些市场调研公司受到社会好评，经济效益突出。然而，在市场调查岗位上的工作人员有相当一部分缺乏市场营销和市场调研的系统教育及专门训练。因此，缺乏系统地开展市场调查的整体策划和组织实施能力，市场调查活动带有很大的随意性和短期性，市场调查与预测工作做了，但是很难发现市场规律，就更难说用市场规律去解决问题。总的来说，中国市场调查业发展不平衡，面临着巨大的机遇和挑战。中国市场调研业被誉为巨大潜力的朝阳行业，这既是对调研行业发展的璀璨夺目前景的企盼，也是对开拓中国市场调研业光辉明天的艰苦跋涉者的巨大激励。21世纪是信息知识社会，市场调研业必将成为第四产业——信息决策咨询业的重要支柱产业。

任务二　市场调查的含义与特征

一、市场调查的含义

市场调查，是指通过有目的的对一系列情报、资料、知识、信息的收集、筛选、分类和分析，来了解现有的和潜在的市场，并以此为依据做出经营决策，从而达到进入市场、占有市场并取得预期效果的目的。它是企业开展经营活动的前提。

市场由供给和需求两方面组成，它们彼此为对方提供市场，在商品日益丰富的情况下，作为供应一方的生产者面临着激烈的市场竞争。这种竞争既有产品、资金、人才的竞争，也有技术水平和技术设施的竞争。作为需求一方的消费者，在一个日益庞大、种类繁多的商品群面前必然会有所选择，而在这种市场条件下谁能赢得消费者的垂青，谁就是成功者；反之，则面临着被挤出市场的命运。因此，生存危机是企业必须时时注意的问题，然而机遇也同时存在，这就要看企业如何掌握和抓住时机。

市场调查是企业有效地利用和调动市场情报、信息的主要手段，它是企业开展市场营销活动的基础，因而在很大程度上决定着企业的前途和未来。

二、市场调查的特征

作为企业市场营销活动的基础，市场调查执行着自己的特殊职能和任务，它具有如下特征。

1.市场调查具有较强的针对性

市场调查的针对性是由企业经营活动的目的性所决定的。调查工作费时、费力，还要有费用的支出，因此调查不能盲目进行，企业需根据所要生产或经营的产品（或服务）进行市场调查。这里应该避免的情况是，一些企业未对该企业的实际情况做充分和科学的估计，就借用别人的市场调查结果或市场上表现出来的某种信息来进行生产或经营，这种做法虽然省时省力，但却冒着盲目经营的风险，在市场竞争激烈的情况下，最终将招致经营失败。

市场调查既要针对产品，也要针对竞争对手，因为应对竞争已经成为企业经营战略的重要组成部分，要想在竞争中取胜，就必须了解竞争者的实力和优势，从而确定企业的竞争策略是采取直接对抗还是退避迂回的方式。

2.市场调查具有普遍性和经常性

在激烈的市场竞争中，市场调查工作不能只停留在生产或经营活动以前的阶段，在生产和经营过程中，售前、售中、售后的阶段都需要进行市场调查，收集一切可以为企业所用的信息资料，以便随时调整政策，适应市场不断变化的形势。同时，经常的调查活动也是发现潜在市场的有效方法，对开拓新的市场领域有积极作用。

以第二次世界大战后世界经济中发展最快的日本为例，日本在考虑打入和渗透美国市场时，由于对美国国内市场了解甚少，于是开展了被人们称为"疯狂的情报活动"，而当他们成功地进入了美国市场以后，仍然大规模地进行情报的收集和市场调查工作，并在决策中充分利用获取的情报，从而保住了已占有的市场份额。此外，日本的综合贸易商社为日本企业打入和渗透美国市场提供了一系列最新最精确的市场信息，包括库存控制、生产计划、资金投放、原材料供应、市场需求及价格差异等方面的详尽情报，企业可以根据自己的需要，依据相关的情况制定全球战略。这种信息收集的先进程度使日本综合贸易商社被世人称为可以与美国五角大楼匹敌的"现代全球通信巨兽"。由此看出，多方面、经常性地收集、积累情报，是企业经营处于不败之地的需要，也是市场调查在动态的市场中所必须执行的职能。

3.市场调查具有科学性

市场调查是企业为达到营销目的而进行的活动。为减少调查的盲目性和人、财、物的浪费，对所需要收集的资料和信息必须经过事先的规划。例如，采用何种调查方式、问卷如何拟定、调查对象该有哪些等。为了获得能够最准确地反映市场情况的企业所需要的资料和信息，而又不增加费用开支，在调查内容的确定上就要考虑那些影响程度最大的因素，并将诸多的因素合理搭配，以最简洁的方式呈现给调查对象。

市场调查中对资料的汇集和分析是为了掌握事物的本质，从而把握住影响市场营销活动的关键因素。由于市场是由消费者组成的，它与一般的物理现象或定势不同，受着复杂的生理和心理特征的影响。同样的一幅照片或一件商品在同一时间、同一地点内引起人们不同的联想，而作了稍微的改动之后，又会出现新的变化，所以简洁汇总的方法不能解决市场调查中所遇到的很多问题，还需运用统计学、数学、概率论及心理学等学科的知识去进行统计、分类和进一步的分析。

4.市场调查的结果带有某些不确定性

市场调查根据调查内容的不同，可采用不同的方式，但被调查者千变万化的心理状态有时会增加对市场调查结果进行分析的难度，如果说市场调查人员只是根据那些可以找到的有关销售方面的统计数字来研究问题，所得出的结果肯定会与实际相差颇大，也不能为产品的设计和广告设计提供多少有价值的资料；即使是考虑到了消费者的心理因素，但因顾客身临购买现场时对商品的选择与被调查时有意识地回答问题时的心理状态有所不同，也会使调查结果与实际有所偏差。

【案例】

香皂的颜色发生了什么问题

市场调查专家对绝大多数的人喜欢什么颜色的香皂进行了实地调查，粉红色的香皂问津的多，实际购买的很少；而白颜色的香皂，问津的少，而购买的多。（资料来源：岑咏霆.市场调查技术.北京：高等教育出版社，2013.）

案例分析：一般情况下，人们认为问津多的商品，购买的也多，而香皂的购买规律却是粉红色的几乎无人购买。香皂的市场调查结果就具有不确定性。

市场是开放、动态的，时间的推移、经济的发展、国家政策的调整，都会使市场发生相应的变化。一定时期的流行产品会在一时无人问津，而滞销商品有可能在一段时间以后成为新的畅销产品。市场调查是在一定时间范围内进行的，它所反映的只是某一特定时期的信息和情况，在一定时期内具备其有效性，但一段时间后又会出现新情况和新问题。这样，以前的调查结果就会滞后于形势的发展，此时若仍沿用过去调查的结果，只会使企业延误大好时机，陷入困难的境地。例如，当电视机的生产能力已经超过需求量，但还未在市场上表现出来时，企业仍以过去的电视机生产供不应求的观念作为决策依据，盲目引进国外设备或扩大生产能力，其结果肯定是导致产品的大量积压；如果此时能做一些市场调查，在电视机的性能或规格上多做些文章，情况则会大不相同。

三、市场调查形成的理论框架

原始市场是商品交换的场所，现代市场是整个交换过程的总和。市场最基本的三要素为消费系统要素（人口）、生产供应系统要素（购买力）与社会管理系统要素（购买行为）。三个要素最基本的两个特征：一是，各要素变动的速度在加快；二是，要素的不统一性，在变动中寻求三者的协调一致。两个特征的存在，便产生许多市场矛盾和市场机会，存在四种状态。

（1）消费系统和社会管理系统的利益要求一致，但不符合商品供应系统的利益或超出目前的供给能力。例如，消费者要求一种物美价廉的交通工具，如更加省力、安全的自行车。对于社会管理系统来说，这种产品有利于节省人们的体力，有助于减少交通事故等，因而这种消费要求是合理的。对于供给系统来说，这就意味着要增加研制投入，改造现有工艺和设备等生产成本。在一定时期内产品的质量和价格可能与消费者的要求有差距。这种状况对于市场运行的参与者来说，特别是对产品供给系统来说，既是矛盾又是机会。

（2）消费系统和生产供应系统两者利益的要求一致，但对于社会管理系统的要求不相适应。例如，对于各种"赌具市场"来说，从消费者方面看，有一部分人具有这种消费要求，即不管出于何种动机，有些人是会到赌博场所去玩"跑马机"、"轮盘机"或"老虎机"的。从供应者方面看，生产这些赌具或提供赌博场所等服务是有利可图的，因而构成消费与提供两种要素之间的相互联结关系。但是，在我国，政府从保护人民和社会发展的根本目的出发，严格禁止赌博行为。因而从市场要素的运行机制上看，这是一种"社会调控系统"与"消费和供应系统相联结情况"的"对立状态"。从企业或产品供应要素角度看，涉足于这种状况下的企业将面对最大的风险，即受到社会调控系统要素的严厉制裁。

（3）供应系统与社会管理系统的利益和要求相一致，但缺乏消费系统的认可或超过了消费系统目前的承受能力。如新上市的等离子数字72寸投影彩电，价高而缺乏消费者。例如，某一种新产品在上市之初往往出现因定价较高而缺乏消费者的情况。高价格对于生产者和税收者来说都是有益的，但消费者最终的认可是决定这种产品能否生存的关键。因而，这也是一种市场机会与风险并存的情况。

（4）消费、供给、社会管理三大系统要素利益与要求一致，是市场运行最理想的状态。但是，由于三者的利益和要求都在变动，因而这是一种动态平衡和相对平衡。

上述三个要素的四种市场运行状态的相互关系如图1-1所示。阴影1：消费与管理利益一致，但与供应的利益或能力不相适应。阴影2：消费与供应利益一致，但缺乏管理系统的支持或保护，或为管理系统所限制、禁止。阴影3：供应与管理的利益一致，但缺乏消费系统的认可。阴影4：三个基本市场要素利益相一致，是理想的状态。

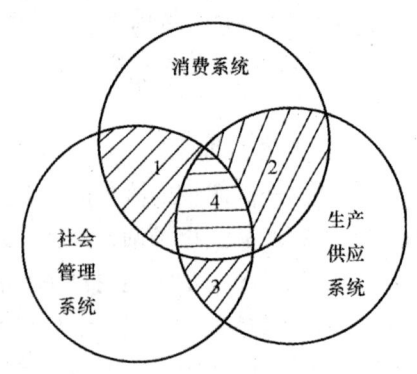

图1-1　现代市场运行的状态

对于现代市场构成三元素及其两个特征的分析以及对当代市场运行四种基本状态的把握，是充分认识现代市场调查功能与作用的出发点，也为准确分析市场调研内容结构提供了基本的理论框架。

任务三　市场调查的类型与作用

一、市场调查的类型

在经济建设中，无论是国民经济的宏观管理，还是企业的微观管理，都离不开市场调查。而且，市场调查涉及的内容方方面面，方法林林总总。为了便于学习、归纳和应用，我们将市场调查按照不同的分类方法划分为不同的类型。

1.按调查样本产生的方式划分

按调查样本产生的方式，市场调查可分为市场普查、重点调查、典型调查、抽样调查等类型。

（1）市场普查。市场普查就是对与市场调查指标有关的总体进行调查，即对所要认识的研究对象全体进行逐一的、普遍的、全面的调查。它是全面收集市场信息，获得较为完整、系统的信息资料的一种方法。

（2）重点调查。重点调查是指在调查对象总体中选定一部分重点单位进行调查。所谓重点单位，是指在总体中处于十分重要地位的单位，或者在总体某项标志总量中占绝大比重的一些单位。采用这种调查方式,较易选定为数不多的重点调查单位,能够以较少的人力、较少的费用开支,较快地掌握调查对象的基本情况。

【案例】广东省科委对"星火计划"提出了评估要求。除了收集相关的统计资料,评估组主要实施了问卷调查及面访调查,向各地市科委、星火项目负责人、项目承担单位负责人和参与计划制订与评审的专家发放3000多份问卷。在调查过程中,为了节省开支,只是对10个支柱产业龙头企业和5个星火技术密集区进行了重点调查,收到了较好的效果。(资料来源:李欣.助你成为营销高手.珠海:珠海出版社,2012.)

　　案例分析:本次调查活动中,由于样本较大,采用有重点的针对性调查,取得了很好的效果。

(3)典型调查。典型调查是在调查对象总体中有意识地选择一些具有典型意义或具有代表性的单位进行专门调查。这种典型调查一般可分为两类:一类是对具有典型意义的少数单位进行解剖麻雀式的调查,以研究事物的一般情况。这类调查,通常用来研究新生事物以及新情况和新问题,或者用来总结先进经验,以便掌握典型,指导全面工作。另一类是从调查总体中选择具有代表性的典型单位进行调查,以典型样本的指标,推断总体的指标。

(4)抽样调查。抽样调查是指从市场调查对象总体中抽取一部分子体作为样本进行调查,然后根据样本信息,推算市场总体情况的方法。在市场调查的实践中,更多的是采用抽样调查的形式。

2.按市场调查的方法划分

按市场调查方法的不同,市场调查可分为文案调查法、实地调查法、问卷调查法、实验调查法等几类。

(1)文案调查法。文案调查法是指将已经存在的各种资料档案,以查阅和归纳的方式让企业了解所需资料的市场调查。各种已存在的资料档案,又称为"二手资料"、"次级资料"。因此,文案调查法又称"二手资料调查"或"文献调研"。

(2)实地调查法。实地调查法是调查人员通过跟踪、记录被调查事物和人物的行为痕迹来取得第一手资料的调查方法。这种方法是调查人员直接到市场或某些场所(商品展销会、订货会、商品博览会、商店等),采用耳闻、目睹和触摸的感受方式或借助于某些摄录设备和仪器,跟踪、记录被调查人员的活动、行为和事物的特点来获取某些所需的信息资料。

(3)问卷调查法。问卷调查法是调查人员以面对面或以电话方式询问被调查人员,或者是调查人员携带或邮寄调查表格到调查地点,或通过互联网由被调查人员填写表格方式,来收集市场资料的调查方法。

(4)实验调查法。实验调查法是指在调查过程中,调查人员通过分析影响被调查的人或事的因素,改变某些因素、假设某种环境或保持其他变量不变,以此来衡量这个变化因素的影响效果,从而取得消费者行为、事物变化的内在因果关系的市场调查方法。

3.按市场调查的性质和目的划分

按市场调查的性质和目的的不同,市场调查可分为探索性调查、描述性调查和因果关系调查三种。

（1）探索性调查。探索性调查也称非正式调查或试探性调查。当研究的问题或范围还不甚明确时，可采用探索性调查。它的主要作用是发现问题或寻找市场机会。基本操作是企业将经营问题预先设立产生原因的情况假设，然后展开市场调查，检定假设是否成立，进而针对问题采取方法进行改进。如企业有闲置资金欲进行投资，为使投资利润率最大化，就必须对市场相关情况进行调查：资金投向何处会有最好回报？通常是先对周围环境作一般性了解分析，而后再行调查，以寻找市场机会。探索性调查主要解决的问题是"可以做什么"。

（2）描述性调查。描述性调查主要是进行事实资料的收集、整理，把市场的客观情况如实地加以描述和反映。市场调查的内容很多属于描述性调查。例如，调查市场潜在需求、商品普及率、市场占有率，进行市场推销方法、销售渠道、消费者行为、市场竞争、新产品开发等研究，故描述性调查是市场调查的重要组成部分，它主要解决"是什么"的问题。

（3）因果关系调查。在描述性调查的基础上，因果关系调查应指出其间的相互关联，进一步分析何者为因，何者为果。例如，自行车销售量的增长会促进轮胎、车锁与车铃的需求量增加；"西装热"会带来领带、皮鞋和礼帽需求量的增加；政府的基建投资增加（减少），则会使建筑材料、机械设备产品需求量增加（下降）；职工工资和奖金收入增加了，会使消费品的需求量增加等。掌握了市场各种现象之间或问题之间的联系，就能预见市场的发展变化趋势。因果关系调查主要解决"为什么"的问题。

4.按调查区域范围大小和空间层次划分

按调查区域范围大小和空间层次，市场调查可以分为国际市场调查、全国性国内市场调查、区际性（省际）市场调查和地区性（省内、县内）市场调查等。此外，还可以分为城市市场调查和农村市场调查等。

以上从不同角度以不同标志来划分市场调查的各种不同类型，其目的是为了对各种市场调查问题进行深入分析研究，便于针对不同类型调查的特点，提出不同的调查要求和选择相应的调查方式、方法。上述各种类型的市场调查，有些单独在市场营销和经营管理决策中发挥作用，但在实际工作中往往是相互结合、相辅相成的，许多不同类型的市场调查往往与同类型的市场预测结合起来，共同完成市场调查研究工作，探索市场未来发展，为科学的经营决策提供依据。

二、市场调查的作用

在市场竞争激烈的情况下，企业由于对市场信息掌握不够，从而坐失良机或销售受阻的情况比比皆是，因而市场调查的作用就更显重要。对市场信息、资料收集得越多，分析得越准确，产品的销路则会越好，企业在市场上则更占据主动地位。因而，做好市场调查成为企业共同关注的目标，其作用表现在以下几个方面。

1.市场调查是企业经营管理决策的前提

经营决策决定了企业的经营方向和目标，它的正确与否，直接关系到企业的成功与失败，因此，瞄准市场，使生产或经营的产品迎合消费者的需要是经营决策中需要首先解决的问题。

企业的产品有多大的市场，无非是指消费者对本企业产品的购买力有多大。而消费者之所以要选择这种产品，需要企业摸清以下的情况：此种产品被消费者认可的程度，对消费者有多大吸引力；销量有多大；是普遍需要还是哪一个特殊阶层需要；定价多高消费者可以接受；这种定价水平是否能使企业盈利；广告宣传应侧重强调哪一个部分才能吸引更多人的注意；市场上是否有同种产品；经销商对此种产品的看法，是否愿意经营。如果是一个出口型的企业，市场调查还需了解更多的情况，如哪些国家对此种产品的需求量最大；产品在进入国际市场前应作哪些改变；选择什么样的销售渠道；打入国际市场的成本支出有多大等。在收集到相关资料以后，才能根据本企业实际状况，确定营销活动的最佳方案，做出决策。

在买方市场的情况下，占有市场不易，保住市场份额更不易，它是企业面临的一个长期课题。因此，只有坚持不懈地进行市场调查，不断收集和反馈消费者及竞争者的信息，才能正确制定和调整经营策略，从而在市场上站稳脚跟，立于不败之地。

2.市场调查有助于企业开拓市场，开发新产品

任何企业都不会在现有的市场上永远保持销售旺势，要想扩大影响，继续盈利，就不能把希望只寄托在一个有限的地区范围内。当一种产品在某个特定市场上未达到饱和状态时，企业就应开始着眼于更远的地区，辐射就成为非常迫切的问题了。通过市场调查活动，企业不仅可以了解其他地区对产品的需求，甚至可以了解到国外市场的需求状况，它使企业掌握了该向哪些地区发展，有无发展余地等有用信息，从而决定下一步的经营战略。

3.市场调查有利于企业在竞争中占据有利地位

"人无我有，人有我转"的经营策略是每一个企业对付市场竞争的有效方法。知彼知己，才能跟竞争对手进行较量，这同样要借助于市场调查，通过调查摸清竞争对手的市场占有情况以及竞争产品之所以受欢迎的原因。

要达到在竞争中取胜的目的，就必须掌握对手的经营策略、产品优势、经营力量、促销手段及未来的发展意图等。企业面对的可能是一个竞争对手，也可能是多个对手，是采取以实力相拼的策略，还是避开竞争另辟蹊径，要根据调查结果并结合企业实际做出决断。在竞争中占据有利地位，并不一定非要进行直接的面对面的竞争，因为直接竞争的损耗将会很大，因此，通过市场调查，了解对手的情况，就可以在竞争中绕开对手的优势，发挥自己的长处，或针对竞争者的弱点，突出自身的特色，以吸引消费者选择本企业的产品。一旦竞争决策有误，经营的失败不仅表现为市场占有率的减少，也意味着对手力量的进一步强大，显然，市场调查对在竞争中取胜意义重大。

4.市场调查促进经营管理的改善，增强销售，增加盈利

企业生产或经营的好坏，最终要取决于经营管理者的管理水平。重视市场调查不断收集和获取新的信息，才能熟知生产和管理技术发展的最新动态，找出自身的差距，从而向更先进的水平靠拢。

从图1-2中可以看出企业的各种管理决策都始于市场调查。

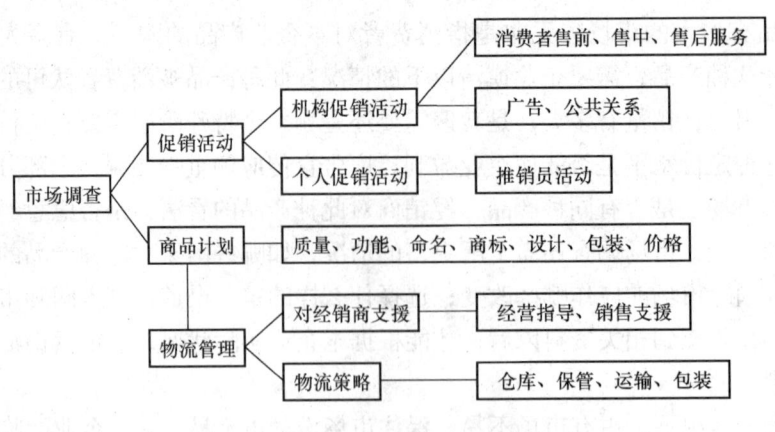

图1-2 市场开发活动系统图

任务四 市场调查的原则与程序

市场调查不是无原则、无程序的，坚持和遵循市场调查的原则和程序，是做好市场调查工作的基础。

一、市场调查的原则

市场调查既然是通过收集、分类、筛选资料，为企业生产和经营提供正确依据的活动，它就需要遵循以下原则。

1.时效性原则

在现代市场经营中，时间就是机遇，也就意味着金钱。丧失机遇，会导致整个经营策略和活动的失败；抓住机遇，则为成功铺平了道路。市场调查的时效性就表现为应及时捕捉和抓住市场上任何有用的情报、信息，及时分析、反馈，为企业所有经营过程中适时地制定调整策略创造条件。在市场调查工作开始进行之后，要充分利用有限的时间，尽可能多地收集所需的资料和情报，调查时间的拖延，不但会增加费用支出，浪费金钱，也会使生产或经营决策出现滞后，对生产或经营的顺利进行有所不利。

2.准确性原则

市场调查工作将收集到的资料、情报和信息进行筛选、整理，在经过调查人员的分析以后得出调查结论，供企业决策之用。因此，市场调查收集到的资料，必须体现准确性原则，对调查资料的分析必须实事求是，尊重客观事实，切忌以主观臆造来代替科学的分析。同样，以偏概全的做法也是不可取的。要使企业的经营活动在正确的轨道上运行，就必须要有准确的信息作为依据，才能瞄准市场，看清问题，抓住时机。

3.系统性原则

市场调查的系统性表现为应全面收集有关企业生产和经营方面的信息资料。因为在社会大生产的条件下企业的生产和经营活动既受内部也受外部因素的影响和制约，这些因素既可以起积极作用，也可以阻碍企业的正常发展。由于很多因素之间的变动是互为因果的，如果只是单纯地了解某一事物，而不去考察这一事物如何对企业发挥作用和为什么会产生如此作用，就不能把握这一事物的本质，也就难以对影响经营的关键因素做出正确的结论。从这个意义上说，市场调查既要了解该企业的生产和经营实际，又要了解竞争对手的有关情况；既要认识到企业内部机构设置、人员配备、管理素质和方式等对经营的影响，也要调查社会环境的各方面对企业和消费者的影响程度。

4.经济性原则

市场调查是一件费时费力费财的活动。它不仅需要人的体力和脑力的支出，同时还要利用一定的物质手段，以确保调查工作的顺利进行和调查结果的准确。在调查内容不变的情况下，采用的调查方式不同，费用支出也会不同。由于各企业的财力情况不同，因此需要根据自己的实力去确定调查费用的支出，并制定相应的调查方案。对中小企业来说，没有大企业那样的财力去搞规模较大的市场调查，就可以更多地采用参观访问、直接听取顾客意见、阅读大量在各种宣传媒体上发布的有关信息、收集竞争者的产品等方式进行市场调查，只要工作做得认真细致而又有连续性，同样会收到很好的调查效果。因此，市场调查也要讲求经济效益，力争以较少的投入取得最好的效果。

5.科学性原则

市场调查不是简单地收集情报、信息的活动，为了在时间和经费有限的情况下，获得更多、更准确的资料和信息，就必须对调查的过程进行科学的安排。采用什么样的调查方式、选择谁作为调查对象、问卷如何拟订才能达到既明确调查意图又能使被调查者易于答复的效果等，这些都需要进行认真的研究。同时，运用一些社会和心理方面的知识，以便与被调查者更好地交流。在汇集调查资料的过程中，要使用计算机这种高科技产品来替代手工操作，对大量信息进行准确严格的分类和统计。对资料所作的分析应由具有一定专业知识的人员进行，以便对汇总的资料和信息做出更深入的分析。分析人员还要掌握和运用相关数学模型和公式，从而将汇总的资料以理性化的数据表示出来，精确地反映调查结果。

二、市场调查的程序

无规矩不成圆，做任何事情都要讲究规律。市场调查过程大致分为如下几个阶段：调查前的准备阶段、调查活动策划阶段、计划制订阶段、计划实施阶段、追踪调查阶段。每一阶段工作完成的好坏，关系到下一个过程的工作质量。如果调查主题确定准确，调查方式选择得当，就能够保证调查资料应有的重要价值。如果资料收集得完备、及时，就为分析的准确性创造了良好的条件。

1.调查前的准备阶段

准备阶段的工作对进入实质性的调查具有重要意义，提出问题是这个阶段的开始。由企事业单位提出的问题，虽然比较明确，但不具体，只是一个带有方向性的问题，一般情况下这类问题主要涉及以下几个方面：①企业未来的发展方向。企业的进一步发展需要对市场规模和结构有更深层次的了解，如有关新产品的开发问题，这种产品的需求量、市场潜力和发展前景等情况决定了企业对新产品开发的投资规模，也同样影响企业未来的投资方向。②生产、经营中出现的困难。在生产、经营过程中，会出现这样或那样的困难，如销售出现困难导致产品积压、资金呆滞、市场占有率下降等，需要找出产生问题的原因和解决问题的方法。③竞争。为了保住和扩大市场，就必须与对手进行竞争，也就必须了解竞争对手的各种情况。通过对市场上各种竞争力量的分析与对比，来寻找市场缝隙，找出竞争对手的弱点，抓住时机，从而在竞争中取胜。

调查前的准备阶段，主要包括以下两个步骤：

（1）提出问题。在很多情况下，企业出现的或要解决的问题只是给市场调查部门提出一个大致的调查范围或意图，因而对于市场调查部门来说，需要根据调查范围来确定调查的主题。如果企业提出销售不畅的问题，调查范围有了，就要首先针对影响销售的诸多因素进行调查，是渠道选择不当，还是质量有问题；是设计问题，还是包装不适宜等。初步调查后如果发现是渠道不畅的原因，则要把下一步的调查重点放在渠道的选择上，也就是在关键问题上下工夫，这样才能提出实质性的意见和建议。

企业提出市场调查的问题是市场调查中最重要的任务。一方面，如果调查者对企业决策的问题理解不清或对问题的结果没有充分的准备，就难以指导市场调查；另一方面，企业对调查的结果会感到无所适从，不知关键问题出在哪里。例如，一个生产运动鞋的公司向一个市场调查机构提出调查课题，要求市场调查人员了解消费者对该公司产品的看法和印象，销售人员调查时，首先建立在消费者知悉该公司的运动鞋上，而不是考虑到竞争者的产品。照此调查的话，虽然能够调查出消费者对该公司运动鞋的看法，但这种调查结果会与实际销售情况存在较大误差。因为消费者在选择运动鞋时，面对的是众多厂家的商品。为了保证调查结果的正确性和实用性，必须先将调查目标确定下来。对调查工作来讲，漫无目标或目标不明确，只能造成人、财、物的浪费。

调查中，对调查目标的确定需先搞清以下几个问题：①为什么要调查。②调查中想了解什么。③调查结果有什么样的用处。④谁想知道调查的结果。

（2）试验性调查。试验性调查是指在调查目标未确定以前，调查部门根据提出的问题挑选一些精通有关问题的人进行访问，探询一些建设性的意见。所谓精通问题者，既包括生产厂商、设计人员，也包括一些经销商，如批发商、零售商等。对精通问题者访问的主要目的是将调查的范围缩小。如果把所有影响因素都调查到的话，不仅成本过大，而且重点未被突出，反而将主要问题的反映程度冲淡，如调查某产品的销售问题时，可就影响销售的各种因素征询相关人员的意见，最后确定最主要的影响因素作为调查重点。

如果已经明确了正确的调查主题，则可以根据初步调查的结果，进一步研究调查应采用哪种方式、调查的具体内容及对象等，以便下一步的调查工作顺利进行。

2.调查活动策划阶段

试验性调查以及调查主题的确定是制订调查计划的基础。为了更有效地进行有针对性的调查，需要根据目标进行调查策划，以指导调查活动。

调查活动的策划，需要考虑的方面有调查项目、调查方式、信息来源、经费估算及调查进度表等。在实际调查活动中，调查人员依据调查计划的安排来组织调查活动，管理或负责人员可按照计划规定检查调查活动的情况。

（1）确定调查项目。调查项目是为了获得统计资料而设立的，它必须依据调查的目标进行设置。影响调查目标的因素很多，都可以成为调查项目之一，但调查项目的增加，使调查的工作量和统计量也会相应增加，所以要对所有相关因素进行取舍。①对有关项目的重要程度进行比较，然后选择那些相关程度较高的项目。②有些调查项目是调查人员假设的，这些项目必须与调查主题关系密切，而且要意义明确，便于回答。③要根据经费、统计能力和调查方式等情况，确定调查项目。

（2）确定信息来源。调查项目确定以后，调查人员需要考虑如下问题：①哪些是所需的资料。②什么地方可以获得这些资料。③通过什么调查方式能够获得资料。④应该进行调查的对象是哪些。

上述问题实际上就是根据调查目标确定信息来源时所应考虑的几个方面。信息来源有两大类：一类是文字资料；另一类是通过各种实地调查从调查对象那里获取的信息资料。

现有的文字资料可以通过几种渠道获取：企业的销售实绩，生产情况，资金财务状况，产品质量、性能、包装及材料、规格、价格和利润等，可以从企业的各种报表、原始凭证及生产销售报告中获取，其他相关信息可以从公共机构中获得，如图书馆、统计部门、国际组织、政府机构、出版社、商业协会、情报机构、研究机构、银行、消费者组织和各种公司的出版物及参考书等。

现有文字资料一般不能满足调查活动的全部要求，所以在调查中还要采取其他方式获得所需要的资料，如采用实地调查的方式，通过访问、散发问卷、参观、展销等形式了解消费者的要求，也可以采用抽样调查的形式。

通过不同的调查方式获取信息资料，需要考虑如下几个问题：①调查地点，是指选择某一城市，还是几个城市；是选择某城市的一个区，还是特定的销售环境。②调查对象，是指面向所有消费者，还是某一部分消费者；是选择熟悉该产品的消费者，还是未曾使用过该产品的消费者。有些调查活动采用面向所有消费者的方式，意在了解消费者对产品的看法和印象以及潜在顾客的情况；有些调查则专门针对那些使用过该产品的顾客，从而弄清消费者喜欢该产品的哪些方面，对哪些方面还不满意，希望有什么样的改进。③调查时间，是指采用一年调查一次，还是反复多次地调查；是采用固定时间还是非固定时间进行调查。

（3）估算调查费用。调查费用因调查目标的不同而有很大差异，消费者调查、产品调查、渠道调查或销售调查等的费用支出都不一样。此外，调查方式、规模、时间、项目的多少也直接影响费用的支出。但不论什么样的调查，调查费用都应包括表1-1的内容。

表1–1　　　　　　　　　　　调查费用估价单

申请人：
调查题目：
调查地点：
调查时间：　　　　年　　月　　日—　　年　　月　　日

项目	数量/个	单价/元	金额/元	备注
资料费				
文件费				
差旅费（交通费）				
统计费				
交际费				
调查费				
劳务费				
杂费				
其他				
合计				

　　调查费用的估算对调查效果的影响很大，对市场调查部门或单独的市场调查机构而言，每次调查所估算的费用当然是越高越好，但是企业只能支出有限的费用用于调查，不可能任由调查单位提出过高的费用开支。因此，在提出经费估算时，调查单位须提交一份详细的估价单，将所有费用开支一一列出，供企业审阅。费用开支数目要实事求是，不能过高但也不能过低。合理的支出是保证调查顺利进行的重要条件，调查单位应以有限的经费达到最好的调查效果，这不仅是调查单位树立信誉的需要，也是调查单位水平高低的体现。

　　在调查费用估算和开支方面，应避免两种情况：①调查时间的拖延，这样必然造成费用开支的加大，应力求避免这种情况的发生。②缩减必要的调查费用也是非常不可取的，调查活动必须有一定的费用开支来维持正常的调查所需，减少必要的开支只会导致调查的不彻底或无法进行下去，因此也就难以达到预期的目的，这对企业自身的生产和经营是有害无利的。

　　（4）调查项目建议。通过对调查项目、方式、资料来源及经费估算等内容的确定，调查人员可按所列项目向企业提出调查项目建议书，对调查过程进行简要的说明，供企业审阅。调查任务书是调查人员经过试验性调查及一系列的分析研究后拟订的，它对企业提出的调查任务作了更具体、更详细的说明，因此调查项目建议书完全是以调查者的角度对调查目标及调查过程所作的说明。由于调查项目建议书是供企业审阅及参考之用的，所以其中的内容一般都比较简明扼要，以便于企业有关人员阅读和理解，见表1–2。

表1-2	调查项目建议书

调查题目：
调查单位：
调查人员：
调查负责人：
日期：　年　月　日—　年　月　日
1.问题以及背景材料：
2.调查内容：
3.调查所要达到的目的：
4.调查方式：
5.调查对象：
6.调查地点：
7.经费估算：
负责人审批意见：　　　　　　　　　　申请人：
财务审批意见：　　　　　　　　　　　申请日期：　年　月　日

3.计划制订阶段

(1)调查计划制订的必要性。调查活动是一个完整的过程，也是一种集体配合的工作过程。由于牵涉大量资料的收集、整理、分析以及调查人员与各方面有关人士的接触，因此，为了保证调查活动的有条不紊和有序进行，需要制订调查计划，对调查的内容及时间安排做出明确而详尽的规定，以此来指导整个调查活动的进行。

(2)调查计划的制订。调查计划分为两项内容：对调查内容的说明和调查时间进度表。调查计划因调查所要达到的目标不同，计划的内容、繁简程度也不相同，时间安排上也有长有短。在计划的实施过程中，它并不是一成不变的，根据调查进度情况及某些问题的出现，可以对调查计划中的某些内容进行修改、增加或删减，以适应变化的形势，并及时调整计划中不符合实际的内容。

①对调查内容的说明。部分内容实际上是将各种调查的构想和操作明确化。它包括调查目的、调查的方法和技术、资料的收集和整理、调查对象的选择、经费估算以及人员安排等，见表1-3。

表1-3	调查计划表
调查目的	为何要作此调查、需要了解些什么、调查结果有何用途
调查方法	问卷法、询问法、电话法、邮寄法、观察法、试验法、心理法、集合意见法
调查地区	被调查者地区、居住范围
调查对象、样本	对象的选定（资格、条件）、样本数量、样本选取
调查时间、地点	所需时间、开始日期、完成日期、在外调查时间、调查会开始时间、会址
调查项目	访问项目、问卷项目（附问卷表）、分类项目

续表

分析方法	统计的项目、研究模型、分析、方法
提交调查报告	报告书的形式、份数、内容、中间报告、最终报告
调查进度表	策划、实施、统计、分析、提交报告书
调查费用	各项开支数目、总开支额
调查人员	策划人员、调查人员、负责人姓名、资历

调查计划制订以后，调查过程须按照计划规定进行，计划表也可作为监督和指导调查过程进展情况的依据。

②调查进度表。调查进度表是将调查过程每一阶段需完成的任务做出规定，避免重复劳动、拖延时间。调查进度，一方面可以指导和把握计划的完成进度；另一方面可以控制调查成本，以达到用有限的经费获得最佳成果的目的。

调查进度表将调查过程划分为几个阶段，并说明各阶段应完成的任务、时间的限定以及人员安排。市场调查的进度一般可分为如下几个阶段：①策划、确立调查目标。②查寻文字资料。③进行实地调查。④对资料进行汇总、整理、统计、核对及分析。⑤市场调查报告初稿完成、征求意见。⑥市场调查报告的修改与定稿；调查报告完成，提交有关部门或企业。

4.计划实施阶段

调查计划实施阶段，进入了实质性的调查阶段。这一阶段要按照调查进度表的规定分阶段进行。

（1）查寻文字资料。这一阶段主要是对现有的文字资料进行调查和收集。最现成的文字资料就是企业的各种报表，通过这些资料了解企业的生产、经营、销售及库存方面的情况。此外，还可以查寻已经公开发表的统计资料和其他定性的资料，如公司图书馆、公司卷宗、政府部门、公共图书馆等的外界资料。在查寻这两类资料的过程中，要考虑还有哪些资料欠缺，需要进行补充；还应去查寻和索取竞争者的业务资料进行对比；最后确定哪些资料需要进行实地调查。

在这一阶段，除了确定哪些资料还需要进行实地调查以外，还要准备实地调查方案，设计抽样结构和抽样对象；在编列准备走访的名单时，要查寻行业目录或根据企业所推荐的调查对象来确定走访的对象；如果走访的对象是消费者，应先确定是一般消费者还是某一特定的消费者群。总之，这一阶段的工作为下一步的实地调查创造了条件。

（2）实地调查。实地调查可以直接获得调查对象对调查项目的反应，弥补文字资料的不足。实地调查既可以采用询问的方式，由调查人员亲自与调查对象交谈来获取信息；也可以采用散发问卷的形式，由调查对象进行填写。为便于回答，不论是询问式还是问卷式的调查方法，都需要对问题的内容和提问方式进行设计，同时也要考虑走访和答卷所需要的时间以及调查人员一天能够走访调查对象的数量等。在调查过程中，调查人员有必要将已走访的情况或已收回的问卷定期进行一次汇总和研究，以了解实地走访是否能顺利进行，是否能得到走访对象很好的配合。

（3）对资料的汇总、整理、分析。文字资料和实地采访所获得的资料要进行汇总，这种汇总既可以是一次性的汇总，也可以在调查中逐次汇集和统计。为便于汇总和更清楚地反映问题，需要在汇总前对资料进行分类，编制每一类别的统计表。进行分类整理以后，要核查一下是否还有需要补充的内容或有无疏漏的地方，以便进一步补充和修改。在所有资料整理工作完成后，就要根据调查的主题对资料进行分析，并着手写调查报告了。

（4）对调查报告的初稿征询意见。市场调查的分析报告初稿完成后，需要征求委托单位的经理或有关负责人的意见。采用的方式既可以是面交委托单位审阅，然后听取意见；也可以采用召开讨论会的形式。总之，在初稿完成后，要向委托单位详细说明调查结果及对结果的分析。调查人员通过与委托单位互相交换意见，可检查调查结果与委托人的意图是否完全吻合，是否达到了委托人所要求的标准，还有哪些地方需要修改；委托单位在听取调查结果的同时，也可以了解用户或消费者对企业产品或促销活动的反应。当企业有关负责人忙于日常工作而无暇阅读调查报告时，利用一定的空闲时间参加调查讨论会，是了解市场的一个极好的机会。

（5）修改、定稿、呈交报告书。在听取了委托人一方的意见并对调查报告作进一步的修改和补充后，就可以定稿，呈交委托单位。报告书既要有文字说明，也要有统计、图表说明，呈交报告书既可以采用报告会的形式，也可以直接交给有关负责人。由于阅读报告的人多是繁忙的业务负责人，所以报告的写作应力求语言简练、明确、易于理解，内容讲求适用性，并配以图表进行说明。如果是技术性的报告，因其读者大多数是专业人员或专家，因此要力求推理严密，并提供详细的技术资料及资料来源说明，注重报告的技术性，以增强说服力。

（6）市场调查计划书附录。包括以下几方面的内容：调查项目负责人及主要参加者的名单。说明每人的专业特长以及在该项目中的主要分工。课题组成员的水平和经历对获得项目的批准有时是很起作用的。抽样方案的技术说明及细节说明。问卷设计中的有关技术说明。数据处理方法，所用软件等方面的说明。

5.追踪调查阶段

调查报告的呈交，说明调查工作就此告一段落。但是，为了更好地履行调查工作的职责，还应进行追踪调查，追踪调查需要了解的情况是：

（1）追踪调查前一段工作的成效。调查单位的调查有时难以与企业的意图完全一致，有时由于调查中所出现的误差也会与企业所要求的标准偏离，因此追踪调查需要了解调查报告中所提建议是否符合实际，所提数据是否准确、合理，调查报告分析结果对企业的适用性如何等，来考察调查工作的成效。

（2）调查结果的采纳情况。追踪调查还需要了解调查结果是否被委托人完全采纳；没有被采纳的原因是什么；调查报告未被采纳或被搁置是调查单位的责任，还是委托单位的问题。调查结果被采纳的情况下，在实践过程中仍有可能未按照调查报告所提的建议去做，这样就会影响实施的结果，需要进行纠正，以便企业的经营顺利进行。市场调查的程序如图1-3所示。

如图1-3所示，市场调查是指针对企业生产、经营中所要解决的问题而进行的活动。因此，调查活动必须具备很强的目的性，在目标确定以后，工作需按照一定的程序进行。

从准备到方案的制订,直至最后的实施和完成,每一阶段都有特定的工作内容,来保证调查工作有秩序地进行,减少盲目性。

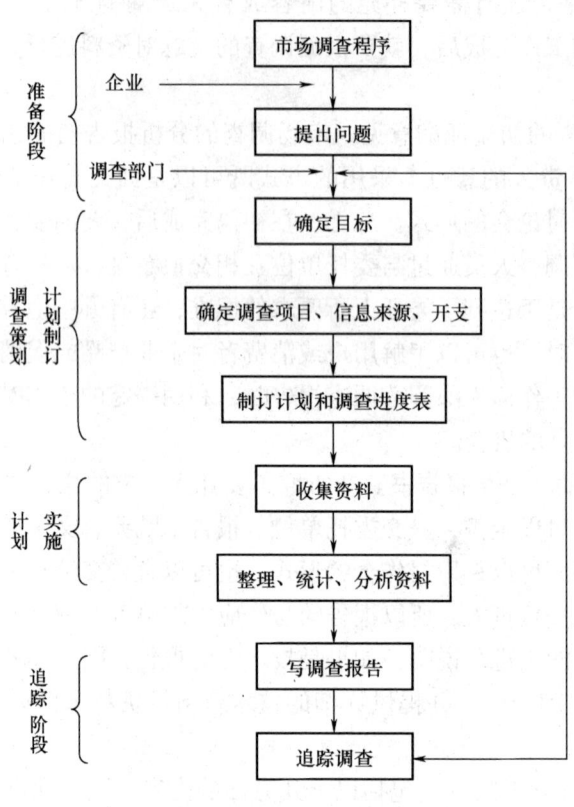

图1-3 市场调查程序

项目小结

本项目主要介绍了市场调查的含义、特征、内容、类型、作用、原则及程序基本理论。

市场调查是企业经营决策的前提,它具备针对性、普遍性和经营性、科学性、时效性等特征。市场调查以社会环境、市场需求、产品、市场营销活动为调查内容,可以是多方面或多层次的。市场调查的作用表现在,它是企业经营管理的前提,它有助于企业开拓市场,开发新产品,它有助于企业在竞争中占据有利地位,它能够促进企业经营管理的改善,增加销售,增加盈利。决策在市场调查中应遵循时效性、准确性、系统性、经济性和科学性原则,并按一定程序展开,即调查前的准备阶段、调查活动策划阶段、计划制订阶段、计划实施阶段、追踪调查阶段。

复习思考题

■ 基本训练

1.判断题

（1）只要做好市场调查，就会做出正确的决策。（   ）

（2）市场调查与预测是在当今激烈的市场竞争中不可缺少的工具。（   ）

（3）为了节省营销费用，用别人的市场调查结果或市场上表现出来的某种信息也可取得好的调查效果。（   ）

（4）重点调查是指在调查对象总体中有意识地选择一些具有代表性的单位进行专门调查。（   ）

（5）市场调查必须坚持和遵循一定的原则和程序。（   ）

（6）市场调查与预测就是市场调查与市场预测的总和。（   ）

（7）市场调查是用市场规律解决当前企业的问题，而市场预测是用市场规律判断解决企业未来的问题。（   ）

（8）市场调查的成果形式是调查报告。（   ）

（9）市场调查是市场预测的前提。（   ）

（10）市场调查要确定调查的目标。（   ）

2.选择题

（1）下列关于市场调查作用说法错误的是（   ）。

A.市场调查为企业经营决策提供依据

B.市场调查有助于企业开拓市场，开发新产品

C.市场调查有利于企业在竞争中占据有利地位

D.市场调查能保证企业增加销售，增加盈利

（2）市场调查与预测是在当今激烈的市场竞争中不可缺少的工具，市场调查应用最早的国家是（   ）。

A.英国　　　　　　B.德国　　　　　　C.美国　　　　　　D.法国

（3）下列不属于市场调查特征的是（   ）。

A.普遍性和经常性　　　　　　　　B.科学性

C.结果确定性　　　　　　　　　　D.时效性

（4）下列哪一种调查也被称为"非正式调查"（   ）。

A.描述性调查　　　　　　　　　　B.因果关系调查

C.探索性调查　　　　　　　　　　D.文案调查

（5）调查计划的内容有（   ）。

A.调查内容的说明　　　　　　　　B.调查时间进度表

C.调查目的　　　　　　　　　　　D.调查人员安排

3.简答题

（1）简述市场调查的发展历程。

（2）市场调查的特征有哪些？

（3）按照方法来划分，市场调查划分为哪几种类型？

（4）市场调查应遵循哪些原则？简述市场调查程序。

4.设计题

如果你是一位市场部经理，试自选一调查项目，并为其构思一个合理的调查步骤。

5.分析题

日本汽车商的调查工作

日本的汽车商人欲打入美国市场时，他们发现美国人有喜欢微型汽车的消费倾向，于是他们所调查的是拥有或使用过德国大众公司的"甲虫式"微型汽车的美国人，以此决定向美国出口什么样的轿车最受欢迎，并最终取得了成功。问题：日本汽车商的调查工作为什么取得了成功？

■ 案例分析

如日中天快餐业

近几年来有迹象表明，快餐业在全球迅速发展。例如，澳大利亚人越来越喜欢食用快餐，据不完全统计，目前快餐业的市场容量达50亿美元，并且有较强的增长势头。调查研究表明，有35%的家庭每四周就消费一次快餐食品，并且有许多家庭一周至少消费一次，每周人均消费16.5美元。传统的快餐食品（如汉堡包、土豆条以及鸡肉）仍然受到消费者的青睐。另外，有76%的消费者乐于带走快餐，他们其中有66%的人选择比萨饼。经预测，送货上门将是快餐业未来的发展趋势。目前，已有多家快餐店提供此项服务，而且获利颇丰。（资料来源：［美］小卡尔·迈克丹尼尔.当代市场调研.范秀成等译.北京，机械工业出版社，2012.）

问题：（1）消费行为习惯对澳大利亚未来快餐业的影响有哪些？

（2）结合本案例，说说市场调查的作用有哪些？

项目二　市场调查内容

知识目标

了解企业市场调查的宏观、微观内容及各个调查点。

技能目标

根据企业的宏观、微观环境，运用相应的市场调查策略，掌握如何进行宏观、微观环境调查。

能力目标

具有灵活运用相关技能进行战略思想调查、组织结构调查、策略规划调查的能力。

企业是一个开放的经济实体，它的存在和发展都离不开与社会各界（包括自然）的物质和信息的交流，因而，影响企业经营的因素几乎包罗万象，市场调查的内容也就很广、很多。而且，由于各调查主体因调查目的的不同，其调查内容有不同的侧重点。一般来说，企业调查时，内容应尽量广些，涵盖一切与企业经营有关的信息，如宏观因素、微观因素、企业自身因素等。

案　例

"黄太吉"：以O2O模式卖煎饼

在北京CBD有一个80后创业者叫赫畅，把煎饼卖到年收益500万元，可他的店只有13个座位，十几平方米，但是却估价4000多万元。"黄太吉"煎饼凭借其在设计、创意、营销的优势，硬是将普通的煎饼果子做出了国际范儿，致力于用新思维新模式，打造新式中国快餐。运用微博、大众点评、微信、QQ等，推送促销信息订餐方式，实际而又便捷。如何才能保证快餐的效率，又能还原现吃现做的工艺，且便于携带，他采用了接地气的O2O方式，坚持小而美。

众多食客拥趸,加盟者前赴后继,可他只做直营,各家店保留经典,发扬个性风格,产生不同念想。(资料来源:韩函.中华粮油商务.郑州:中华粮网,2013.)

案例分析

"良心用好料,还原老味道"是黄太吉提倡的经营理念。很多被记忆冲淡的事情会重新回归传统,餐饮表现亦是如此。他的成功是把握宏观、微观环境分析以及企业策略市场调查的成功。

任务一 企业宏观环境调查

宏观环境是指全面地、间接地影响企业长远发展的外部因素。通常被称为PESTN因素,即政治影响因素、经济影响因素、社会影响因素和技术影响因素等。一切组织或企业及其活动,都处在这些环境之中,不可避免地要受其影响或制约,并且,通常只能认识它、顺应它,避开威胁与挑战,寻找机遇与成功。企业宏观环境分析的模型见图2-1。

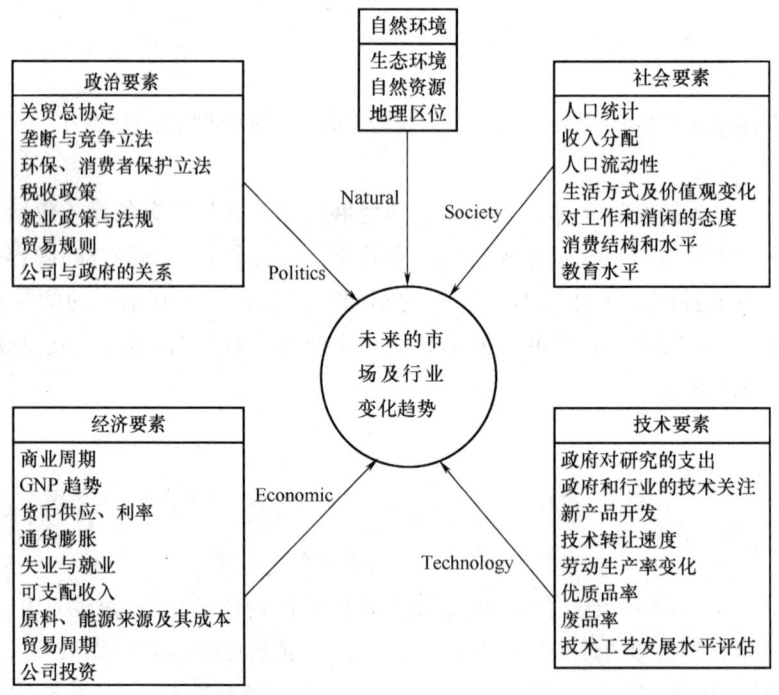

图2-1 PESTN分析模型

一、政治影响因素

任何企业总是在一定社会形态和政治体制之中活动，并遵守政府的政策法令。资本主义国家经济体制，决定了不可能对国民经济进行严格的组织与计划，但可以通过制定各种"发展纲要"和"经济法规"，干预社会经济活动和企业经营活动，如美国的反托拉斯法、反倾销法、公司法、专利广告法、商标法、专利法、食品检验条例以及各种进出口控制法令、条例和有关税收、利率等方面的政策。资本主义制度下的企业都十分注重对政府的有关政策和法令的研究，通常大中型企业内设有专管法律与公众关系的副总经理，专门研究政策、法律以及政府的动向，以利用对企业有利的法规，力求减少对企业的限制。

目前，我国正在建立社会主义市场经济体制，国家从宏观政策上控制国有企业或私有企业，它们的一切经营活动都必须在国家有关政策法令的指导下，以保证社会主义方向，保证人民群众的根本利益。因此，一个企业要规划其经营活动，应该首先对国家的方针、政策、法令有深入的了解，以明确发展方向，明确什么可做和什么不可做，使企业的经营活动既符合国家政策法令，又能从适应时代大潮中获得发展契机。

对政治因素的调查通常着重于下列方面：①现有政策、法令。分析企业什么可做，什么不可做，什么可尝试着做。②政策、法令的变化趋势。探寻企业发展方向，争取主动以立于不败之地。③政策、法令及其变化对企业的影响程度。企业经营是否应转向，是否应调整。

二、经济影响因素

经济因素对企业经营的影响是十分强烈的。经济因素具体来说主要包括自然条件、经济发展水平、经济发展速度及经济发展周期。

1.自然条件

任何企业都是处在一定的自然环境之中。例如，丰富的资源必定带来原料等生产要素源源不断地供应；便利的交通必定便利原材料输入、产品输出，减轻经营者或消费者及相关人员的往来奔波之苦，且能节省运输成本和时间。所以，企业调查应着重于自然资源是否丰富，哪些资源丰富，哪些资源贫乏；气候是否适宜；交通是否便利；运输方式选择余地是否充足；运输时间是否适当；运输成本是否低廉等方面。

2.经济发展水平

经济发展水平是生产力水平在某一时点上的凝结。由于自然、历史等原因，我国不同地区的经济发展水平存在着明显的差异：沿海高于内地、东部高于西部、城市高于农村、平原高于山区等。一般说来，经济发展水平高的地区，会有较充足的资金、优良的技术、先进的管理观念和管理技术、良好素质的劳动力、广阔的市场、便利的交通、文明的秩序等；经济落后的地区，却有廉价的资源和劳动力、优惠的投资条件、广阔的潜在市场等。显然，对不同经济发展水平的调查，可以发现企业的目标市场，寻找到用武之地。其调查应着重于经济发展水平的高低：高低差距多大，高的优势何在，低的劣势何在，优势的利用价值多大等。

3.经济发展速度

经济发展速度是生产力发展的动态反映。经济发展速度越快，经济便越显生机勃勃，越能给企业带来机遇；相反，经济发展速度越慢，便越显四平八稳、死水一潭，企业也越难寻找发展契机。企业可根据经济发展速度确定合乎实际的企业发展规划，同时，寻找企业新的发展机会，掌握发展主动权。其调查应着重于地区经济发展速度快慢：发展速度快时，机遇及风险多大，发展速度慢时，机遇及风险多大，何时有机遇，何时有风险；地区发展何时起步，会在哪些行业起步等。

4.经济发展周期

经济发展周期是指经济发展根据其本身发展规律，表现出一定的周期性，无论是一国经济、一地经济，还是一个行业的经济，都会或明或暗地表现出本身发展的周期性。企业应充分调查其周期性，根据周期性调整经营方向、经营措施，以寻求在复苏时，迅速大胆发展，而在繁荣末期适当缩减经营规模或转向其他复苏发展地区或行业。其调查应着重于经济周期的明显性如何，周期持续时间长短，周期内不同阶段经济发展幅度大小，行业受其影响多大等。

三、社会影响

不同的民族地区或国家，有各自不同的适应其生存环境的社会生活准则和生活方式，这种生活准则和生活方式总称为社会文化因素。社会文化因素包括价值观念、团体信仰、文化素养、风俗习惯、社会时尚等。这些因素及其变化，都会对企业的生产经营产生一定的影响。

1.团体信仰

人们由于归属的需要、政治统治的需要以及历史原因，往往隶属于某个宗教或类似宗教的团体。各团体内的人们有着共同的信仰、爱好和需求，同时，各团体内的制度或准则又在约束人们的爱好和需求及言行。其调查应着重于有哪些团体，各自隶属于什么团体，各团体的价值观、崇尚、禁忌是什么，团体对成员的约束力大小如何等。

2.文化素养

具有不同历史的国家和同一国家的不同地区，人们所受教育的程度不同，而不同文化素养的人其追求、爱好、欣赏水平，也都影响到企业产品和市场的开发研究，更影响企业营销策略的选择。例如，文化素养高的人必然爱好与其层次相适应的商品，接受与其层次相适应的艺术欣赏水平的广告宣传等。其调查应着重于各地区文化素养高低的差距：各地区文化素养的层次特点如何，文化素养变化提高程度如何，影响文化素养变化提高的因素有哪些，与文化素养相适应的商品、价格、渠道、促销是什么等。

3.风俗习惯

风俗习惯是由地理和历史及行政原因，经过长时期演化而形成的一种较为固定的和人们普遍接受的风尚。不同地域的风俗习惯，间接地却又长期地制约着人们的生活方式、思维方式，也制约着人们选购商品的形式和准则。例如，中国人讲求艰苦朴素、勤俭持家、量入为出，对商品讲求实惠、耐用、大方、得体；中国人过去讲求趋同、从众和一致，使服装单一陈旧，现在讲求个性和自由，使服装富于个性。其调查应着重于不同地区有哪些不同的风俗习惯，不同的风俗习惯的特点如何，风俗习惯改变的可能性有多大，不同的风俗习惯对企业营销的利弊何在，如何利用其风俗习惯从事生产经营等。

4.社会时尚

社会时尚是由于某些特殊原因，使某种思潮、商品或消费方式成为一时新宠，而形成的时尚。社会时尚同风俗习惯相近，都在特定的范围内强烈地影响消费者，不同点在于时尚只是红极一时，习惯却是时尚经久不衰之后的沉淀。社会时尚来势凶猛、红极一时，每一次时尚的到来都可能是企业营销的机遇，抓住机遇、赶上时尚，可能就有一次大的发展，例如，"房地产热"必然带来建筑企业的发展；"电话热"必然带来电信企业的发展；"电脑热"必然带来电脑生产、销售及维修业的发展等。社会时尚的去势迅速，往往瞬时烟消云散，每一次时尚的结束又都可能使追赶过时尚的企业失望，如不及时调整，就可能造成企业的亏损，甚至倒闭。因为任何短暂的"热"之后，便是长时间的"冷"。其调查应着重于时尚形成的征兆指标是什么，时尚的波及范围多大，时尚对企业的影响是什么及强弱如何，持续时间长短如何，时尚形成及结束的形式是怎样的等。

四、技术影响因素

科学技术是第一生产力。技术的创新往往会带来新原料、新工艺、新方法的相应出现，如核能、电力的出现，蒸汽机、火车的出现等；同时，每一次新技术的发明或发现，都会引起相应旧技术或旧产品的淘汰，如计算器取代计算尺，影印取代复写等。可见，新技术这种创造性的毁灭力量，通过淘汰旧原料、旧工艺、采用新方法等途径，会给相关企业带来风险和机遇。在考察一个地区或国家的技术环境时，企业应注意技术水平、技术政策、新产品开发能力以及技术发展动向几个方面。

随着"新经济"时代的来临，企业之间的竞争更多地表现在科技的竞争层面上，所以，企业必须对技术环境给予高度的重视。图2-2描绘了一个对剖析产业技术变化的来源十分有用的技术环境模型。"技术"和"推动力"这两个维度是不言自明的，"过程"这一维度则刻画了新产品的开发（发明）、产品的投放（创新）和产品在顾客中的推广（扩散）之间的区别。

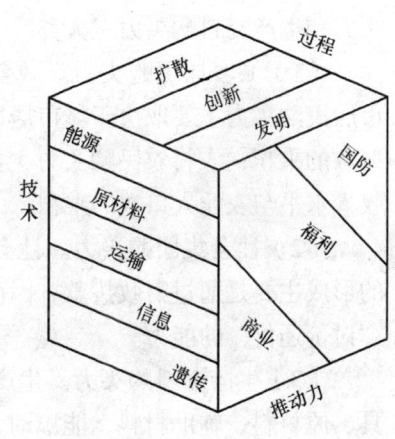

图2-2　技术开发的类型

1.技术政策

国家强化科学技术管理的规范化，可以推动科学技术的发展，如制定和实施《中华人民共和国专利法》就能鼓励和保护企业开发新技术。其调查应着重于技术政策有无重大变化，每项技术政策变化对本企业的现实和潜在影响有多大等。

2.技术发展速度

从总体上看，技术发展是一个加速运动的过程。日新月异的技术发展，缩短了技术设备及产品的更新换代过程；同时，产品技术含量的增加，高附加值产品的丰厚利润，又诱导了企业花费更多的科研费用去不断地开发新技术、新工艺、新方法，从而加速了技术的新飞跃。其调查应侧重于技术发展速度的快慢，技术突破对企业的影响如何，企业该如何应付，企业本身有无必要参与研制、开发和引进等。

任务二 企业微观环境调查

企业经营者既要注重宏观环境调查，以把握时代脉搏，规划企业发展蓝图，更要立足实际，注重微观环境调查，选准目标市场或消费者群，融洽与协作者、竞争者和社会公众的关系，才能使企业经营立于不败之地。

一、消费者调查

企业的一切活动都是围绕着消费者进行的。消费者是市场经营活动的量度员或裁判员，也只有消费者才能最终裁定企业的成败与得失。而消费者的这种最终"判决"权力又间接表现为他们的购买力的构成与投向。因此，一切企业及其他相关部门都必须认真调查消费者的购买力；企业的一切经济活动都必须围绕消费者并为消费者服务。

1. 消费者购买力的构成

无论生产性消费还是生活性消费，其最终构成可概括为城乡居民购买力、社会集团购买力和生产资料购买力三大类。

（1）城乡居民购买力。城乡居民购买力包括城市居民购买力和农村农民购买力。城市居民购买力主要取决于城市居民的工资收入及其他收入，即居民平均收入水平与城市人口数的乘积；农村农民购买力主要取决于农民农业生产收入及其他副业收入，即农民平均收入水平与农业人口数的乘积。

（2）社会集团购买力。社会集团购买力是政府机关、事业单位的购买力。其购买力的形成主要是通过财政拨款，因而，取决于国家财政收支状况、政府财政政策及社会集团"讨价还价"的能力。

（3）生产资料购买力。生产资料购买力是生产经营企业用来购买机器设备、经营工具、原材料、辅助材料、能源动力等的财力。由于科学技术进步和社会生产力发展以及折旧期的缩短、折旧率的提高，生产性消费品的种类、品种和消费规模也在不断地扩大和更新。生产资料购买力的构成主要取决于国家经济政策、经济发展水平和速度、信贷政策和集资政策及外资引进情况等。

此外，金融市场、银行信用和消费信用也会对社会购买力起重要调节作用。开放金融市场，扩大有价证券和股票交易，吸收社会集中的或闲散资金，银行吸引城乡居民储蓄，会暂时压缩或推迟社会购买力；分期支付销售的推广，又会扩大或提前形成社会购买力。

总之，消费者购买力既指原有的购买力，又指新增的购买力；既有社会总体购买力，又有地区或人均购买力；既有现实购买力，又有潜在购买力；既有固定购买力，又有流动购买力。

2.消费者购买力的投向

（1）生产性消费与生活性消费的投向。生产性消费与生活性消费的投向涉及两大部类的比例关系。这一比例关系的确定，从宏观方面制约着消费者购买力的投向，直接决定着生产和消费的比重，决定着眼前消费与长远消费的关系，也间接制约着生产性消费、生活性消费的内部比例关系。

影响生产性消费与生活性消费的因素有三点：一是积累率。积累率越高，社会总劳动用于生产性消费越多，用于生活性消费就越少，反之亦然。而积累率的高低又是由国家宏观经济规律、国民经济发展阶段制约的。二是物价指数。当实际物价指数高时，人们便会减少储蓄，热衷消费，增加生活性消费比重，反之亦然。三是生产热点或消费热点。当生产快速发展，投资热点多，部分社会闲散资金可能变成生活性消费；同理，当消费热点多，就会使社会闲散资金转化为生活性消费。

（2）生产性消费的投向。生产性消费的投向主要是受经济发展形势和其内在关联性决定或影响的。一是经济发展规划。宏观经济发展规划勾画出了生产消费结构：何为优先发展，何为重点发展，哪些该紧缩发展，比例如何。二是经济发展热点。经济发展热点的出现，必然吸引大量生产资金和闲散资金，既扩大了热点生产性消费，又改变了生产性消费结构。三是行业的连贯性或连带性。无论是经济发展规划的重点行业或优先行业，还是热点行业，都会在自己发展的同时，带来相关行业的发展和竞争行业或替代行业的萎缩，进而改变生产性消费的结构。四是经济发展周期。行业发展遵循着其自身规律：繁荣—危机—萧条—复苏—繁荣。当处于复苏和繁荣阶段，相应的生产性消费就会扩大，而处于危机和萧条时期，相应的生产性消费就会剧减，从而改变生产性消费的结构。

（3）生活性消费的投向。生活性消费十分零碎，大到房子、汽车，小到针、线等。分类也庞杂，有生存、享受、发展之分，有高档、挑选、低档之分，也有生理、安全、社会交往、受尊重、自我实现之分。生活性消费分别投向于不同方面而构成生活性消费结构。

生活性消费的投向结构受许多因素的影响。一是消费者经济收入。消费者经济收入是生活性消费的主要来源，决定了生活性消费的规模。又由于生活性消费规模的大小，必然带来生活性消费投向结构的变化，即当消费规模扩大时，消费便表现出多样化和高档化，相反当消费规模缩小时，消费便表现为减少花色品种和档次。二是消费倾向。消费倾向是反映消费者的收入和储蓄关系的，指消费者直接支出占消费者收入的比重。当消费倾向越高，消费者用于生活性现实消费就越多；当消费倾向越低，消费者越把经济收入用于储蓄，从而减少生活性现实消费，进而也改变着生活性消费投向结构。三是物价指数变化。物价指数上涨快，消费者认为购物带有保值功能，纷纷变远期消费为当前消费，变潜在消费为现实消费，以扩大消费规模和改变消费结构；相反，当物价平稳时，消费者无需购买商品防止货币贬值，使生活性消费支出平缓稳定。四是商品。当物美价廉、货源充足时，消费者往往平稳消费；相反，当商品短缺、质次价高时消费者往往持币观望，以待时机，进而改变生活性消费规模或投向。五是消费者心理。每位消费者由于种种原因，具有不同心理、理解能力和承受能力，通过强化"利好"、"利空"因素而影响生活性消费的规模和结构的变化。

二、协作者调查

企业是一个开放的经济实体,不可能孤立地存在,必须通过同外界联系、协作,取得生产经营要素和销售各种形式的商品,因此,也就少不了多种形式的协作者。

1.直接协作者

直接协作者是在企业的生产经营活动中,提供原材料、设备、能源、劳务、资金、技术等活动所需要素和直接间接地接纳产品、半成品及其他副产品等产出结果的相关企业或个人。这类协作者是企业顺利达成生产经营目标不可缺少的环节,直接关系到企业的兴衰成败。例如,协作企业所提供资源的价格和供应量,直接影响企业生产经营产品的产出成本、价格、销量和利润;营销企业对企业产出品推销的方式及努力程度,也将直接影响企业产品的成本、价格、销量、利润乃至产品声誉;银行部门能否及时提供适宜利率和足够数量的资金,也将间接影响企业产出品的成本、价格、利润,更关系到企业生产经营活动能否继续进行。协作企业是企业顺利达成目标不可缺少的环节,对企业生产经营活动有着很大影响。为此,企业应密切注意对协作者的调查,以便选择最为理想的协作者。

一是要了解企业需要哪些直接协作者。直接协作者是企业生产经营各环节上的直接提供帮助和服务的企业或个人,仅从这一点看,协作者越多越好。为了寻求协作者,并保持密切的关系,必须投入资金、财力和精力,建立广泛的协作关系,更应与直接协作者建立密切的协作关系。

二是要了解协作者的资信情况。协作者直接为企业提供生产要素、销售产品等,他们能否保质保量地提供生产要素、努力销售产品,直接关系企业生产经营目标的达成。如供应短缺,供应不及时,供应质次价高,甚至协作者破产或转产等,都会直接影响甚至决定着企业的盈利大小乃至兴衰成败。因此,必须了解企业协作者的经营能力、资金实力、经营方略、技术能力和信誉等,以便企业选择可靠的协作者。

三是要了解协作者的忠实程度。协作者是企业生产经营运行不可缺少的组成部分,但却是企业的外在力量,往往只能以利害关系影响他们,而不能有效地限制或管理他们。他们可以为本企业服务、与本企业合作,也可以为其他企业服务、与其他企业合作,还可以既为本企业又为其他企业服务与合作。企业为了建立较为固定的进销渠道上的协作者,保证其生产经营目标的顺利达成,就必须了解和培育协作者的忠实感,即了解协作者的经营意图,经营方向,经营策略,经营范围及经营范围中有多少属连带商品、多少属竞争商品,协作者转向的可能性多大等。总之,随着市场经济体制的建立和完善,经济会越来越发达,分工会越来越精细,企业的协作者会越来越多,作用也会越来越大。

2.间接协作者

间接协作者是指在企业存续或生产经营活动中,间接地、有意无意地为企业提供帮助或服务的其他企业或个人,如政府机构、消费者团体、当地公众、新闻单位及社会公众等。这类协作者虽不能直接决定企业的生产经营,但其深远影响又远远超出直接协作者。如企业失去部分原材料供应协作者,只会削减生产经营规模或寻求新的供应者,但企业如果失去了社会公众，就意味着将失去整个企业存在的基础。社会公众的范围十分广泛，几乎无所不包：从团体到个人、从政府到公众、从显形到隐形等。但通常可归纳为以下六类：政府公众，指有关的政府部门；金融公众，指关心并可能影响企业获得资金的金融团体；媒介公众，指影响企业声誉和营销推广的大众传播媒介，如报社、杂志社、广播电台和电视台等；群众团体，指消费者组织、环境保护组织及其他群众团体等；当地公众，指企业所在地附近的居民、社区组织和其他正式或非正式团体等；一般公众，指不能归纳为上述各类的所有组织或个人等。社会公众也是企业存续的环境或土壤，对企业生产经营目标的达成具有极大的影响。为了建立良好的公众形象，消除不利的公众形象，企业必须注重对间接协作者的调查。一是要了解间接协作者的间接程度，如有些协作者只是有潜在影响，有些协作者已与企业有现实利害冲突，这样有利于企业区分轻重缓急程度。二是要了解间接协作者的影响程度。间接协作者由于自身力量大小、利害冲突程度的不同对企业的影响力量有大小之异，企业应在充分调查的基础上，加以区分。三是要了解不利公众形象的消除或有利公众形象的树立的成效关系，以利于企业用较少投入取得较大产出。

三、竞争者调查

竞争是市场经济的必然产物，任何企业都不可回避，更不可视而不见。企业必须正视竞争，合理竞争。为此，必须充分了解竞争者及其策略，做到知己知彼、胸有成竹，方能稳操胜券、百战不殆，从竞争中获得进步、发展和壮大。

1.竞争程度与盈利能力之间的反向关系

如图2-3所示，即一个产业的竞争程度越高，该产业的盈利能力就越低，反之，一个产业的竞争程度越低，该产业的盈利能力就越高。

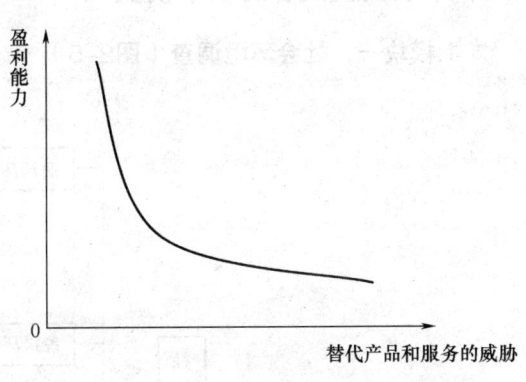

图2-3 竞争程度与盈利能力之间的关系

2.竞争者的战略与策略

知己知彼，百战不殆。竞争战略分为：一般战略，包括成本领先战略，竞争差异战略，资源集中战略。竞争位势战略，包括市场领导者战略，市场挑战者战略，市场追随者战略，市场拾遗补缺者战略。产业生命周期战略，包括新兴产业战略，成熟产业战略，衰退产业战略。竞争策略可以分为正面攻击策略、包围攻击策略、侧面攻击策略、游击攻击策略等。

3.竞争者分析的8个主要步骤

即识别企业竞争者，辨别竞争者的战略，判定竞争者的目标，评估竞争者的资源与能力，预测竞争者的反应模式，设计竞争情报系统，分析顾客价值，选择进攻或回避的竞争者。这些步骤之间的关系，如图2-4所示。

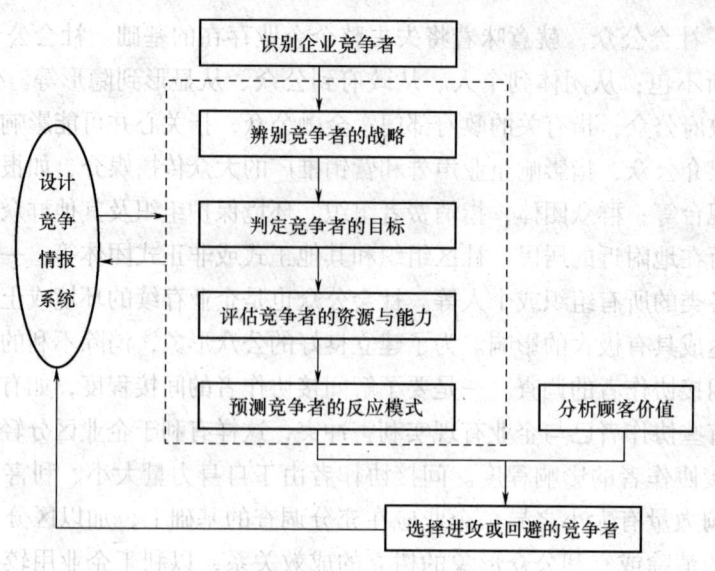

图2-4 竞争者分析流程

四、市场调查内容的四个模块

1. 模块一，社会环境调查（图2-5）

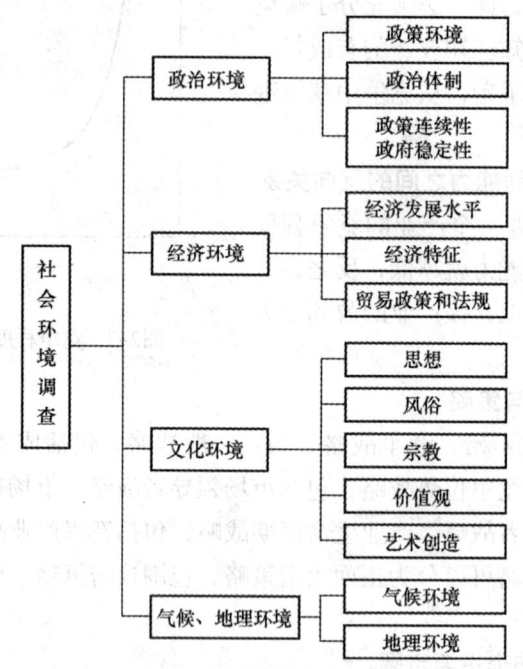

图2-5 社会环境调查

2. 模块二，市场需求调查（图2-6）
3. 模块三，产品调查（图2-7）

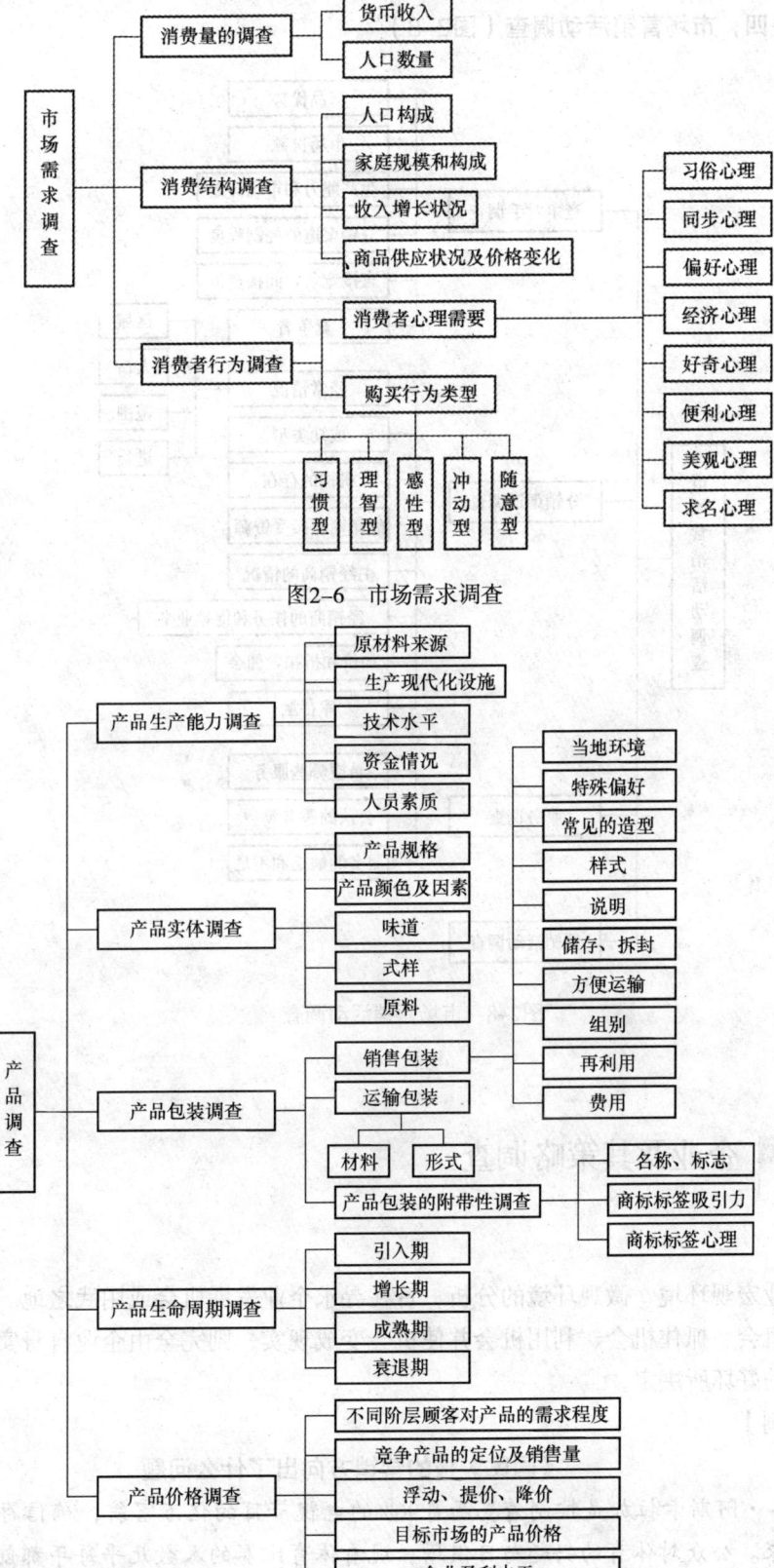

图2-6 市场需求调查

图2-7 产品调查

4. 模块四，市场营销活动调查（图2-8）

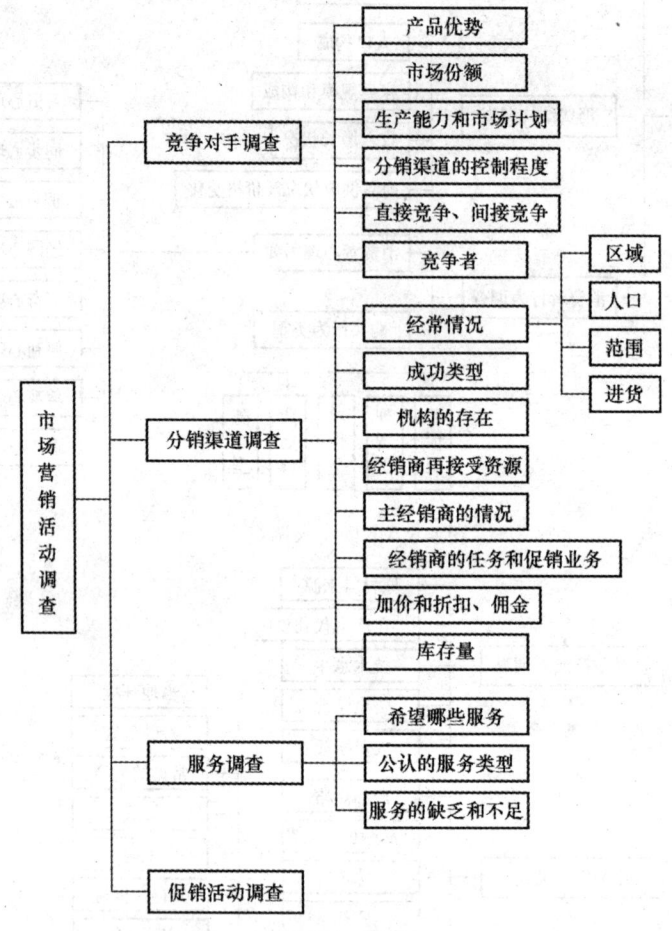

图2-8　市场营销活动调查

任务三　企业及其策略调查

对企业宏观环境、微观环境的分析，旨在寻求企业发展机会或用武之地。然而，企业能否发现机会、抓住机会、利用机会并使机会变成现实，则完全由企业自身实力的大小和策略运用的好坏所决定。

【案例】

《国民》报的营销方向出了什么问题

埃米洛·阿斯卡拉加是控制着墨西哥90%的电视节目的亿万富翁，确信存在着对体育日报的需求。公众对体育的兴趣与日俱增，观看体育比赛的人数几乎每年都创下新记录。电视和广播频道中充斥着体育事件和体育消息的报道。广告商们把体育看作影响25~50岁有钱的男性公民的巨大载体。

《国民》就此诞生。在人才和技术方面不惜重金，以便向体育消息这种大宗商品上附加尽可能多的价值。聚集了一批明星级的撰稿人，一批获奖的专栏作家。他们将现代化的电子出版系统联结在一起，从而能通过卫星把稿件传送到设在纽约的报纸编辑中心，在那里进行编辑和排版，然后信息又被传送到分布在全国各地的印刷地点。报纸中包括大量的最新的有关体育明星和新闻人物的报道，还辟有多个专栏和漫画版以及社论和漫画专页。每期报纸长达32~48页，大约1/3的版面是套色的。

预测盈亏平衡点为74万份。按照《国民》报的规划，第1年的目标如果能够达到，将产生4680万美元的销售收入和1630万美元的亏损。4年后，期望实现1.65亿美元的销售收入，从而达到盈亏平衡。（资料来源：冯志强.创新战略.北京：中国市场出版社，2012.）

案例分析：不幸的是，美国有发行100万份的报纸30多种，《国民》报最终的发行量远低于规划，而亏损甚至使阿斯卡拉加这样的亿万富翁难以承受，《国民》报终于停刊。

一、战略思想调查

战略思想就是企业有机体立足于市场，达成最终目的的、全局性的指导思想。企业的战略思想决定企业大政方针、长远目标、经营宗旨、经营思想，进而决定企业营销观念、营销策略以及组织结构等一切。换言之，企业的一切存在形态及意识策略都源于其战略思想。

1.战略思想与环境变化适应情况

战略思想决定着企业目标制定、策略规划以至企业的一切存在及活动。环境，无论宏观环境，还是微观环境，无不直接决定着企业目标实现、策略实施直至企业的兴衰存亡，而企业环境始终是一种外在因素，不可控因素。因此，任何企业自身要存在和发展，只有顺应环境变化、适应环境变化，并从环境变化中寻找发展机会，利用机会发展。如果企业战略思想有违于客观环境的变化，虽然制定看似正确或周密的策略，最终也是不可能达到最终目的的。如夕阳行业或行将淘汰的产品，企业无论投入多大，也不可能得到合理的回报，往往只能是投入大、产出少。

战略思想与环境变化的调查应着重研究以下几个方面：

（1）客观环境变化的规律性，将如何变化，朝何方向发展，发展节奏快慢。

（2）战略思想的适应性，有无战略思想，战略思想是否符合环境变化的大方向，战略思想能否适应环境变化的节奏。

（3）战略思想的指导意义，战略思想是否贯彻于企业一切经营活动之中，战略思想具体化后能否完全符合策略的阶段特点。

2.战略思想与企业相对优势对应情况

企业寻找到市场机会，就试图去占领，这是自然的。然而，利用机会、占领市场是有条件的，即企业必须具备利用这一机会去占领市场的条件，或在这一方面具有相对优势，否则，企业只有看水流舟，望而兴叹。例如，某企业认准了某一产品开发的前景无限美好，却苦于没有人力、财力、物力资源，也没有技术资源或足够的信誉资源，只能将开发这一产品的想法束之高阁，甚至看到别的企业捷足先登而无能为力。企业的相对优势，是指企业在某一方面或几个方面符合市场机会要求，或强于竞争对手，如企业人力资源、物力资源、资金资源、无形资源以及技术资源等。

战略思想与企业相对优势对应情况的调查，应着重于研究以下几个方面：

（1）发展战略的实施需要哪些起码条件，哪些附加条件，哪些可变通或替代条件。

（2）企业有哪些优势，哪些劣势，劣势严重到什么程度，哪些优劣势可以转换，转换的条件是什么，所需费用多大。

（3）发展战略与企业优势的吻合情况，是该修改战略，还是该创造条件，形成优势。

（4）发展战略的阶段性与企业优势变化的适应情况。

3.战略思想与企业文化的对应情况

企业战略思想是企业有机体所持有的带根本性、全局性和长远性的指导思想，它规定了企业的最终目的，也规定了达成最终目的的手段。也就是说，战略思想虽不具体规定某个阶段性目的，但却规定了各阶段性目的必须汇结为某种最终目的；战略思想虽不具体规定运用某种手段或方法可达成最终目的，但至少从原则上规定了有些手段即使能达成目的也是不可取的。企业文化是企业精神文明和物质文明的总称，是企业及其职工共同持有的思想观念、价值取向和行为准则。它由企业经营观念文化、企业管理文化和产品营销文化所组成，并且源于企业战略思想。

企业战略思想同企业文化密不可分，战略思想是企业文化的核心和准则，却又必须通过相符的企业文化等来达成和实施。因此，企业文化作为企业经营管理及竞争的一个组成部分，作为企业战略思想贯彻的重要途径，也必须从根本上与战略思想保持协调一致，相得益彰，共同达成企业生存或发展的目的。

战略思想同企业文化相适应情况的调查，应着重于以下几个方面：

（1）企业文化是否与其战略思想相吻合，吻合程度如何，分歧在什么地方。

（2）企业文化与战略思想分歧是否重大，是否影响战略思想的贯彻。

（3）企业文化的阶段性目标如何，各阶段目标是否与客观实际一致，是否朝着战略思想实施的最终目的发展。

（4）企业文化的建设是否具有整体有机性、阶段性、客观性、切实可行性。

4.战略思想与营销策略的相符情况

战略思想是企业谋求生存和发展的观念、意识，若将这些观念具体化，运用于企业营销活动中，就反映为营销策略。可见，营销策略是营销战略的具体化，而营销战略则是企业战略思想实施的准则。战略思想与营销策略相符情况的调查，应着重于以下几方面：

（1）营销策略是否围绕战略思想而制定，有无偏离现象，偏离程度如何，该如何纠正偏离。

（2）营销策略是否配套，是否既不偏离战略思想又完全符合客观实际。

（3）备选营销策略是否遗漏重大影响因素，有无更为合理有效的备选方案。

二、组织结构调查

每个人都被包括在各种群体和组织中，尽管经常发生矛盾和纠纷，但各种组织活动仍然向某既定方向延伸，之所以如此，就是因为组织把各种事物以及事物之间的联系，以有序的、富有成效的方式组合在一起。这里的组合方式即组织结构，它规定了一个组织内各成分及成分之间的相互联系和关系。

1. 正式组织及营运调查

组织结构是所有单位、企业、群体等团体组织达成某项目的的基础或前提。企业正式组织是组织结构的核心和框架，是组织达成目的必不可少的前提。根据管理学派的主要代表人物卡斯特和罗森茨韦克的解释，组织结构就是："①正式关系与职责的形式—组织图，加职位说明或职位指南。②向组织各个部门或个人分派任务和各种活动的方式。③协调各个分离的活动和任务的方式（一体化）。④组织中权力、地位和等级关系（职权系统）。⑤指导组织中人们的活动和关系的经过计划的、正式的政策、程序和控制方法（行政管理系统）。"这便是正式的组织结构。为了适应企业规模的不断扩大、经营范围的日益广阔、业务联系的渐次紧密，组织结构也要求更加严密协调，于是，出现了多种多样的组织结构形态。主要形态有以下几种：①职能式结构（直线制、职能制、直线职能制或区域制等形态）。②联合分权化结构（分级管理、分部管理、分权管理、事业部制等形态）。③矩阵式结构（直线职能制与专业组、攻关组、新产品管理制结合形态）。④模拟分权化结构（阶段管理形态）。⑤系统结构（系统管理形态）。

因此，合理的组织结构有利于组织情况沟通、情感沟通、下情上达、上令下行、相互协调，以共同达成组织目的；同理，不合理的组织结构，必然是下情不清、上令不明、信息不通、感情不融、相互掣肘，阻碍组织目的的达成。

企业正式组织的调查，应着重于以下几个方面：

（1）目标的一致性。组织结构的设置是为达成企业的营销目标，因此，组织结构的调查首先是看组织结构能否达成企业的营销目标，达成目标的程度如何，各层、各部组织能否达成企业分解目标。

（2）组织的经济性。组织结构的组建是否经济，营运是否经济，营运效果是否最佳。

（3）权责的统一性。权责的划分是否一致，是否权力过大而责任过小，导致滥用职权；是否权力过小而责任过大，导致无法施展或无用武之地。

（4）指挥的灵活性。最高管理者能否灵活调配各部门，各部门管理者能否灵活实施各项举措以达成目标。

（5）信息的流畅性。上层管理者能否及时、准确地了解下层的实际情况及其变化、决策执行情况及其偏差、属下情感情况等；下层管理者及基层属下能否及时、准确地了解和把握上层决策目标及宗旨；横向各层人员能否相互了解、理解、协作以及利用相应的信息资料。

（6）管理跨度的合理性。管理者能否有效指挥属下开展工作，管理层次是否尽可能少。

（7）活动中的合作性。在各层各部门职责分明的前提下，能否相互协调、相互促进，共同达成企业总目标。

（8）组织结构与社会的协调性。任何组织结构都是社会系统的一部分，故此企业结构还必须与社会系统相协调。因此，还应看组织结构能否与社会发展相适应，能否与社会各组织相一致。

正式组织这种形式在美国最为完善，也最受重视。美国全国企业协会提出的10项组织设计原则，在西方企业调查咨询中被广泛采用，也可供我们参考。其具体内容是：①从最高层到最低层之间，应有明确的权限及协调合作程序。②各级管理者的责权以书面形式明确规定。③责权必须相对称，责任不能因授权而减少。④权限应尽量下授给部属，以便能迅速决策。⑤组织层次在合理的限度下，越少越好。⑥直线业务机构与平行配合机构应明确划分，以促进合作，避免冲突。⑦管理幅度不宜过大。⑧按产品产销的技术特性，设立各种责任中心。⑨具有充分的激励性及挑战性。⑩尽量精简，成本不应超过可能的效益。

2.非正式组织及营运调查

非正式组织是相对正式组织而言，既无正式定员编制、文件章程，又不经官方组织批准许可的一种群体组织。一般说来，非正式组织具有下述特征：比较相同的观点、密切的感情和一致的行为，凝聚力较强；有共同遵守的却不成文的群体规范，它影响着成员的行为；有灵敏的、迅速的传递渠道，思想交流渠道畅通；有较牢固的感情纽带，带有较明显的情绪色彩，相互间"传导"作用强；有自然形成的"头"，这种"头"并非选举产生，成员却自觉服从其领导；具有自卫性和排他性；同时，也具有相对的不稳定性等。

因此，首先，应分析非正式组织与正式组织的关系如何。非正式组织影响着企业职员的心理倾向和行为举止，与企业目标有时基本一致，有时相互补充，有时互相矛盾。一般来说，非正式组织与正式组织的关系可划分为以下三种类型：

积极型——正面型非正式组织。这类非正式组织的目标与企业目标完全一致或基本一致，其存在和活动都在不同侧面服务于企业，不同程度地达成企业目标，如几个自愿在一起对生产、经营中的某个关键问题进行攻关而形成的临时群体；又如，日本企业盛行的QC小组等。

中间型——两可型非正式组织。这类非正式组织的存在和活动，有时候与正式组织目标基本一致，有时候不一致；在一些问题上与正式组织目标一致，在另一些问题上不一致，既有积极作用，也有消极作用，如有些兴趣小组等。

消极型——否定型非正式组织。这类非正式组织的存在和活动，较多处于隐匿状态，它与企业目标不一致，甚至截然相反，表现为阻碍企业目标的实现；它有时违反法律规定，有时只违反企业章程，有时又不违反任何可查条文。

其次，应调查非正式组织产生的原因。通常，非正式组织形成的原因，主要有以下几种：

利益性——出于利益上的联系、利害上的一致，即有共同的利害关系，或只有联合才能趋利避害。

情感性——为了寻求友谊、感情、归属感或为得到社交的满足，如寻求知心、知音、意气相投、同病相怜、相似遭遇的人等。

爱好性——出于共同的兴趣、爱好，或打球或下棋或文学或体育，如发烧友、追星族、爱好小组、兴趣小组等。

信仰性——以信仰、理想、世界观和观点相同为基础，如因共同理想而结合在一起的所谓"志同道合"或因"臭味相投"而聚在一起的人等。

亲缘性——出于血缘、地域等物理关系,由同学、同乡、战友、邻居、亲属、亲戚、本家、世交等而形成的,如同乡会、同学会等。

最后,查清非正式组织的具体情形,以充分利用或发挥积极作用,消除消极反向作用。应密切注意非正式组织的"头"是什么人,威信如何以及威信是如何树立起来的,非正式组织的活动形式、时间、地点以及一般内容是什么,非正式组织的活动范围、影响力以及影响企业目标的程度如何,如何通过正确方式诱导非正式组织为企业服务,至少不构成障碍。

总之,对非正式组织的调查,旨在消除非正式组织的消极反向作用,有利于企业充分利用或发挥积极正向作用,减少甚至消除非正式组织的消极反向作用。

三、策略规划调查

策略是一个既古老又新颖的名词,说它古老,是因为远在三国时代,诸葛孔明便时常表现出他谋略家的超人智慧,后人常以他的策略构想作为借鉴,可以说是策略研究的开始;说它新颖,是因为目前有不少企业尚无策略观念,不能掌握环境的变迁,进行较长时间的策略性思考,进而逐步调整本身的营运范畴。

【案例】

铱星移动电话的悲怆交响曲

耗资50多亿美元建造66颗低轨卫星的美国铱星公司,宣告破产。全世界为之震惊,铱星陨落了,是什么原因使铱星陨落呢?

铱星系统的高科技童话用66颗璀璨夺目的卫星将自己定位在了"贵族科技"之上。铱星手机每部价格高达3000美元,其通话费用过于高昂(国内每分钟9.8元人民币,国际每分钟27.4元人民币),铱星公司在全球只发展了一万个用户,这使得铱星公司亏损即达10亿美元。铱星系统技术的先进性在于用户不依赖于地面网而直接通信,它通过卫星之间星际链路直接传送信息,造成了铱星公司系统风险太大、成本过高、维护成本居高不下的竞争劣势。

铱星的决策动机向消费者传达了一个信息:只是扮演着一个投资方的角色,而不是直接参与运营,很多时候只能是心有余而力不足。公司股票在纳斯达克交易所"停牌"。纷至沓来的到期债务又使公司的运营举步维艰。一连串的致命打击将铱星公司推下了悬崖。

(资料来源:车礼,胡玉立.市场调查与预测.武汉:武汉大学出版社,2012.)

案例分析:市场调查错误,营销决策失误,债务危机雪上加霜导致铱星移动电话失败。

策略规划一方面是希望了解环境变迁的趋势,掌握机会,躲避威胁;另一方面则需要发挥竞争优势,以弥补经营劣势。外部环境变迁所出现的机会和本身竞争优势之间,若能形成交集,就是未来最佳的营运范畴与经营策略了。策略规划的内容十分广泛,这里仅从营销调查的角度出发,对企业营销策略进行调查研究。具体说来,策略规划通常概括为产品策略、价格策略、渠道策略、促销策略四大方面。

1.产品策略的调查

任何组织，不论处理的是一袋烤蚕豆、一个银行账户，还是一批救济物品，都是为满足人们的某种需要——吃的需要、存钱的需要以及施舍的愿望。也就是说，产品的形式可以千种万类、千变万化，但能满足某种需要这一点却始终是固定不变的。因此，能满足某种需要的效用就是产品的真义，同时也是企业生存和发展的前提之一。

（1）产品开发机会的调查。社会组织及个人的某些需要，通常是多种多样以至无穷的，企业不可能全部满足，也不必要全面满足。因此，企业应着重研究某种需要的范围大小、强弱程度，该需要所形成的潜在市场容量大小、强弱程度，企业有无能力或必要开发该市场，能否创造或激发出新的需要。

（2）现有产品形象调查。产品形象是指企业产品在消费大众中的总体印象。消费者对产品印象可分为潜在消费者对产品外表、特性及推广产生的印象和现实消费者使用产品后的总体感觉。因此，企业应着重研究消费者对产品的接纳程度，产品包装是否便于保护商品品质、便于携带和使用，产品品名、商标、装潢是否与社会规范、消费者口味、企业形象相适宜，产品品质等是否与产品推广一致，产品效用能否满足消费者需要，消费者对产品及其推广上有哪些不满及改良方向等。

【案例】

日本企业重视企业形象打造

日本经济新闻中的一项调查显示，日本企业的广告业主从促销产品与劳务向提升企业形象转移。以促销产品和劳务为目的的广告占日本广告业总预算的比例在1989年、1990年、1991年分别为68.9%、67.3%、63.1%，呈逐年下降趋势。相反，以塑造企业形象为目的的广告则逐年增加。20世纪90年代，日本企业的广告支出增长趋缓，但是以塑造企业形象为目的的广告异常活跃，其广告支出平均年增长率为22.4%，比广告总支出的平均年增长率高9个百分点。（资料来源：张梦霞.成功的市场调研.北京：石油工业出版社，2013.）

案例分析：企业形象是企业核心竞争力的重要方面，企业的形象就是企业的生产力、管理能力、营销能力，通过调查可以了解竞争对手的实力。

（3）产品组合调查。产品组合即产品结构。企业很少只向市场提供单一产品，通常由一系列产品覆盖几个市场区域。产品组合调查要研究企业以怎样的产品结构来改善其盈利能力，应着重于调查各种产品自身盈利能力的大小，即贡献毛利或边际贡献的大小及各产品盈利前景变化状况，各产品生产、营销、消费中的相互关系，即是否互补、是否连带、是否替代、是否互斥。

2.价格策略的调查

价格是生产经营者和消费者双方关注的焦点，涉及双方的直接经济利益，更事关企业发展经营、争取市场的成败。

（1）价格与效用的调查。价格是买卖双方的心理平衡点，通常通过竞争和洽商衡定，并随平衡条件的变化而调整。价格与效用的调查应着重于价格制定时对效用的评估是否合适，消费者使用后的评价和感觉是否良好，产品是否发现新效用。

（2）价格与承受力的调查。承受力是考虑消费者的消费水平或负担能力，主要取决于产品效用大小和消费水平高低。其调查应着重于产品目标消费者收入水平及其变化趋势如何，通过价值工程分析产品效用，是否充分且必要，是否可通过适当删减非必要效用、适当采用廉价材料代用品及其他途径，以降低成本而适应消费者承受力，是否可通过推广等途径以相对提高消费者的承受力。

（3）价格与成本的调查。成本是价格的核心构成要素，它最直接地决定价格水平及其变化幅度，而成本的高低又主要取决于原材料、辅助材料、人工费用、管理费用以及部分税赋支出等。因此，其调查应着重于各项盘查项目的结构是否合理，各项目影响因素的变化趋势如何，降低成本的方法及方向。

（4）价格与其他因素的调查。价格是买卖双方的平衡点，除受成本、效用、承受力的影响外，还受其他诸多因素的影响，企业必须深入细致地调查研究。如企业怎样进行宣传促销，才能提高商品在消费者心目中的整体效用，不同素养和环境中的消费者对商品认识上有什么区别，不同商品的弹性系数及对不同消费者有何不同，同一商品在不同寿命阶段上其价格又该有什么变化等。

3.渠道策略的调查

商品销售渠道的调查就是对商品从生产企业转移到消费者（或企业）中所经过的路线、组织机构、销售方式的方便、合理、经济性等进行的调查，以实现商品流通路线短、环节少、时间快、费用低以及稳定等多重目标。

（1）渠道选择调查。不同销售渠道有不同的利弊，适用于不同的商品。因此，其调查应着重于分析商品本身的物理属性、化学属性和消费特性如何，各种备选渠道的各自利弊及适用特点怎样，选择何种渠道才合理，不同运输方式及路线的运费开支高低，不同环节的库存数量及开支是否合理，销售渠道的节点，即运输伙伴、储存伙伴、销售伙伴的财务状况、经营状况、信誉状况及前景如何。

（2）销售渠道维持调查。销售渠道主要是由企业自身的分支机构与部分合作伙伴组成，既要有相对稳定性，也需有一定灵活性，以适应环境变化的需要。因此，其调查应着重于商品特性的变化，各渠道实际运送商品是否经济合理、快捷安全，合作伙伴资信状况的变化及其对企业的忠诚程度以及改进和调整的方向。

4.促销策略的调查

现代营销理论认为，销售就是通过企业营销者与消费者之间的信息交流，使消费者认可并购买其产品的过程，而这种信息交流就是促销。这方面的调查主要包括：

（1）促销方式的选择调查。促销活动，可以是数百万元的电视广告，可以是交易会上的商品陈列，也可以是公益赞助，甚至仅发布一条新闻等。企业为了最有效和最经济地开展促销活动，应着重于调查：企业决策者意欲推销具体产品，还是推销企业形象；企业及产品本身的特点、优势是什么；企业及产品的目标消费者的活动范围、时间，特性、喜好是什么；各种促销方式和媒体的特点、优点及接触对象是什么；选择各种促销方式和媒体的费用支出情况等。

（2）促销方式的效果调查。促销效果是企业采取某种促销方式后所产生的结果，其结果分为直接结果（即商品销售量的扩大）和间接结果（即企业或商品形象的改善）。因此，其调查应着重于促销内容是否完整准确、简单易懂，促销内容是否及时准确地送达到目标消费者，促销方式是否影响目标消费者及其影响程度，促销的实际效果如何以及利益与支出的比例大小如何，促销带来企业形象的改善情况如何，社会效益如何等。

总之，广泛的市场调查有助于企业进行正确的决策，探寻机会，减少风险，但永远不可能消除风险。因为，企业不可能收集到全部信息或收集到全面资料，因此，也得靠对其他信息资料的正确解释与分析。当然，只要企业收集到主要相关信息，并以此进行合理的预测和决策，就是基本正确的和合理的。

项目小结

本项目主要从企业微观环境、企业宏观环境以及企业策略三个方面介绍了市场调查的基本内容以及各个内容的一些调查点。

所谓市场调查的内容即为影响企业市场行为的几种因素，本项目首先从政治法律、自然条件、社会影响、技术影响四个方面分析企业宏观环境的调查点。接着从企业的消费者、合作者、竞争者三个方面分析企业宏观环境的调查点。最后从企业自身战略与企业相应策略的吻合情况来介绍企业战略调查点，再从产品、价格、渠道、促销四方面的策略来介绍企业策略调查点。

复习思考题

■ 基本训练

1.判断题

（1）宏观环境是指全面地、直接地影响企业长远发展的外部因素。（　　）

（2）消费者是市场经营活动的量度员或裁判员，但是消费者并不能最终裁定企业经营的成败与得失。（　　）

（3）战略思想决定着企业目标制定、策略规划以至企业的一切存在及活动。（　　）

（4）市场调查与经济周期无关。（　　）

（5）市场调查与企业技术因素有关。（　　）

（6）市场调查与政治及连续性有关。（　　）

（7）非正式组织产生的原因是利益性、情感性、爱好性、信仰性、亲缘性。（　　）

（8）企业战略往往与企业文化是一致的。（　　）

（9）企业策略规划为产品、价格、渠道、促销策略四个方面。（　　）

（10）竞争者通常只有现实竞争者，而非存在其他竞争者。（　　）

2.选择题

（1）经济影响因素包括的具体内容有（　　）。

A.自然条件　　　　B.经济发展水平　　　　C.经济发展速度　　　　D.经济发展周期

（2）下列不属于企业间接协作者的有（　　）。

A.政府机构　　　　B.新闻单位　　　　C.代理商　　　　D.社区公众

（3）下列有关非正式组织的说法不正确的有（　　）。

A.成员之间有比较相同的观点、密切的感情和一致的行为，凝聚力较强

B.有共同遵守的却不成文的群体规范，它影响着成员的行为

C.有灵敏的、迅速的传递渠道，思想交流渠道畅通

D.组织在整体上比较稳定

3.简答题

（1）简述社会影响因素的内容。

（2）影响生活性和生产性投向的因素分别是什么？

（3）简述产品策略调查的内容。

4.设计题

假如你是一位家电企业的营销部经理，想要做一次关于你企业产品价格的市场调查，请你为本次调查活动设计一些调查内容。

5.分析题

英特尔公司使命

英特尔公司在公司建立初期就认定它的使命是在电脑业成为一家超群的供应商，以充分满足它的客户、员工和股东的需要。

英特尔公司有这样一个规定：

我们的价值观：以顾客为导向，以结果为导向，愿意承担责任；我们的纪律：高度的自律和合作；我们的品质：需要不断地精进；我们的目标：让个人电脑成为无与伦比的互动工具。

在这种规定下，英特尔公司现在已成为全球计算机行业最著名的公司之一。（资料来源：［美］菲利普·科特勒.营销管理——分析、计划、执行和控制.梅清豪等译.上海：上海人民出版社，2000）

问题：试分析英特尔公司成功的原因。

■案例分析

世纪城市医院的一项决策

当美国绝大多数医院积极削减经营成本的时候，位于洛杉矶的世纪城市医院却开办了它的豪华世纪病房，并提供高档次的私人膳宿服务。这个举动是建立在广泛的市场调查基础之上的，通过调查发现，在这个地方50%的高收入者习惯于享受好的膳宿条件，而且非常看重隐私和个人空间。世纪城市医院的这项决策使它获得一个高收益的市场份额。（资料来源：［美］拉里·帕西.市场调研.文岳译.北京：机械工业出版社，2012.）

问题：世纪城市医院提供高档医疗服务的依据是什么？

项目三 市场调查方法

知识目标

掌握资料调查法、询问调查法、观察调查法、实验调查法等基本调查方法。

技能目标

根据不同的调查对象以及影响因素，选择恰当的调查方法。

能力目标

具有选择恰当调查方法，进行有效、高效市场调查的能力。

案例 澳大利亚某出版公司的网络问路

澳大利亚某出版公司计划向亚洲推出一本畅销书，但是不能确定用哪一种语言、在哪一个国家推出，后来决定在一家著名的网站做一下市场调查。方法是请人将这本书的精彩章节和片断翻译成多种亚洲语言，然后刊载在网上，看一看究竟用哪一种语言翻译的摘要内容最受欢迎。过了一段时间，他们发现，网络用户访问最多的网页是用中文的简化汉字和朝鲜文字翻译的摘要内容，于是他们跟踪一些留有电子邮件地址的网络用户，请他们谈谈对这部书的摘要的反馈意见，结果大受称赞。于是该出版公司决定在中国和韩国推出这本书。书出版后，受到了读者普遍欢迎，获得了可观的经济效益。（资料来源：[美] Carl McDaniel, Jr. Pogre Gates.当代市场调研.范秀成译.北京：机械工业出版社，2012.）

思考：这里采用了什么调查方法？

案例分析

采用了市场调查的询问调查法，询问调查法的具体内容见正文。

> **案 例**
>
> 美国有一家玩具工厂,为了选择出一个畅销的玩具娃娃品种,就使用了观察法来帮助他们决策。他们先设计出10种玩具娃娃,放在一间屋子里,请来小孩作决策。每次放入一个小孩,让她玩"娃娃",在无拘束的气氛下看这个小孩喜欢的是哪种玩具。为了求真,这一切都是在不受他人干涉的情况下进行的。关了门,通过录像作观察,如此经过三百个孩子作调查,然后决定出生产何种样式的玩具娃娃。(资料来源:[美]Carl McDaniel,Jr.Pogre Gates著,当代市场调研.范秀成 译.北京:机械工业出版社,2012.)
>
> 思考:这里采用了什么调查方法?

案例分析

采用了市场调查的观察法。

在实践中根据需要、省事、高效的原则来选择调查方法是十分必要的。要有效地组织市场调查,必须按照市场调查的目的、对象和项目内容的不同特点,选择合适的调查方法。市场调查的方法很多,一般来说,可分为资料调查法、询问调查法、观察调查法和实验调查法四大类。

任务一 资料调查法

在实际工作和生活中我们可以接触到大量的信息,一个有丰富的专业知识和较强分析能力的市场调查人员,就可以从这些大量的信息中获取有用的数据,下面我们就来谈谈取得这些数据的过程和方法。

一、资料调查法的含义和作用

市场调查活动中,时时要面对调查方式和调查方法的选择,而资料调查法是一种常用的调查方法,具有省时、省人工、省费用的特点,但也有片面性、时效性差的不足之处。

1.资料调查法的概念

利用公开资料进行市场调查的方法,称为资料调查法。

资料调查在国外又称桌面调查,有时也叫二手调查,因为它包括收集已经公布了的信息。"桌面"可能在某个图书馆里,但是越来越多的是一台能与计算机数据库联网的个人计算机。

通过资料调查可得的信息范围很广,并且常能满足许多市场调查项目的需要,特别是那些几乎"自己干"就能完成的项目。更重要的是，对"自己干"的调查者来说，资料调查是很实用的工具，很多情况下可以使"自己干"的调查者与专业代理相比并无任何逊色。两天的资料调查就能有很大收获，还能得到使搜寻时间快速减少的好处。

2.资料调查法的要求

市场调查人员一般都能找到资料，但却不一定能找到与调查项目密切相关的资料，所以在寻找相关资料以前，调查人员必须明白进行资料调查的要求：首先要了解寻找资料的相关信息源，其次收集的资料要有针对性，最后要注意资料的时效性。

3.资料的一般来源

资料调查法中资料的来源非常广泛，它存在于各种相关的资料源里，调查人员要从现存的资料源里去发掘对本研究项目有用的资料。一般从企业的角度讲，二手资料可分为内部资料和外部资料。

（1）内部资料的收集。企业内部资料是经过常规性收集整理后存在于企业内部的资料，既包括企业生产经营方面的资料，也包括市场环境方面的资料，见表3-1。

表3-1　　　　　　　　　企业内部资料的来源

①企业本身生产经营方面的资料	A.经营与营销方面。包括企业经营决策和营销活动的各种记录、文件、合同、广告、价格等系列资料
	B.生产方面。包括生产作业完成情况、工时定额、操作规程、产品检验、质量保证等资料
	C.产品设计方面。包括产品设计图纸及说明书、技术文件、试验数据、专题文章、会议文件等资料
	D.财务方面。包括各种会计账目、收入、成本、利润、资金方面的资料以及有关财务制度的规定文件等
	E.物资供应方面。包括库存保管、进出料记录、各种物资管理制度等
	F.还有计划统计资料、劳动工资、设备、后勤方面的资料等
②企业市场环境方面的资料	A.顾客方面。包括产品的购买者、使用者、细分市场、购买心理与行为、购买规模等方面的资料
	B.市场容量方面。包括市场潜力大小、增长速度、发展趋势等
	C.竞争者方面。包括同行业的直接竞争者和替代品制造企业的产品结构、服务状况、营销战略策略、企业的优劣势等
	D.分销渠道方面。包括销售路线、运输途径（通道）、中间商的情况等
	E.包括经营形势、政策法令、社会文化环境、行业技术及其发展、物价水平等

（2）外部资料的收集。企业外部资料是存在于企业外部的资料，既包括外部机构资料，也包括各种书籍、杂志等出版物方面的资料，见表3-2。

表3-2　企业外部资料的来源

①国际组织与政府机构资料	国际组织与政府机构资料是指国际组织和国家政府机构的统计调查报告等资料	国际贸易中心的《产品及国家的市场调查分析性目录》；联合国《统计年鉴》；经济合作与发展组织、世界银行的年度和季度报告；政府机构定期发布的信息；党和国家领导人的指示、讲话；党报党刊的重要社论；有关国家政治、外交、财经、工农业生产、交通运输、文教卫生、体育运动等方面的重大事件和重要文件资料等，寻找这类资料信息的主要途径有《中国统计年鉴》、《中国百科年鉴》等各种综合性年鉴资料汇编
②行业协会资料	行业协会资料主要是指大量用来为本行业或协会内部服务的信息资料	一般的行业文献以及各企业的年度报告；各种专业及贸易协会的内部或公开出版资料；个别企业（特别是上市公司）的财务报告等
③书籍、杂志等资料	图书馆的部分专业书籍、杂志能提供大量的有关本国和外国的市场背景资料以及贸易统计数字资料等	工商业名录能提供地区所有工商业企业的名录和某个特定专业的名录，如《世界工商企业名录》、《中国企事业名录大全》、《中国工商企业名录》、《中国企业概况》、《中国企业登记年鉴》等
④研究报告、著作、论文	研究机构、大学出版社、专业期刊、论文	研究机构、高等学校的各类专业研究报告和专著、论文等，可能提供有关调查课题的大量资料，对企业市场调查也有重要参考价值

二、资料调查法的计划、记录和评价

要使资料调查法有序地进行，必须制订详尽的调查计划，严格遵守计划才能得到较好的效果。

1. 要想高效又节省地搜索已公布的数据资料就需要一份计划

不管使用图书馆还是在线信息源的资料调查，写一份好的计划是有帮助的。去图书馆或上网以前应该按一定的详细程度列出所要寻求的信息，当然也要留有一定的伸缩性和创造余地（比如，寻找较广或较窄类型的相关数据资料并创造性地建立联系）。特别是当有了经验之后，像"信息来源索引"之类的出处也可事先计划。作在线数据库搜索时有一份计划好了的方法程序对于节省上网时间特别重要，上网前就应计划好搜索策略。

2. 资料调查计划也应包含一份时间表

项目的资料调查部分应占多长时间，这将依赖于所寻求的信息的广度、数据资料的类型以及资源的使用情况，很难一般化。值得提出的是，要减少反复调查，使得到的追加信息与所花的搜索时间成比例。

一旦找到数据资料就要用笔记本或影印记录下来，网上在线搜索的资料可以下载、复制、截图，放到专门的资料文件夹中。任何数据资料的出处都应该记录下来，以便于评价它的精确性，必要时还可重新追查。原始来源也应该记录，因为可能需要确定它们的所属。对于历时长的项目和重复的工作，这将提供一条找到最有价值的来源的捷径并确保避免走进同样的死胡同。

3. 信息不仅需要收集而且需要评价

这就是做确实性检验问题。我们常常误信公布了的数据资料而上当受骗。一旦要做是非择一的判断时，一般我们假定它必是对的。但是，有经验的资料调查人员懂得公布的市场规模数字需要用两三种来源作交叉检验，以判断资料的正确性。

资料调查法所取得的所有二手资料原来都是通过初始调查产生的。要完全确信，就得要返回到它的来源并理解所用的方法，它是根据某一类的普查或是抽样调查，也许是根据一个粗糙的比例公式甚至是趣闻轶事而得出的。对同一数据资料可能有两个以上的出处供作比较（虽然确信它们是不同的），无论如何必须保持一定的比例。根本不可能用这种方法彻底确认所有数据资料，而且也不必要这样做，正如以前提到的，市场调查人员可以为实用目的在相当广的精度范围内工作。

确认数据资料的同时，评价任务还包括把它综合成一个有意义的整体，这是数据资料分析与报告可论证的一个方面。在从初步材料转向另外一些材料和主题的资料调查过程中，寻求联系与模式可以是也应该是其中的一部分。正因为如此，我们才在前面说，资料调查法虽然需要计划，但应保持伸缩性。收集材料时作好笔记和记录能使后来的数据资料分析与综合很方便，如果是大宗材料，还要合理地组织成文件。

【小思考】

在使用二手资料时为什么要考虑采集的方法？

答：因为采集资料的方法不同，决定了资料的代表性和准确性不同，所以了解资料的采集方法，可以避免以讹传讹。

三、资料调查法的局限性

资料调查法可能硕果累累，然而，它也有局限性，并且可能只提供项目所需信息的一部分。正如前面建议过的，可能需要资料调查与初始调查混合使用，先作资料调查然后再通过访谈填补空白以获得其他需要的东西。按此方法，比较昂贵的初始调查技术只用于基础的地方。

1. 资料调查法的一个局限性是它的不可预见性

至少对于新手和不熟悉的主题领域，可能无法确定资料调查法将得到些什么以及留下什么样的空白。资料调查不是市场调查代理公司提供的主要服务，其部分原因就在于此。一个代理公司采用资料调查，完成项目之后递交一份欠缺报告，虽说经过了彻底搜索，但一无所获那也是很难堪的。基于这一原因，许多资料调查是在公司内由内部调查人员来完成的，至少只用适当费用作一次小规模的桌面调查活动比昂贵的现场调查作业节省得多。不像代理公司,"自己干"的调查人员可以承受资料调查阶段的收效甚微的结果。

2. 资料调查法得到的某些信息原则上是不可用的

稍有经验的人从一开始就应清楚这一点。一般来说,这包括大多数态度类型的资料,特别当主题是关于顾客的特定态度而不是一般意见时——关于对你自己或竞争公司的、对一种创新产品的、对一个特定广告的等。

资料调查法与传统的现场调查之间有一些有用的混合活动,这包括作为一种数据资料收集手段的样本观察以及"综览性"访问,在任何"自己干"的调查人员的资源范围内这两种技术都能用。

任务二 询问调查法

询问调查法是调查人员以询问为手段,方法。它是市场调查中最常用的方法之一,从调查对象的回答中获得信息资料的一种。

在实际运用中,按询问的方法不同,可分为面谈调查法、电话调查法、邮寄调查法、留置调查法等。

【经验谈】

调查人员要尊重应答者的权利,如应答者可拒绝接受调查人员的访问;调查人员要尊重应答者的尊严和隐私权;调查人员不要在应答者繁忙或不便时去访问,并对应答者进行保密;未经应答者许可,不能随意公布应答者提供的资料。

一、面谈调查法

面谈调查法是指访问者通过面对面地询问和观察被访问者而获取市场信息的方法。它是市场调查中最通用和最灵活的一种调查方法。访问中事先设计好问卷或调查提纲,调查者可采用依顺序提问,访谈等多种形式,也可以围绕调查问题自由交谈;亦可采取个人面谈、小组访谈等多种形式。

个人面谈是指通过调查者与被调查者个人交流获得信息,如入户访谈、街上拦截访谈、经理访谈等。

小组访谈通常是一个小组的被调查人员共同出席座谈会,在座谈过程中,相互启发思路,集思广益,调查人员从中获得信息。

1. 优点

(1) 富于伸缩性。该方法具有高度的伸缩性,被调查者同意的话,还可以利用录音机进行访问,不同意的话,可立即取消访问。可采取任何一种问卷询问,如果一旦发现被调查者不符合样本条件,可立即取消访问。

(2) 具有激励效果。调查者的问题,常常能够激励被调查者。

(3) 可获得较多资料。资料多、偏差小、真实性强。

（4）能控制问题的次序。可视具体问题，先问和后问一些问题。

（5）有观察机会。调查者在调查的过程中，可以认真地观察被调查者的情况。

2.缺点

（1）费用高，时间长。

（2）询问偏见。

（3）管理困难。

3.面谈访问的技巧（图3-1）

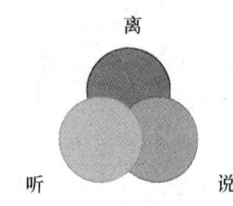

图3-1　面谈访问的技巧

（1）说。因为受访者一般和调查人不相识，所以如何与受访者交谈关系到面谈的进程和效果，应掌握一定的技巧。主要是要掌握分寸，说话始终保持礼貌，态度要不卑不亢，语气要轻松，要尽量避免使用生僻的专业术语，而应用受访者熟悉的形象的语言来清晰陈述问题，使受访者接受调查，并回答问题。

说的技巧：a.礼貌；b.态度；c.语气；d.术语；e.形象语言。

（2）听。面谈访问的目的是从被调查者那里获得有用的资料。然而由于被调查者的个性差异，他们常会谈论一些与调查无关的问题，这时候调查人员不要急于转回正题，应耐心倾听受访者的陈述。调查人员不要将自己的好恶表现出来，以免受访者受到影响做出访问者期望的回答，而隐瞒了自己的真实想法。所以无论被调查者在谈论什么，调查人员都应认真倾听，做一个好的听者；即使要把话题引回正题，也应选择适当的时机，采用不同的策略方法，在对方没有察觉的情况下重新引入正题，这样才能保持良好的谈话氛围。

听的技巧：a.倾听；b.引导；c.保持正题。

（3）离。访谈的结束阶段是整个访谈过程的最后一个环节，离开以前调查人员应该迅速重温一下访谈结果或检查一遍访谈提纲，避免遗漏重要项目。访谈结束时应再次征求被调查者的意见，了解他们还有什么想法、要求等，这样可能了解到更多的情况或信息。分手时，要真诚感谢对方对本次调查工作的支持。若在调查开始时承诺有礼品馈赠，在访谈结束时须将礼品赠送给他们。如果是追踪调查，还应该争取得到被调查者的进一步配合。

离的技巧：a.重温访谈提纲；b.征求意见；c.馈赠礼品。

二、电话调查法

电话调查法，是指通过电话向被调查者询问有关调查内容和征询市场反应的一种调查方法。这是为解决带有普遍性的急需问题而采用的一种调查方法。电话调查具有经济、快速、节省时间、容易控制等优点。但由于电话调查使用时间不能过长，所以往往调查问题不能深入，加上我国有的地区电话普及率不高，使调查主体样本欠完整（图3-2）。

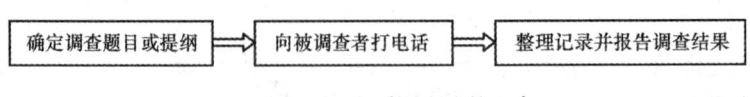

图3-2　电话调查法的程序

三、邮寄调查法

邮寄调查法，是指将设计印制好的调查问卷或调查表格，通过邮局寄给选定的被调查者，由被调查者按要求填写后再寄回来，然后对寄回的资料进行整理分析，得到市场信息。此法在国内外市场调查中经常采用，它有费用低、调查面广、调查双方能充分表达自己意见等优点。但由于邮寄时间较长，影响了调查资料的时效性，加上调查对象具有不确定性，对资料的回收和资料的质量都很难保证。为了克服这些不足，使调查顺利进行，提高回收率和准确性，要注意调查问卷或表格设计的科学性，并在寄出的邮件里附上回信的邮资，并承诺寄回者有参加抽奖的机会，以鼓励被调查者的积极性（图3-3）。

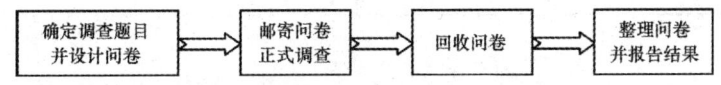

图3-3　邮寄调查法的程序

【小思考】

拒访有哪些原因？如何应时？

主要是现代人生活节奏加快、出于安全性考虑、存在拒绝与陌生人交谈的心理防线等原因。降低拒访率可以通过以下方式：①良好的访问条件；②合理的抽样群；③特定的访问程序；④完备的培训体系；⑤专业人员的访问经验等。

四、留置调查法

留置调查法，是将调查问卷当面交给被调查者，说明填写的要求，并留下问卷，让被调查者自行填写，由调查人员定期收回的一种市场调查方法。

1.留置调查的优点

（1）调查问卷回收率高。

（2）被调查者可以当面了解填写问卷的要求，澄清疑问，避免由于误解提问内容而产生的误差。

（3）填写问卷时间充裕，便于思考回忆。

（4）被调查者意见不受调查人员的影响。

2.留置调查的缺点

（1）调查地域范围有限。

（2）调查费用较高。

（3）不利于对调查人员的管理监督。

四种询问调查法的比较如表3-3所示。

表3-3　　　　　　　　　　　四种询问调查法的比较

项目＼方法	面谈调查法	电话调查法	邮寄调查法	留置调查法
回收率	高	较高	低	较高
灵活性	强	较强	差	强
准确性	好	好	较好	好
速度	较慢（视地域、人数）	快	较快	慢
费用	高	较低	低	高
资料范围	面窄	面较广	面最广	面窄
复杂程度	复杂	较简单	简单	复杂

任务三　观察调查法

观察调查法，是指调查者在现场对被调查者的情况直接观察，以取得市场资料信息的方法。一般说来调查者不与被调查者直接接触，而是借助于某些摄像设备或仪器，跟踪、记录和考察被调查者的活动和现场事实，来获取某些重要的市场信息。

一、观察调查法的特点

1.观察调查法的优点

观察人们实际在干什么而不是依赖他们所说的，这种思想非常有意义，同时也是观察调查法最明显的优点。首先，它可以避免许多由于访问员及询问法中的问题结构所产生的误差因素。其次，调查人员不会受到与被观察者意愿和回答能力等有关问题的困扰。最后，通过观察可以更快和更准确地收集某些类型的数据，让扫描仪记录要比要求人们列举他们食品袋里的每样东西有效很多。不要问孩子们喜欢哪种玩具，而是让一些重要的玩具制造商邀请目标儿童群体到一个很大的玩具室，并通过单向镜观察孩子们选择了哪些玩具，各种玩具吸引孩子们的程度，这样更能了解孩子们的偏好。

2.观察调查法的缺点

观察调查法的主要缺点是：通常只有行为和自然的物理特征才能被观察到，调查人员了解不到人们的动机、态度、想法和情感。同时，只有公开的行为才能被观察到，一些私下的行为，如上班前的打扮过程、公司委员会的决策和在家中的家庭活动等，都超出了调查者的观察范围。另外，被观察到的当前行为并不能代表未来的行为。在衡量了几个可供选择的品牌以后，可能会持续购买某一品牌的产品，但将来可能会发生变化。

如果被观察的行为不是经常发生，那么观察调查会很耗时间，而且成本很高。例如，如果超市中的一个观察员等着观察人们选择香皂的购买行为，那么他可能会等上很长的时间；如果被选为观察对象的消费者是根据一定的限制条件选择的（比如下午5点以后去杂货店购物的顾客），那么我们得到的可能就是误导的数据。

二、人工观察法

调查者置身于被调查者中间开展调查，记录市场中发生的有关的事实真相及前景，取得更全面的市场资料和信息。在进行这类调查过程中要注意：一般不要让被调查者知道自己的身份，另外要始终保持客观的态度，避免主观意志影响调查结果（图3-4）。

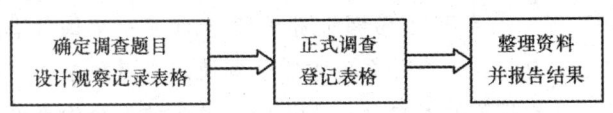

图3-4 观察法的调查程序

三、机器观察法

【案例】

电视节目视听率调查的方法

Arbitron是美国调查公司用于视听率调查的装置名称。该公司所做的视听率调查，以全美1200个家庭为样本，被抽出的家庭的电视机装上转发器，各转发器通过电话线被连接到Arbitron总部。每隔90秒，总部传出某种信号电流，转发器就开始工作。据此可以掌握该家庭是否在看电视、在看哪台节目。这些资料通过电话线瞬间即可传送总部，然后由电脑统计出结果，并自动将其打印或显示出来。

Audimeter是美国尼尔逊公司进行视听率调查所用的调查工具。其原理为：把被调查家庭所收看的节目时间和电视台一一记录在自动记录器内的软片上。软片盒可自由取下，每周由尼尔逊公司寄来新软片盒，上周的软片盒由被调查者直接寄给尼尔逊公司，将其打入IBM卡，送进统计装置进行统计。

Videometer是自动记录被调查家庭视听情况的仪器。这种电子记录器由电子工学与胶带结构巧妙组合而成。将其装在被随机抽出的被调查家庭的电视机上，用简单的天线检测视听家庭所收看的频道变化。Videometer的检测部分自动记录地方台发射频率，从而记录所收看的频道，每隔1分钟将其打孔，记录在胶带上，胶带每周回收一次，装进自动统计装置予以统计，并经电脑加以分析，每周定期做成报告。（资料来源：苗杰.现代广告学.北京：中国人民大学出版社,2012.）

案例分析：电视节目视听率调查使用了机器观察。

由于种种原因，调查人员并不适于或不需要亲临现场，这时则可采取机器观察的方法，即根据调查的要求、目的，在调查场所设置摄像机、红外线探测器、IC卡智能机等设备自动采集有关信息。这种方法有操作简便、节约人工、使用时间长的优点，但有应用范围小、一次性投资大的缺陷。

【经验谈】

观察调查法在许多国家具争议性

观察调查法在美国和日本被广泛地使用，但在欧洲则少得多。例如，在爱尔兰，观察法曾经几乎不被使用。在使用观察调查法时，往往被看作是获得调查思想或是帮助调查者决定问题的哪些方面值得研究的一种概括性技巧。它可以作为检验其他调查技术的方法。由于不能观察类似于态度、动机、计划等因素，因而许多调查人员避免使用这种方法。

爱尔兰的部分公司曾经一度不情愿让调查者亲临现场观察消费者行为。许多爱尔兰调查人员会对他所观察到的内容的可靠性提出质疑。很多人都有不按照他们原先的方式行事的倾向，所运用的大部分观察法都是自然的、直接的、非强迫性的。（资料来源：[英]保罗·海格，彼得·杰克逊.市场调研.张天赐译.北京：中国标准出版社，2012.）

【小思考】日常生活中，我们在什么地方能见到使用机器观察法？

答：大型的超市、百货店等的入口处；飞机场、火车站安全检查处；医院的诊断室。

任务四 实验调查法

【案例】

美国西屋电器公司白色灯泡的调查

美国西屋电器公司白色灯泡，1300家用2只，86%主妇反映光线好，78%的主妇反映寿命长。广告公司以此作广告：光线质地优良，在15个地区，100家商店试销十万只，把两次试销结果及用户反映公布于社会，很快打开了市场。（资料来源：陈煌涛，胡春晓.国际市场调研与预测.南昌：江西高校出版社，2011.）

案例分析：企业通过实验结果的广告，赢得了家庭灯泡的市场。

所谓实验调查法，就是在调查过程中在影响调查目的的诸多因素中找出一至两个因素，将它们置于模拟环境中进行小规模的实验，然后对实验结果做出分析、判断，以供决策。

一、无控制组的事前事后对比实验

这是一种最简单的实验调查法，它是在不设置控制组（对照组）的情况下，考察实验组在引入实验因素前后量的变化，从而测定实验因素对实验对象（调查对象）影响的实验效果。这种实验模式如表3-4所示。

表3-4　　　　　　　　　无控制组的事前事后对比实验模式

项目＼级别	实验组	控制级（对照组）
事前测定值	x_1	/
事后测定值	x_2	/

实验效果E可表达为：

$$E = x_1 - x_2 \tag{3.1}$$

上述实验效果E是一个绝对量,其值的大小与实验组原有销售规模有关,为了能更真实地度量实验效果,可用实验效果的相对指标来反映,相对实验效果RE可表达为:

$$RE = \frac{(x_1 - x_2)}{x_1} \times 100\% \tag{3.2}$$

二、有控制组的事前事后对比实验

这种方法要求对调查对象随机抽出两个样本组,在相同时间段内进行实验比较。其中一组为实验组,一组为控制组。要求对实验组和控制组分别进行实验前测量和实验后测量,然后进行事前、事后对比。比如要测定某一种商品改变包装后的销售情况,可以在实验前测定两组销售量,实验组为x_1,控制组为y_1;实验后实验组的销量为x_2,控制组的销量为y_2;实验效果,即两组事前、事后对比的实验效果为(x_2-x_1)-(y_2-y_1)。

例如:

某食品企业进行产品包装实验调查,实验结果见表3-5。

表3-5　　　　　　　　　　食品包装实验结果

级　　别	实验组(3家)	控制组(3家)
实验前销量/千克	30 000(x_1)	29 500(y_1)
实验后销量/千克	40 000(x_2)	36 500(y_2)

由有控制组的事前事后对比实验可知其实验效果为:

$$\begin{aligned}E &= (x_2 - x_1) - \frac{x_1}{y_1}(y_2 - y_1) \\ &= (40\,000 - 30\,000) - \frac{30\,000}{29\,500}(36\,500 - 29\,500) \\ &= 2\,881(千克)\end{aligned}$$

相对实验效果为:

$$RE = \frac{E}{x_1} \times 100\% = \frac{2\,881}{3\,000} \times 100\% = 9.60\%$$

上述结果表明,该公司通过改革该种商品包装后,可使销量增加9.6%,全公司 3个月可增加的总销量为:

(3 000+29 500)×9.6%=5 712(千克)

有控制组的事前事后实验由于其实验过程既包含了纵向对比,又包含了横向对比,故这种实验法既能自动消除非实验因素对实验效果的影响,又能避免在有控制组事后实验中存在的选择比较市场(即控制组)的难题,是一种比较好的实验方法。但这种实验法在实际应用过程中操作较为复杂,工作量大。

任务五 网上调查法

1.网上调查的内涵

网上市场调查是指在互联网上针对特定营销环境进行简单调查设计、收集资料和初步分析的活动。市场调查有两种方式：一种是直接收集一手资料，如问卷调查、专家访谈、电话调查等；另一种是间接收集二手资料，如报纸、杂志、电台、调查报告等现成资料。因此，利用互联网进行市场调查（不妨称为网上市场调查，简称网上调查），相应也有两种方式：一种是利用互联网直接进行问卷调查等方式收集一手资料，如"我国Internet现状与发展"调查就是在网上利用问卷直接进行调查，这种方式不妨称为网上直接调查；另一种方式，是利用互联网的媒体功能，从互联网收集二手资料。由于越来越多的传统报纸、杂志、电台等媒体，还有政府机构、企业等也纷纷上网，因此网上成为信息的海洋，信息蕴藏量极其丰富，关键是如何发现和挖掘有价值信息，对于第二种方式一般称为网上间接调查。

2.网上调查的特点

网上市场调查的实施可以充分利用Internet作为信息沟通渠道的开放性、自由性、平等性、广泛性和直接性的特性，使得网上市场调查具有传统的一些市场调查手段和方法所不具备的一些独特的特点和优势。

（1）及时性和共享性。网上调查是开放的，任何网民都可以进行投票和查看结果，而且在投票信息经过统计分析软件初步自动处理后，可以马上查看到阶段性的调查结果。

（2）便捷性和低费用。实施网上调查节省了传统调查中耗费的大量人力和物力。

（3）交互性和充分性。网络的最大好处是交互性，因此在网上调查时，被调查对象可以及时就问卷相关问题提出自己更多的看法和建议，可减少因问卷设计不合理导致调查结论偏差。

（4）可靠性和客观性。实施网上调查，被调查者是在完全自愿的原则下参与调查，调查的针对性更强，因此问卷填写信息可靠、调查结论客观。

（5）无时空、地域限制。网上市场调查是24小时全天候的调查，这就与受区域制约和时间制约的传统调查方式有很大不同。

（6）可检验性和可控制性。利用Internet进行网上调查收集信息，可以有效地对采集信息的质量实施系统的检验和控制。

3.网上调查的作用

（1）通过了解公司产品购买者的情况，有助于更好地理解并服务于消费者。很多公司的网站上都已经设定了一些常见的调查问题。当有访问者进入电子商店，通过网上购物的方式来访问公司站点时，往往需要填写一份包括个人性别、职业、兴趣、特长、收入等相关情况的资料，才能够获得所需的产品。通过这种方式，厂商可以跟踪消费者，很方便地收集到消费者和潜在消费者的信息。

借助于这些信息，企业就可以获取消费者的基本资料，了解消费者对产品的意见以及建议，勾画出目标客户群体的整体结构，然后有针对性地开展营销活动。

（2）获得企业竞争者的情报，有针对性地调整经营策略。市场竞争是残酷的，只有抢先一步才能使企业立于不败之地。在这方面及时了解竞争对手的一举一动是不容忽视的，而互联网为企业及时调查提供了方便。

企业可以通过互联网进入竞争对手的站点，查询面向公众的所有信息，例如竞争对手的年度报告、产品信息、企业简讯、各种生产经营情况、企业决策者的个人简历以及公开招聘职位等。通过分析这些信息，企业可以准确把握自身的优势和劣势，及时调整营销策略。

（3）可以借助于互联网进行新产品测试。在当今这个富于创新的时代，用户需求的变化及消费观念的更新，促使企业要不断地创新，来适应这种多变的环境。为了进一步满足用户的需求，企业需要不断地推出新产品、新概念或者新的服务方式。为了准确地了解客户的需求，在新产品推向市场前，企业可以利用互联网对新产品进行宣传与调查，了解消费者的各种意见和建议，改进、完善产品，使新产品获得广阔的市场前景。目前，国外已经有许多企业开始尝试这种方法。例如，利用网络高速、交互性以及多媒体的特点，将汽车的最新款式通过网络展示，并调查用户对性能、颜色等方面的需求，从而决定生产、销售以及开发的策略。

（4）监控在线服务，为决策提供依据。企业站点的访问者能利用互联网上的一些软件程序来进行在线服务，而企业则通过监控在线服务来观察访问者挑选和购买何种产品以及他们在每个产品主页上耗费的时间。通过研究这些数据，就能分析出哪种产品是最受顾客欢迎的、产品在一天内的哪个时间段销售情况最好以及何种产品在哪个地区销售数量最多。厂商将统计分析出的销售评测结果整理形成报告，可作为公司决策人员开展营销活动的参考。

4.网上调查的程序

网络调查的程序与其他调查方法的程序相比有所不同。其他调查方法只是问卷设计、样本确定、资料分析等用电脑进行，而正式调查是以面访、电话、邮寄等方式进行的。网络调查的程序则不同，它的整个调查过程都在互联网上进行。

具体程序是：先在电脑上进行问卷设计并确定样本，然后将问卷通过电子邮件的形式传递给被调查者，被调查者将问卷在电脑上填好后以同样的形式传递回来，最后调查者在电脑上进行整理分析并报告结果。整个过程见图3-5。

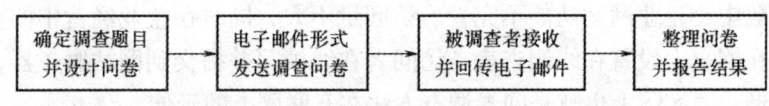

图3-5 网络调查程序

5.网上调查的方法

根据网上市场调查的不同方式,可将利用互联网获取信息的方法分为6种:网上搜索法、网站跟踪法、加入邮件列表、在线调查表、电子邮件调查、对网站访问者的随机抽样调查。其中网上搜索法、网站跟踪法等方法既可以用来收集二手资料,也可以用来收集一手资料。

(1)网上搜索法。网上搜索所利用的工具是搜索引擎。网上检索通常作为收集二手资料的手段,但是利用搜索引擎强大的搜索功能也可以获得大量一手资料。比如,在传统市场调查中,收集某行业中主要竞争厂家资料的途径包括参加行业博览会索取厂家资料,收集报刊新闻、广告、财务报告、招聘信息,通过行业协会的会刊资料查询,或者主管部门的统计报告等。

现在,其中的很多一手资料可以通过网上搜索来完成。只要企业建立了自己的网站,并在搜索引擎进行登记,就可以找出该企业的网址,然后通过直接访问目标企业的网站查询相关信息,有关该企业的新闻报道等通常也可以直接从网上查到。

利用网上搜索还可以收集到市场调查所需要的大部分二手资料,如大型调查咨询公司的公开性调查报告,大型企业、商业组织、学术团体、著名报刊等发布的调查资料,政府机构发布的调查统计信息等。

(2)网站跟踪法。网上每天都增加大量的市场信息,即使功能最强大的搜索引擎,也不可能将所有信息都检索出来,而且很多有价值的信息并不是随便可以检索得到的,有些网站的信息只对会员才开放。有些搜索引擎的数据库更新比较缓慢,也减弱了信息的时效性。在市场调查的日常资料收集工作中,就需要对一些网站进行定期跟踪访问,对有价值的信息及时收集记录。

一般来说,可以提供大量一手信息资料和二手资料的网站有:各类网上博览会、各行业经贸信息网、企业间电子商务(B2B)网站、行业垂直网站、大型调查咨询公司网站及政府统计机构网站等。

(3)加入邮件列表。如果觉得每天跟踪访问大量的网站占用太多时间,也可以利用一些网站提供的邮件列表服务来收集资料。很多网站为了维持与用户的关系,常常将一些有价值的信息以新闻邮件、电子刊物等形式免费向用户发送,通常只要进行简单的登记即可加入邮件列表。比较有价值的邮件列表有各大电子商务网站初步整理的市场供求信息、各种调查报告等。

(4)在线调查表。企业网站本身就是一个有效的网上调查工具。有研究表明,74%的用户表示愿意在网站上提供产品满意度反馈,有50%的用户愿意回答产品需求和偏好方面的问题。

网上调查功能往往被许多企业所忽视,浪费了从顾客那里直接获得有用信息的机会,这也许与一般中小企业网站功能不完善、访问量不大,同时在企业经营中的重要性不高等因素有关。在网页上设置在线调查表,访问者在线填写并提交到网站服务器,这是网上调查最基本的形式,实际上也就是问卷调查方法在互联网上的延伸。

(5)电子邮件调查。电子邮件调查是在线调查的另一种表现形式,与传统调查中的邮寄调查表同一原理。将设计好的调查表直接发送到被调查者的邮箱中,或者在电子邮件正文中给出一个网址链接到在线调查表页面,这种方式在一定程度上可以对用户成分加以选择，并节约被访问者的上网时间。

如果调查对象选择适当且调查表设计合理，往往可获得相对较高的问卷回收率。但采用电子邮件调查的前提条件是已经获得被调查者的电子邮件地址，并且预计他们对调查的内容感兴趣。

（6）对网站访问者的随机抽样调查。利用一些访问者跟踪软件，可以按照一定的抽样原则对某些访问者进行调查，类似传统方式中的拦截调查。例如在某一天或几天中某个时段，在网站主页上设置一个弹出窗口，其中包含调查问卷设计内容，或者在网站主要页面的显著位置放置在线调查表，请求访问者参与调查。另外，也可以对满足一定条件的访问者进行调查，这些条件可以根据自己的要求设定，比如来自于哪些IP地址，或者一天中的第几位访问者。

6.网上调查的特点

（1）网络调查的优点。

①网络调查大大缩短了调查时间，提高了调查的效率。网络调查相对于传统的调查方法，省去了问卷印刷、访问员入户、准备样品、布置场地、数据录入等许多过程，从时间上讲是各种方法中最快的。而且在被访者填写问卷的同时，计算机程序会及时汇总，在很短的时间内就能将被访者的问卷整理、反馈给调查人员。

②可避免某些人为因素造成的误差。传统调查方法多由访问人员开展调查，而访问人员的主观见解或理解错误等，会使资料发生错误。而网络调查在访问过程及数据录入过程中均无需人员干预，避免了数据收集和处理过程中人为因素引起的误差。

③调查成本低。对调查实施者而言，网络调查节省了问卷印刷费用、人工费用、场地费用、数据录入等费用，大大降低了运作成本。

④易于收集数据。传统调查方法多在白天进行，且时间上不能太长，而网络调查中只要被访者访问公司站点，就可以随时随地完成问卷，如休息时间也可以完成调查。

⑤问卷的资料较全面。传统的面访可以出示一些卡片和照片，电话访问基本不可能出示任何辅助的提示性材料。而网络调查可以通过多媒体手段向受访者出示丰富的动画、声音和图像信息，极大地提高了信息的丰富程度。

（2）网络调查的缺点。

①调查范围受到限制。由于互联网是一种新生事物，其调查范围取决于上网用户的多少。目前上网用户仅限于城市的部分单位和家庭，农村的互联网用户几乎没有，从而使调查范围受到限制，资料的代表性只能是有限群体的。

②调查也可能突然中断，造成资料的不完整。在调查时有可能遭到电脑病毒的干扰和破坏，或者访问者在回答过程中自动放弃，都会产生这样的结果。

③调查结果的准确性不能验证。结果的正确与否，一方面受调查者对互联网技术和操作方法的熟练程度影响；另一方面也受调查者的态度影响，因在访问过程中不被监控，完全取决于自身，如果是漫不经心的回答，资料的准确性必然降低。

7.网上调查注意的问题

利用互联网进行调查的确具有很多优点，比如快速、方便、费用低、不受时间和地理区域限制等。另外，由于不需要和用户进行面对面的交流，也避免了当面访谈可能造成的主持人倾向误导，或者被访问者顾及对方面子而不好意思选择不利于企业的问题。尽管网上调查有其优越的一面，但也有一定的缺陷，主要表现在调查表的设计、样本的数量和质量、个人信息保护等因素的影响。

（1）在线调查表的设计。无论采取什么调查方法，设计相应的调查表并预先进行测试，在大多数情况下是必不可少的，而且调查表设计水平的高低直接关系到调查结果的质量。由于在线调查占用被访问者的上网时间，因此在设计上应该简洁明了，尽可能少占用填写表单的时间和上网费用（如果一份问卷需要10分钟以上的时间，相信多数人没有这种耐心），避免被访问者产生抵触情绪而拒绝填写或者敷衍了事。

（2）样本的数量。样本数量难以保证也许是在线调查最大的局限之一。如果没有足够数量的样本数量，调查结果就不能反映总体的实际状况，也就没有实际价值，足够的访问量是一个网站进行在线调查的必要条件之一。

（3）样本的质量。由于网上调查的对象仅限于上网的用户，从网民中随机抽样取得的调查结果可能与消费者总体之间有误差。另外，用户地理分布的差别和不同网站拥有特定的用户群体也是影响调查结果不可忽视的原因。

（4）个人信息保护。为了尽量在人们不反感的情况下获取足够的信息，在线调查应尽可能避免调查最敏感的资料，如住址、家庭电话、身份证号码等。

（5）被调查者的因素。被调查者提供信息的真实性直接影响在线调查结果的准确性。所以，对于网上被调查者的某些信息（尤其是个人信息）的真实性和准确度要大打折扣。

（6）建立信息分析处理体系。信息收集后必须能有效地处理，最好是由专人完成信息收集与处理的工作，用数据库将信息组织管理，以备将来查询。在调查过程中，经常会收到很多垃圾邮件；在网上查到的有些信息不是很准确，比如说同行业网上公开的信息很多带有水分，所以必须当作客户去了解才可得到比较准确的信息。一个高效的信息分析处理系统非常重要。

（7）避免滥用市场调查功能。由于市场调查信息向用户透露出企业的某些动向，使得市场调查具有一定的营销功能，但应该将市场调查与营销严格区别开来，如果以市场调查为名义收集用户个人信息，开展所谓的数据库营销或者个性化营销，不仅将严重损害企业在消费者（至少是被调查者）之间的声誉，同时也将损害合法的市场调查。

网上调查也不可能满足所有市场调查的要求，尤其当企业网站访问量比较小、客户资料还不够丰富的情况下，不能完全依赖网上调查的功能。比较合理的方式是，根据市场调查的目的和要求，采取网上调查与网下调查相结合、自行调查与专业市场调查咨询公司相结合的方针，以较小的代价获得尽可能可靠的市场调查资料。

【案例】
中国网络媒体论坛网络媒体社会责任网民调查问卷

社会责任是网络媒体不可推卸、不可逃避的责任，为了了解社会各界对网络媒体社会责任的看法和需求，使网络媒体更好地履行应承担的社会责任，完成其历史使命，请您协助完成以下问卷。感谢您的参与！

1.您的年龄
○18岁以下　　○18～24岁　　○25～40岁　　○41～60岁　　○61岁以上

2.您的性别

○男　　○女

3.您的学历

○高中及以下学历　　○本科、专科　　○硕士及以上

4.您所在的地区

○中国内地　　○中国香港、澳门、台湾　　○海外

5.您认为目前中国网络媒体是否承担了应承担的社会责任？

○已经承担　　○基本承担　　○基本没承担　　○没有承担

6.您认为中国网络媒体应通过何种方式向受众传达其社会责任意识？

○新闻信息　　○公益性活动　　○学术活动　　○形象广告

○娱乐活动　　○商业行为　　○长期建立专门窗口　　○其他

7.您认为哪些方面中国网络媒体急需改善？（可以多选）

○语言不标准，简称过多　　○网络语言低俗甚至污秽

○色情、暴力信息过多　　○传播颓废消极思想

○一些信息真假难辨　　○大量使用Flash技术

○千网一面，抄袭现象严重　　○个人信息安全难以得到保障

○编辑水平低，导致内容肤浅　　○广告过多干扰正常浏览

○其他

8.目前中国网络媒体在承担社会责任方面存在的主要问题是什么？

○缺乏相关的规范规定

○网络信息过于繁杂

○经济效益和社会效益没有很好地兼顾

○网络媒体所担负社会责任不明晰

○社会舆论对网络媒体的监督力度低

○缺乏先进的管理理念和经验

○从业人员素质低，缺乏专业的策划采编队伍

○其他

9.您认为中国网络媒体的经营行为，哪些方面难以接受？

○存在大量强迫阅读的网络广告

○利用垃圾邮件营销

○存在大量虚假信息

○交易信息不可靠，网络信用体系未完善

○一些付费项目存在色情、暴力倾向和内容

○其他

10.您认为中国网络媒体除了要遵守相关的法律法规外，还应该做好哪些方面的工作？（可以多选）

○旗帜鲜明地维护国家的利益和形象

○努力提高中国互联网的发展水平

○促进中国网络媒体的可持续发展
○建立、健全、遵守、维护中国网络媒体道德规范
○加强中国网络文明建设
○保护国家信息安全
○加强对青少年教育引导，弘扬中华文化
○研发和使用自主知识产权的网络技术及相关应用技术
○提高服务质量，拓展服务空间
○进一步发展网络媒体特色
○其他

11.您认为中国网络媒体在支持公益事业方面，还应该做哪些方面的努力？
○开展网上公益事业的宣传
○加强相关问题的学术研究
○促进社会弱势群体享受相应的公益援助
○成立网上扶贫基金会，支持国家扶贫工程建设
○提高网民对网络虚拟性的认识，对其信息认知和判断进行教育和引导
○开展网络爱心救助活动，关爱残障人士
○其他

12.您认为中国网络媒体今后要在哪些方面做出努力才能更好地承担相应的社会责任？
○建立系统化的相关规范准则
○广泛宣传网络媒体的社会责任
○号召全社会对网络媒体进行监督
○经常进行全国性针对网络媒体社会责任的讨论
○加强从业人员培训
○建立对违规网络媒体及其行为的曝光和处罚机制
○加强对网民的教育和引导，制定相关规定
○加强对相关问题的学术研究
○强化对青少年的教育引导，使青少年对网络信息进行有效的筛选和规避
○建立和完善相关技术
○其他（资料来源：苗杰.现代广告学.北京：中国人民大学出版社，2013.）

案例分析：网络调查利用互联网将问卷在网上发布，征询访问者，并将各种反馈资料运用预先设定的程序进行数据处理，整个调查过程都通过电脑辅助调查完成。这种方法因其特有的优点，深受调查者欢迎。

项目小结

本项目介绍了市场调查的五种主要方法：资料调查法、询问调查法（包含面谈法、电话法、邮寄法）、观察调查法、实验调查法与网上调查法。探讨了各种方法的优缺点及运

用中的技巧。

复习思考题

■ 基本训练

1.判断题

（1）资料调查法又称桌面调查，有时也叫二手调查。（　　）

（2）邮寄调查法费用低，调查面广，资料的时效性强。（　　）

（3）观察调查法，是指调查者在现场对被调查者的情况间接观察，以取得市场资料信息的方法。（　　）

（4）实验调查法，就是在调查过程中从影响调查目的的诸多因素中找出一至两个因素，将它们置于模拟环境中进行小规模的实验，然后对实验结果做出分析、判断，以供决策的一种调查方法。（　　）

（5）网上市场调查是指在互联网上针对特定营销环境进行简单调查设计、收集资料和初步分析的活动。（　　）

（6）人工观察调查是调查者置身于被调查者中间开展调查，记录市场中发生的有关的事实真相及前景，取得更全面的市场资料和信息。（　　）

（7）面谈访问的技巧有三点：概括为三个字，说、听、离。（　　）

（8）利用互联网调查具有快速、方便、费用低、不受时间和地理区域限制等优点。由于不需要和用户进行面对面的交流，避免了当面访谈可能造成的主持人倾向误导。（　　）

（9）网上调查的缺陷，主要表现在调查表的设计、样本的数量和质量、个人信息保护等因素的影响。（　　）

（10）网上调查不可能满足所有市场调查的要求，尤其在企业网站访问量比较小、客户资料不够丰富的情况下，不能完全依赖网上调查的功能。（　　）

2.选择题

（1）下列关于资料调查法的优点说法不正确的有（　　）。

A.方便　　　　　B.节省时间　　　　C.节省人力　　　　D.时效性强

（2）下列关于面谈调查法的优点说法不正确的是（　　）。

A.富于伸缩性　　　　　　　　B.具有激励效果

C.可获得较多资料　　　　　　D.费用低、时间短

（3）下列关于观察调查法的优点说法不正确的是（　　）。

A.可以避免调查结果受调查人员的影响　　B.可以节省时间

C.准确性较高　　　　　　　　D.能够较好控制被调查对象

（4）下列是电话调查法优点的有（　　）。

A.速度快　　　　B.费用低　　　　C.回答深入　　　　D.时间长

（5）网上调查的特点有（　　）。

A.及时性和共享性　　　　　　B.便捷性和低费用
C.交互性和充分性　　　　　　D.无时空、地域限制

（6）可以提供大量一手信息资料和二手资料的网站有（　　）。
A.各类网上博览会　　　　　　B.各行业经贸信息网
C.企业间电子商务（B2B）网站　D.行业垂直网站
E.大型调查咨询公司网站　　　F.政府统计机构网站

（7）互联网获取信息的方法分为（　　）。
A.网上搜索法　　　　　　　　B.网站跟踪法
C.在线调查表　　　　　　　　D.电子邮件调查
E.对访问者的随机抽样调查

（8）电话调查具有（　　）的优点。
A.经济　　　　　　　　　　　B.快速
C.节省时间　　　　　　　　　D.容易控制

（9）个人面谈是指通过调查者与被调查者个人交流获得信息，这种方法有（　　）。
A.入户访谈　　　　　　　　　B.街上拦截访谈
C.经理访谈　　　　　　　　　D.小组访谈

（10）市场调查的方法有（　　）。
A.资料调查法　　　　　　　　B.询问调查法
C.观察调查法　　　　　　　　D.实验调查法
E.网上调查法　　　　　　　　F.预测法

3.简答题

（1）简述面谈调查的一些技巧。
（2）资料调查法有哪些局限性？
（3）网上调查有哪6个方法？

■ 案例分析

1.某企业生产A牌高级香皂，市场占有率在16%左右，该厂决定通过价格实验来确定是否对该产品调价以提高市场占有率。实验结果如表3-6所示。

表3-6　　　　　　A牌高级香皂的价格实验结果

品牌	每块零售价/元		市场占有率/%		
	实验前	实验后	实验前	实验后	变化量
A	2.50	2.30	16	24	8

试运用所学知识分析A牌的市场前景。

2.电话调查方法的选择

某厂家生产一种普通日用品，产品主要面向家庭月收入不满3 000元的用户，为了解用户对该商品的印象，厂家决定采用电话调查法，你认为是否妥当？

项目四　抽样调查技术

知识目标

了解各种类型随机抽样调查和非随机抽样调查的含义、特点。

技能目标

根据具体情况，掌握如何确定抽样数目以及如何进行点值估计与区间估计值的计算。

能力目标

具有在了解抽样调查一般程序的基础上进行有效地抽样调查的能力。

抽样调查是市场调查中最基本的一种方法，是市场调查设计者必须掌握的基本技术。可以说，没有掌握抽样调查技术，在市场调查领域就没有入门。

案　例

入户抽样调查

为了解普通居民对某种新产品的接受程度，需要在一个城市中抽选1 000户居民开展市场调查，在每户居民中，选择1名家庭成员作为受访者。

根据调查要求，抽样分为两个阶段进行：第一阶段是从全市的居委会名单中抽选出50个样本居委会；第二阶段是从每个被选中的居委会中，抽选出20户居民。

从民政或者统计部门获得一个城市的居委会名单。将居委会编上序号后，用计算机产生随机数的方法，可以简单地抽选出所需要的50个居委会。在选定了居委会之后，对居民户的抽选将使用居委会地图来进行操作。此时，需要派出一些抽样员，到各居委会绘制居民户的分布图，抽样员需要了解居委会的实际位置、实际覆盖范围，并计算每一幢楼中实际的居住户数。然后，抽样员根据样本量的要求，采用等距或者其他方法，抽选出其中的若干户，作为最终访问的样本。

访问员根据抽样员选定的样本户，进行入户访问。以谁为实际的被调查者，是抽样设计中最后一个问题。如果调查内容涉及受访户的家庭情况，则对受访者的选择可以根据成员在家庭生活中的地位确定，例如，可以选择使用计算机最多的人、收入最高的人、实际负责购买决策的人，等等。如果调查内容涉及个人行为，则家庭中每一个成年人都可以作为被调查者，此时就需要进行第二轮抽样，因为如果任凭访问员人为确定受访者，最终受访者就可能会偏向某一类人，例如家庭中比较好接触的老人、妇女等。

访问员入户后，首先记录该户中所有符合调查条件的家庭成员的人数，并按年龄大小进行排序和编号。随后，访问员根据受访户的编号和家庭人口数的交叉点，在表中找到一个数，并以这个数所对应的家庭成员作为受访者。（岑咏霆.市场调查技术.北京：高等教育出版社，2013.）

案例分析

这是一个典型的两阶段入户调查的现场抽样设计，从设计的全过程可以看到，随机性原则分别在选择居委会、选择居民户和入户后选择受访者等环节中得到体现。在任何一个环节中，如果随机原则受到破坏，都有可能对调查结果造成无法估计的偏差。调查中的抽样设计是一个复杂的技术环节，非专业的研究人员对此问题需要给予特殊关注。

任务一 抽样调查基本理论

由于市场现象普遍存在着随机性特征，抽样时只有遵循随机性原则，才不至于破坏原有的随机性特征；在概率论中，大数定律是揭示关于随机现象的定理，是抽样法的一个重要基本理论。

一、抽样调查的含义及其特点

1.抽样调查的含义

抽样调查也称抽查，是指从调查总体中抽选出一部分要素作为样本，对样本进行调查，并根据抽样所得的结果推断总体的一种专门性的调查活动。抽样调查是一种被广泛使用的调查方法。

2.抽样调查的特点

（1）时间短、收效快。抽样调查涉及面较小，取得调查结果比较快，能在较短的时间内获得同市场普查大致相同的调查效果，还可以运用抽样调查技术来检验普查及有关资料的正确性，并给予必要的修正。

（2）质量高、可信程度好。抽样调查是建立在数理统计基础之上的科学方法，只要由专门人才主持抽样调查，严格按照抽样调查的要求进行抽样，就可以确保获取的信息资料具有较好的可靠性和准确性，对那些无法或没有必要进行普查的项目具有很好的适用性。

（3）费用省、易推广。由于抽样调查把调查的对象减少到一定的程度，又能保证调查的有效性，从而可以大大地减少工作量，降低费用开支，提高经济效益。同时，由于抽样调查需较少的人力、物力，企业容易承担、容易组织。

3.抽样调查的不足

由于抽样调查所调查的对象是调查对象中的一部分，抽样调查的结果是从抽取样本中获取的信息资料推断出来的，所以，抽样调查存在着抽样误差。抽样误差是客观存在的，在一定范围内也是允许的。

补充资料

现代抽样方法的先驱——盖洛普

"一种客观测量报刊读者阅读兴趣的新方法"是乔治·盖洛普在艾奥瓦大学写博士论文时用的题目。通过对"Des Moines Register and Tribune"和瑞士数学家唯克布·贝努里具有200年历史的概率统计理论的研究，盖洛普在抽样技术领域取得了进展。他指出，当抽样计划中的调查对象涵盖广泛，涉及不同地域、不同种族、不同经济层次的各种人时，你只需随机抽取而无需采访每个人。尽管当时他的方法不能为所有人理解和认同，但是现在，这种方法已经被广泛使用。

盖洛普通常引出一些特例来解释他自己在说什么或做什么。假设有7 000个白豆子和3 000个黑豆子十分均匀地混合在一起，装在一个桶里。当你舀出100个时，你大约可以拿到70个白豆子和30个黑豆子，而且你失误的几率可以用数学方法计算出来。只要桶里的豆子多于一把，那么你出错的几率就少于3%。

20世纪30年代早期，盖洛普在美国很受欢迎。他成为Drake大学新闻系的系主任，然后转至西北大学。在此期间，他从事美国东北部报刊的读者调查工作。1932年夏天，一家新的广告代理商电扬广告公司邀请他去纽约创立一个旨在评估广告效果的调查部门，并制订一套调查方案。同年，他利用他的民意测验法帮助他的岳母竞选艾奥瓦州议员。这使他确信他的抽样调查方法不仅在数豆子和报刊读者调查方面有效，而且有助于选举人。只要你了解到抽样范围具有广泛性，白人、黑人、男性、女性、富有、贫穷、城市、郊区、共和党、民主党，只要有一部分人代表他们所属的总体，你就可以通过采访相对少的一部分人，来预测选举结果或反映公众对其关心问题的态度。盖洛普证实，通过科学抽样，可以准确地预测出总体的指标。同时，在抽样过程中，可以节省大量资金。（资料来源：胡祖光.市场调研预测学——原理、计划和应用.杭州：浙江大学出版社，2007.）

二、抽样误差的控制

抽样误差的客观存在和不可避免性,并不意味着可以任其存在或对其无所作为,相反,对抽样误差的控制是十分必要的。减少抽样误差可从以下几个方面着手。

1.准确选定抽样方法

选择正确的抽样方法,有利于使抽取的样本能真正代表样本的总体,减少误差。抽样方法分为随机抽样和非随机抽样两大类,每一类又分为很多具体方法。对抽样方法的选择,要根据调查目的和要求以及调查所面临的主客观、内外部条件进行权衡选择。一般条件下,随机抽样法具有更大的适用性。

2.正确确定样本数目

一般而言,样本数与抽样误差呈反比关系,即样本越大,抽样误差越小,反之亦然。但是,抽样误差又与调查总体中有关特征差异有关。总体中的差异越大,在同样样本数的条件下,误差越大;总体中的差异越小,在同样样本数的条件下,误差越小。换言之,在确保同样的差异误差的前提下,如果总体中的差异大,则需抽取的样本数应该大一些,反之亦然。而且,抽取的样本大小又与调查的成本有关,样本越大,费用越高,反之亦然。所以,确定样本数要综合考虑对抽样误差的允许程度、总体的差异性和经济效益的要求等因素。

3.加强对抽样调查的组织领导,提高抽样调查工作的质量

要以科学的态度对待抽样,特别是要由专门人才,或经过严格培训的人员承担抽样调查工作。抽样方法要适当,工作程序要规范,严格按照所选用的抽样方法的要求进行操作,确保整个抽样工作科学合理。

三、抽样调查的一般程序

抽样调查过程包含五个步骤。

1.确定调查总体

确定调查总体,即明确调查的全部对象及其范围。确定调查总体是抽样调查的第一个步骤,是抽样调查的前提和基础。只有对象明确,才能有的放矢,取得真实、可靠、全面的信息资料。只有明确调查总体,才能从中进行正确的抽样,并保证抽取的样本符合要求。

2.个体编号

个体编号,即对调查总体中的个体进行编号。在采用随机抽样的情况下,需要对总体中的每一个个体进行编号,以使抽样选出的个体更具有代表性。如果调查的范围过大,总体中的个体过多,则编号的工作量太大,为此,要尽量压缩调查范围,简化编号工作。如果调查总体很大且无法压缩,则可以将随机抽样中的分层和分群抽样方法结合使用,以减少编号工作量,当然,也可以采用随机抽样方法,以减去编号这个环节。

3.选择调查样本

这是在调查总体中选定具体的需对其实施调查的样本。选择调查样本,需首先确定抽样调查的方法,即确定采用随机抽样,还是非随机抽样;在总的方法确定后,要确定具体的抽样方法,是分层抽样,还是分群抽样等。其次还要确定样本的数量。在上述问题确定后，按预定的要求选择调查的样本。

4. 实施调查

这是对选定样本进行调查，即运用不同的调查方法，对抽选的样本进行逐个调查，取得一手资料。如果被访问的样本不在或拒绝接受采访，应设法改变访问技巧，再次访问。确实无法访问时，才能改变访问对象。对随机抽样而言，一般不允许随意改变样本或减少样本数，以保证样本资料的准确性与客观性。而对于非随机抽样而言，如遇原定调查对象不在或不愿接待的情况，调查人员可以根据主观标准改变访问对象，以达到样本数为标准。

【经验谈】

市场调查委托者除了必须信守合同、尊重市场调查提供者和被调查者的意愿并保护其利益、坚持公平交易外，还应遵守以下职业规范：①不能以市场调查为由误导公众；②应与提供者保持一种开诚布公的关系；③应该恰当地使用市场调查提供的信息资料；④不应要求提供者做正常市场调查以外的事情；⑤应该尊重提供者的劳动；⑥有权从提供者处获得相应的信息资料、调查报告及建议。

5. 测算结果

这是用样本指标推断总体指标的结果。用样本的调查结果推断总体是调查的最后一个步骤，也是调查的目的所在。具体做法可以按百分比推算法进行推算。

【小思考】

抽样调查中是否一定存在抽样误差，能否控制？

答：抽样误差是客观存在和不可避免的，但误差的大小是可以控制的。可通过选定不同的抽样方法及样本数目来控制误差；另外，加强对抽样调查的组织领导，也可提高抽样调查的工作质量。

任务二 抽样技术的类别及特点

抽样方式是指样本的具体抽取过程。它规定了不同的抽样程序和规则。从抽样的效率角度看，对不同的总体和不同的调查内容应采用不同的抽样方式，这样既可以抽出有代表性的样本，使抽样过程方便、快捷、高效率等，而且能节省费用，因此，熟悉和准确把握这些抽样方法非常重要。

一、抽样技术的类别

抽样技术是指在抽样调查时采用一定的方法，抽选具有代表性的样本以及各种抽样操作技巧和工作程序等的总称。为了使抽选的样本具有代表性，必须借助于各种抽样技术。抽样技术可以分为随机抽样技术与非随机抽样技术两大类。

1. 随机抽样技术

随机抽样技术，又称概率抽样技术，是对总体中每一个个体都给予平等的抽取机会的抽样技术。在随机抽样的条件下，每个个体抽中或不抽中完全凭机遇，排除了人的主观因素的选择。在具体操作过程中，由于采用的技术和调查总体的特征不同，又可细分为不同的方法。

2. 非随机抽样技术

非随机抽样技术是指总体中每一个个体不具有被平等抽取的机会，而是根据一定主观标准来抽选样本的抽样技术。由于主观标准的确定和判断力的不同、采用的具体方法及操作技巧等不同，又可分为不同的非随机抽样方法。

二、随机抽样技术的分类及技术特点

1. 随机抽样技术的分类

随机抽样技术一般分为四种类型：

（1）简单随机抽样技术。简单随机抽样技术，又称单纯随机抽样技术，是在总体单位中不进行任何有目的的选择，而是按随机原则、纯粹偶然的方法抽取样本。

简单随机抽样技术是随机抽样技术中最简单的一种。这种方法一般适用于调查总体中各单位之间差异较小的情况，或者调查对象不明，难以分组、分类的情况。如果市场调查范围较大，总体内部各单位之间的差异较大，则要同其他随机抽样技术结合使用。

简单随机抽样技术常用的有抽签法和乱数表法。

①抽签法。用抽签法抽取样本，先将调查总体的每个单位编上号码，然后将号码写在卡上，打乱顺序，任意从中抽选，抽到一个号码，就对上一个单位，直到抽足预先规定的样本数目为止。这种方法适用于总体单位数目较少的情况。

②乱数表法。乱数表又称随机数表，是指含有一系列组别的随机数字的表格。利用特制的摇码机器（或电子计算机）在0~9的阿拉伯数字中，按照每组数字位数的要求（如2位、3位，甚至10位一组等），自动随机逐个摇出（或由电子计算机打出）一定数目的号码，以备查用，或参照乱数表选择（表4-1）。

表4-1				乱数表								
03	47	43	73	86	36	96	47	36	61	46	98	63	71	62
97	74	24	67	62	42	81	14	57	20	42	43	32	37	32
16	76	62	27	66	56	50	26	75	07	32	90	79	78	53
12	56	85	99	26	96	96	68	27	31	05	03	72	93	15
55	59	56	35	64	37	54	82	46	22	31	62	43	09	90
01	22	77	94	39	49	54	43	55	82	17	37	93	23	78
41	11	17	53	71	57	24	55	06	88	77	04	74	47	67
61	26	63	78	59	16	95	55	67	19	98	10	50	71	75
33	21	12	86	29	78	64	56	07	82	52	42	07	44	38
57	60	17	34	44	09	47	27	96	54	49	17	45	09	62
70	28	17	12	13	40	33	20	38	26	78	83	51	03	74
56	62	37	35	18	98	83	50	87	75	83	11	25	93	47

使用乱数表时，首先要把调查总体中的所有单位加以编号，根据编号的位数确定使用若干位数字，然后查乱数表。在乱数表中任意选定一行或一列的数字作为开始数，接着可

按从上而下，或从左至右，或一定间隔（隔行或隔列）的顺序取数，凡编号范围内的数字号码即为被抽取的样本。如果不是重复抽样，碰上重复数字应舍掉，直到抽足预定样本数目为止。

例如：

要从94家上市公司中抽取12家作为调查样本，可先将94家公司由1~94编号（$N=94$），然后在乱数表上任意一行（或一列）中的一个数字作为起点数，从这个数字开始按上下或左右顺序读起，每出现两个数字，即为被抽中的单位码号。假定本例是从第四行左边第六个数字向右顺序读起，则所抽取单位是：68、27、31、05、03、72、93、15、55、59、56、35，此过程中的数字96因大于94，舍去不用，因为在顺序抽取的过程中，遇到比编号大的数字，应该舍去。

（2）分层随机抽样技术。分层随机抽样技术，又称分类随机抽样技术，是把调查总体按其属性不同分为若干层次（或类型），然后在各层（或类型）中随机抽取样本。例如，调查人口，可按年龄、收入、职业、居住位置等标志划分为不同的阶层，然后按照要求在各个阶层中进行随机抽样（图4-1）。

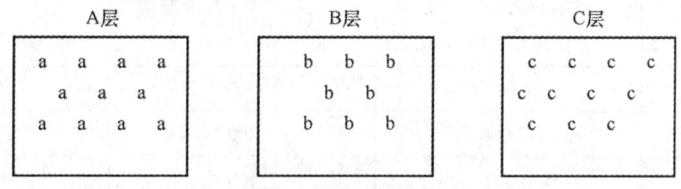

图4-1 分层抽样后的各层

分层随机抽样技术在市场调查中采用较多。分层时要注意各层之间要有明显的差异，不至于发生混淆；要知道各层中的单位数量和比例；分层的数量不宜太多，每个层次内的个体应保持一致性等。只有这样，才能使抽取的样本反映该层的特征，提高样本的代表性，减少抽样误差。

①等比例分层抽样。这是指按各个层（或各类型）中的单位数量占总体单位数量的比例分配各层的样本数量。

例如：

某地共有居民20 000户，按经济收入高低进行分类，其中高收入居民为4 000户，占总体的20%，中等收入居民为12 000户，占总体的60%，低收入居民为4 000户，占总体的20%。要从中抽选200户进行购买力调查，则各类型应抽取的样本单位数为：

经济收入高的样本单位数为：200×20%=40（户）

经济收入中等的样本单位数为：200×60%=120（户）

经济收入低的样本单位数为：200×20%=40（户）

问题：分析本案例中样本单位数的抽取方法。

【分析提示】

样本单位数的抽取是按各种经济收入的单位数量占总体单位数量的比例进行样本的抽选。这种方法简便易行，分配合理，计算方便，适用于各类型之间差异不大的分类抽样调查，如果各类之间差异过大，则应采用分层最佳抽样法。

②分层最佳抽样法，又称非比例抽样法。它不是按各层单位数占总体单位数的比例分配样本单位，而是根据其他因素（如各层平均数或成数标准差的大小，抽取样本工作量和费用大小等），调整各层的样本单位数。如按分层标准差大小调整各层样本单位数，其计算公式为：

$$n_i = n \times \frac{N_i S_i}{\sum N_i S_i} \tag{4.1}$$

式中：n_i为各类型应抽选的样本单位数；n为样本单位总数；N_i为各类型的调查单位数；S_i为各类型调查单位平均数（成数）的样本标准差。

例如：仍以上述居民收入与购买力之间的关系为例。各层样本标准差中高收入为300元，中等收入为200元，低收入为100元，为了便于观察，如表4-2所示。

表4-2 调查单位数与样本标准差乘积计算表

各层次（不同经济收入）	各层的调查单位数（户）N_i	各层的样本标准差（元）S_i	乘积（元）$N_i S_i$
高	4 000	300	1 200 000
中	12 000	200	2 400 000
低	4 000	100	400 000
总计	20 000	600	4 000 000

注：样本标准差的差别主要凭经验判断确定，上例是假定的，也可通过计算公式确定。

计算公式为：

$$样本标准差 = 离差的平方和 \div 样本数$$

按照公式计算，得出各类型应抽选的样本单位数为：

高收入样本单位数为：200×（1 200 000÷4 000 000）=60（户）

中等收入样本单位数为：200×（2 400 000÷4 000 000）=120（户）

低收入样本单位数为：200×（400 000÷4 000 000）=20（户）

问题：分析本案例中样本单位数的抽样方法。

【分析提示】

样本单位数是按各种经济收入下的样本标准差的大小进行调整的，按 $n_i = n \times \dfrac{N_i S_i}{\sum N_i S_i}$

计算。

通过上述计算可以看出，用非比例抽样法与比例抽样法抽取的样本数，各层次之间不同，特别是高收入与低收入之间样本标准差相差较大，所以高收入所抽取的样本数增加20户（60-40），低收入减少20户（20-40），中等收入不变。由于购买力同家庭经济收入关系很大，因而要增加高收入家庭的样本数，相应减少低收入家庭的样本数，这样能使所抽选的样本更具有代表性。这种以调查单位数和样本标准差两个因素为依据进行的抽样是最佳抽样法。

（3）等距离随机抽样技术。等距离随机抽样技术，又称系统抽样技术或机械随机抽样技术。它是在总体中先按一定标志顺序排列，并根据总体单位数和样本单位数计算出抽样距离（即相同的间隔），然后按相同的距离或间隔抽选样本单位。排列顺序可用与调查项目有关的标志为依据，如在购买力调查中，按收入多少由低至高排列；也可用与调查项目无关的标志为依据，如按户口册、姓氏笔画等排列。

抽样间隔计算公式为：

$$抽样间隔 = 总体数(N) \div 样本数(n) \qquad (4.2)$$

例如：

某地区有零售店110户，采用等距离抽样方法抽选11户进行调查。

第一步，将总体调查对象（110户零售店）进行编号，即从1号至110号。

第二步，确定抽样间隔。已知调查总体$N=100$，样本数$n=11$，故抽样间隔$=110 \div 11 = 10$（户）。

第三步，确定起抽号数。用10张卡片（即抽样间隔）从1号至10号编号，然后从中随机抽取1张作为起抽号数。如果抽出的是2号，2号则为起抽号数。

第四步，确定被抽取单位。从起抽号开始，按照抽样间隔选择样本。本例从2号起每隔10号抽选一个，直至抽足11个为止。计算方法是：

2

2+10=12

2+10×2=22

……

2+10×10=102

即所抽的单位是编号为2、12、22、32、42、52、62、72、82、92、102的11个零售店。

【小思考】

分析说明等距离抽样方法的优点。

分析提示：等距离抽样方法简单，省却了一个一个抽样的麻烦，还能使样本均匀地分散在调查总体中，不会集中于某些层次，增加了样本的代表性，适用于大规模调查。

（4）分群随机抽样技术。分群随机抽样技术，又称整群抽样技术，是把调查总体区分为若干群体，然后用单纯随机抽样法，从中抽取某些群体进行全面调查。

运用分群随机抽样技术抽取样本，先要把调查总体区分为若干个群体，然后用单纯随机抽样法，从中抽取某些群体进行全面调查。如果不是对所抽取的群体进行全面调查，而是进一步划分为若干个小群体，再按随机原则抽取一个或一部分小群体来调查，称为多段分群抽样。

运用分群随机抽样技术抽取样本，抽选工作比较简易方便，抽中的单位比较集中，但是由于样本单位集中在某些群体，而不能均匀分布在总体中，如果群与群之间差异较大，则抽样误差就会增大（图4-2）。

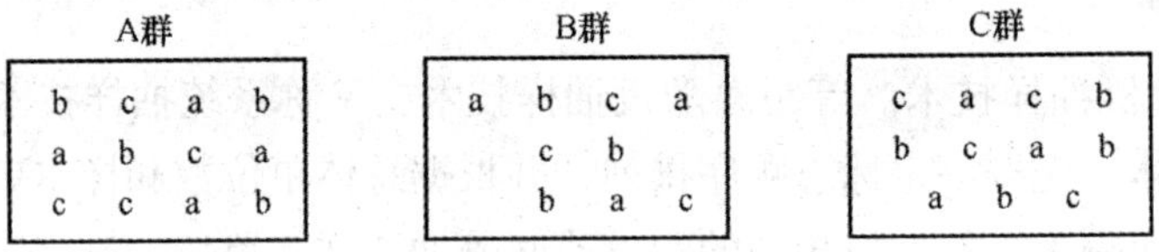

```
    A群              B群              C群
 b c a b          a b c a          c a c b
 a b c a          a c b a          b c a b
 c c a b          b a c b          a b c
```

图4-2　分群抽样后的各群

2.随机抽样技术的特点

（1）随机抽样技术的优点。①随机抽样是从总体中按照随机原则抽取一部分单位进行的调查。它的调查范围和工作量比较小，又排除了人为的干扰，因此能省时、省力、省费用，又能较快地取得调查的结果。同时，抽取的样本可以大致上代表总体。

②随机抽样技术能够计算调查结果的可靠程度。可通过概率计算推算值与实际值的差异，即抽样误差（又称代表性误差），并将误差控制在一定范围内。抽样误差可分为平均误差（μ_X）和成数误差（μ_P）。

（2）随机抽样技术的不足。①对所有调查样本都给予平等看待，难以体现重点。②抽样范围比较广，所需时间长，参加调查的人员和费用多。③需要具有一定专业技术的专业人员进行抽样和资料分析，一般调查人员难以胜任。

三、非随机抽样技术的分类及特点

1.非随机抽样技术

非随机抽样技术又称非概率抽样技术，一般分为以下三种类型。

（1）任意抽样技术。任意抽样技术又称便利抽样法。它是调查人员为了工作的方便，在调查对象范围内随意抽选一定数量的样本进行调查的一种抽样方法。例如进行现场访问，任意选择一群消费者或者营业人员进行谈话，了解他们对商品质量的看法或购买动向。这种方法简便易行，可以及时取得所需的资料，节约时间和费用。

任意抽样技术适用于非正式的探测性调查，或调查前的准备工作。一般在调查总体中每一个体都是同质时，才能采用此类方法。但是实践中并非所有总体中每一个体都是相同的，所以抽样结果偏差较大，可信程度较低，它的样本没有足够的代表性，故在正式市场调查时，很少采用任意抽样法。

（2）判断抽样技术。判断抽样技术又称目的抽样法。这是一种根据调查人员的经验或某些有见解的专家选定样本的抽样方法。

运用判断抽样技术进行抽样时，由调查人员依据自己的经验抽取样本，或由某些有见解的专家选定样本。

判断抽样可以有两种具体做法：一种是由专家判断选择样本。一般用平均型或多数型的样本为调查单位，通过对典型样本的研究由专家来判断总体的状态。所谓"平均型"，是在调查总体中挑选代表平均水平的单位作为样本，以此作为典型样本，再推断总体。所谓"多数型"，是在调查总体中挑选占多数的单位作为样本来推断总体；另一种是利用统计判断选择样本，即利用调查总体的全面统计资料，按照一定标准选择样本。

判断抽样法的优点是：简便、易行、及时，符合调查目的和特殊需要，可以充分利用调查样本的已知资料，被调查者配合较好，资料回收率高等。但是，这种方法易发生主观判断产生的抽样误差，同时，由于判断抽样中各个调查单位被抽取的概率不知道，因而无法计算抽样误差和可信程度。如果调查者的经验丰富，知识面广，判断能力强，抽取的样本代表性就大，反之则小。

（3）配额抽样技术。配额抽样技术是按照一定标准分配样本数额，然后在规定数额内由调查人员任意抽选样本的一种抽样方法。这种方法同分层抽样有相似的地方，都是事先对总体中所有单位按其属性、特征分类，这些属性、特征我们称之为"控制特性"，如市场调查中消费者的性别、年龄、收入、职业、文化水平等。然后，按各个控制特性分配样本数额。但它与分层抽样又有区别，分层抽样是按随机原则在层内抽取样本，而配额抽样则是由调查人员在配额内主观判断选定样本。配额抽样与判断抽样也有区别。一是抽取样本的方式不同。配额抽样是分别从总体的各个控制特性的层次中抽取若干个样本，而判断抽样是从总体的某一层次中抽取若干个符合条件的典型样本。二是抽样要求不同。配额抽样注重"量"的分配，而判断抽样注重"质"的分配。三是抽样方法不同。配额抽样方法复杂精密，判断抽样方法简单、易行。

配额抽样分为独立控制配额抽样和非独立控制配额抽样两大类。其中，独立控制配额抽样是对调查对象只规定具有一定控制特征的样本抽取数目并规定配额，而不是规定具有两种或两种以上控制特征的样本抽取数目并规定配额。

这种方法是分别独立地按各类控制特性分配样本数额。它对样本单位在各类控制特性中的交叉关系没作数额上的限制，因此这种方法在抽样时有较大的机动性。

独立控制配额抽样法的具体应用方法如下：被被调查对象的控制特征分为年龄、性别、收入三种。确定样本总数为180个，按独立控制特征配额抽样则可列成表4-3（数字是假设的）。

表4-3　　　　　　　　　　按独立控制特征配额抽样

年龄	样本数
18～29岁	30
30～40岁	50
41～55岁	60
56岁以上	40
合计	180
性别	样本数
男	90
女	90
合计	180
收入	样本数
高	36
中	90
低	54
合计	180

从表4-3中可以看出，虽然有年龄、性别、收入三个控制特征，但各特征是独立控制配额抽取样本数目的，不要求相互牵制，也不规定三种控制特征之间有任何关系。如在年龄组18～29岁的有30人，这30人中间，男女各多少，高中低收入者又有多少，都没有规定样本抽取数目。这就是独立控制配额抽样的特点。

独立控制配额抽样具有简便易行、费用少等优点，但有选择样本容易偏向某一类型而忽视其他类型的缺点。例如，偏重于年龄较轻的低收入或年龄较大的高收入者。这个缺点可通过相互控制配额抽样来弥补：①按照调查目的的要求选定固定样本户。对样本户的选定可采用适合的抽样技术。②对固定样本户进行必要的培训，提出要求，并发给预先设计好的调查登记表。③由各样本户按要求每天将需要调查的内容一一记下，如家庭调查户，每天要记收支明细分类账；零售企业调查户每天要记营业日记；用户要记录产品的使用情况等。④由调查人员定期收集各个调查户记录的材料，并进行汇总、整理、分析，得出有关的结论。⑤对固定调查户，每隔一定时间进行访问，了解调查对象的记录情况，并给予具体指导，发现问题及时纠正，保证资料的真实性。访问方式可定期也可不定期进行。⑥定期召开调查户代表座谈会，听取意见，改进工作。

【小思考】

非随机（非概率）抽样与随机（概率）抽样的根本区别是什么？非随机（非概率）抽样的特点是什么？

答：非随机（非概率）抽样与随机（概率）抽样的根本区别在于样本抽取过程是否遵循随机原则。非随机（非概率）抽样的特点是：①抽样过程的主观性；②误差的不可测性；③简便易行。

相互控制配额抽样这种方法在按各类控制特性分配样本数额时，要考虑到各类型之间的交叉关系，采用交叉分配的办法。表4-4即为上例采用相互控制配额抽样方法所得样本配额情况。从表中不难看出，相互控制配额抽样在分配样本数目时，是将各分类控制特性综合在一起安排的，抽样者必须按照规定从总体中抽取样本。

表4-4　　　　　　　　　　　相互控制样本配额表

地区		大型				中型				小型				合计
		甲	乙	丙	丁	甲	乙	丙	丁	甲	乙	丙	丁	
行业	商业	0	1	1	0	2	1	1	1	2	8	5	3	
	饮食	1	0	1	0	0	1	2	0	2	3	2	3	
	服务	0	0	0	1	0	2	0	0	3	4	0	0	
小计		1	1	2	1	2	4	3	1	7	15	7	6	550
合计		5				10				35				

2. 非随机抽样技术的特点

（1）非随机抽样技术的优点。①非随机抽样技术按一定的主观标准抽选样本，可以充分利用已知资料，选择较为典型的样本，使样本更好地代表总体。②可以缩小抽样范围,节约调查时间、减少调查人员和节省调查费用。

(2)非随机抽样技术的不足。使用非随机抽样技术进行调查的主要不足是无法判断其误差和检查调查结果的准确性。这是因为,用非随机抽样技术进行调查的总体中,每一个样本被抽取的概率不一样,概率值的大小不清楚,无法借助概率计算推算值与实际值的差异,可靠程度只能由调查人员主观评定。由于主观标准不当或主观判断失误均会增大抽样误差,出现差错难以核实。

在进行实际市场调查时,调查人员要根据不同的调查要求和目的,选择最合适的抽样技术,才能起到良好的效果。

任务三 抽样误差及样本数目的确定

一、抽样误差的确定

抽样误差是指随机抽样调查中必然发生的代表性误差,即平均误差,通常用符号μ表示。因为抽样调查是以样本代表总体,以样本综合指标推断总体综合指标,所以平均误差是不可避免的,但这种误差一般不包括技术性误差,即调查过程中的工作误差。各种误差关系如图4-3所示。

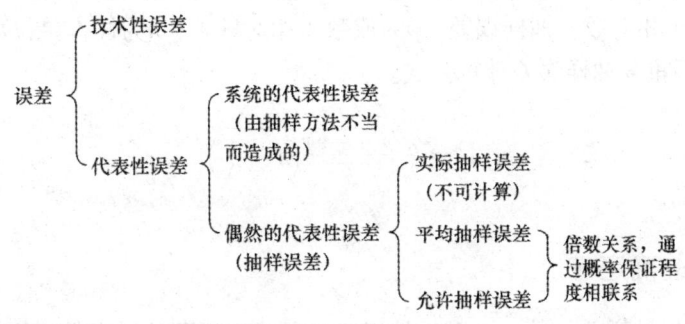

图4-3 各种误差关系图

1.影响抽样误差大小的因素

(1)总体单位之间的标志变异程度。总体单位之间标志变异程度大,抽样误差则大,反之则小,所以抽样误差大小同总体标准差大小成正比例关系。

(2)样本单位数的多少。样本单位数多,抽样误差小;样本单位数少,则抽样误差大,所以抽样误差的大小,同样本单位数成反比的关系。

(3)抽样方法的不同。一般来说,简单随机抽样比分层、分群抽样误差大,重复抽样比不重复抽样误差大。

2.抽样误差大小的理论计算

重复抽样是指样本抽出后再放回去,有可能被第二次抽中。而不重复抽样是指样本抽出后不再放回，每个单位只能抽中一次。实践中大多采用不重复抽样。

（1）平均数重复抽样误差的计算公式。

$$\mu_{\bar{x}} = \sqrt{\frac{\sigma^2}{n}} \tag{4.3}$$

式中：$\mu_{\bar{x}}$为抽样平均误差；σ^2为总体平均方差；n为样本单位数。

注：σ^2一般要进行换算，$\sigma^2 = \frac{\sum(x-\bar{x})^2}{n}$或以样本标准差代替，也可以采取经验估算等。

（2）平均数不重复抽样误差的计算公式。

$$\mu_{\bar{x}} = \sqrt{\frac{\sigma^2}{n}\left(1-\frac{n}{N}\right)} \tag{4.4}$$

式中：N为总体单位数；$1-\frac{n}{N}$为修正系数。

（3）成数重复抽样误差计算公式。

$$\mu_p = \sqrt{\frac{p(1-p)}{n}} \tag{4.5}$$

式中：μ_p为成数（相对数）抽样误差；p为成数（相对数）；n为样本单位数。

（4）成数不重复抽样误差计算公式。

$$\mu_p = \sqrt{\frac{p(1-p)}{n}\left(1-\frac{n}{N}\right)} \tag{4.6}$$

二、抽样数目的确定

抽样数目是指抽样单位数，在随机抽样时必须确定必要的样本数。样本数过多，浪费人力、物力、财力和时间；抽样数目过少，会影响调查结果的精确度，造成较大误差，所以确定必要的样本数目极为重要。必要的样本数目是在事先给定的抽样误差范围内所确定的能够反映总体特征的样本单位数。

影响抽样数目多少的因素有：①总体中各单位之间标志值的变异程度。变异程度大，需要抽选的样本数目越多；反之，需要抽选的样本数目越少。②允许误差的大小。允许误差又称极限误差或最大可能误差，是指抽样误差的范围。允许误差用符号Δ表示。其计算公式为$\Delta = t\mu$，式中t代表概率度，是指扩大或缩小抽样误差范围的倍数，μ代表抽样误差，允许误差Δ等于t倍的抽样误差。允许误差大，抽样数目可以少一些；允许误差小，抽样数目可以多一些。允许误差的大小要根据调查的目的要求和条件来确定，一般来说，调查准确度要求高，调查力量强，费用充足，允许误差要小一些；反之可取大一些。③不同的抽样方法也会影响抽样数目的多少。一般来说，随机抽样比非随机抽样样本数目少一些，不重复抽样比重复抽样样本数目少一些。

抽样数目的计算公式：

（1）平均数指标重复抽样数目的计算公式。

$$n = \frac{t^2\sigma^2}{\Delta^2\bar{x}} \tag{4.7}$$

式中：n为样本单位数；σ^2为总体方差；t^2为概率平方；$\Delta^2\bar{x}$为平均数允许误差平方。

（2）平均数指标不重复抽样数目的计算公式。

$$n = \frac{t^2\sigma^2 N}{N\Delta^2\bar{x} + t^2\sigma^2} \tag{4.8}$$

式中：N为总体单位数。

（3）成数指标重复抽样数目的计算公式。

$$n = \frac{t^2 p(1-p)}{\Delta p^2} \tag{4.9}$$

（4）成数指标不重复抽样数目的计算公式。

$$n = \frac{t^2 Np(1-p)}{N\Delta p^2 + t^2 p(1-p)} \tag{4.10}$$

式中：t为概率；p为成数；Δp为成数允许误差；n为抽样数目。

t值小，允许误差范围小，把握程序就大，反之就小。因为在抽样调查时，每100次抽样中有95.45次的正负误差不会超过2，其余4.55次则会超过，其概率度t值为2，把握程序（即可信程序）为95.45%。它们之间的相互关系，可参照概率表（表4–5）。

表4–5　　　　　　　　　　　　　　概率表

概率度	把握程序 F	允许误差 $\Delta = t\mu$
1.00	0.682 7	1.00 μ
1.50	0.886 4	1.50 μ
1.96	0.950 0	1.96 μ
2.00	0.954 5	2.00 μ
3.00	0.997 3	3.00 μ

三、点值估计值与区间估计值的计算

1. 点值估计值的计算

点值估计值是直接以样本指标作为总体指标的估计值，不考虑抽样误差，仅作为近似的估计。

2.区间估计值的计算

区间估计值是在一定把握程度下，根据抽样指标（平均数指标或成数指标）和抽样误差范围，对总体指标估计值落入的区间范围做出的估计。

调查人员可事先根据调查的目的和范围，对指标估计值落入的区间范围做出估计。

计算公式为：

$$X \pm \Delta_{\bar{x}} \text{ 即 } \bar{x} \pm \mu_{\bar{x}}$$
$$P \pm \Delta_p \text{ 即 } P \pm t\mu_p \tag{4.11}$$

式中：x 为抽样平均指标；P 为抽样成数指标。

$$抽样平均指标 + \Delta_x = 区间值的上限$$
$$抽样平均指标 - \Delta_{\bar{x}} = 区间值的下限$$

在上限与下限之间都视为正确的区间值，待样本区间值求出后，乘上总体数就是总体的区间值。这种计算结果比点值估计正确、可靠，灵活性比较强，又考虑到多种因素的影响，是比较科学的推断方法。

样本容量是否影响估计的精度，是不是样本容量越大越好？

答：市场调查中，样本容量的大小直接影响到估计的精度，增加样本容量会提高估计的精度，但样本容量的增加会使调查费用增加。样本容量太大，固然在精度上能完全满足要求，但可能会造成浪费，因此，不是样本容量越大越好。

项目小结

抽样调查技术作为一种运用科学的方法，在总体中抽取有代表性的个体作为调查对象的具有科学性的市场调查技术，是一种被广泛使用的有用方法。

为了提高抽样调查的有效性，需要切实控制抽样误差，严格遵循抽样调查的程序，并合理选用抽样技术。

抽样技术指在抽样调查时采用一定的方法，抽选具有代表性的样本以及各种抽样操作技巧和工作程序等的总称。抽样技术可以分为随机抽样技术与非随机抽样技术两大类。随机抽样技术是对总体中每一个个体都给予平等的抽取机会的抽样技术。非随机抽样技术是对总体中每一个个体不给予被平等抽取的机会，而是根据一定主观标准来抽选样本的抽样技术。这两种抽样技术各有其特点和使用范围。

随机抽样技术一般分为简单随机抽样技术、分层随机抽样技术、等距离随机抽样技术和分群随机抽样技术四种类型。非随机抽样技术一般分为任意抽样技术、判断抽样技术和配额抽样技术三种类型。这些不同的技术都有各自的操作技术和应用特点。

复习思考题

■ 基本训练

1. 判断题

（1）抽样调查是一种准确性和可信度比较高的调查方法，但它较费时。（　　）

（2）在抽样过程中，只要步骤严谨、方法得当，就不会出现误差。（　　）

（3）抽样误差的大小与样本容量有时候成正比关系。（　　）

（4）一般情况下，对抽样结果要求越高，所需抽查的样本就越多。（　　）

（5）任意抽样是一种简单的抽样方法，省费用省时间，而且准确性很高。（　　）

（6）由于市场现象普遍存在着随机性特征，抽样时只有遵循随机性原则，才能不至于破坏原有的随机性特征。（　　）

（7）大数定律是揭示关于随机现象的定理，是抽样调查技术的基本理论。（　　）

（8）抽样调查存在着抽样误差，是客观存在的，在一定范围内是允许的。（　　）

（9）抽样数目是指抽样单位数，在随机抽样时必须确定必要的样本数。（　　）

（10）抽样调查技术中成数就是比例数。（　　）

2. 选择题

（1）分层抽样又称（　　）。

A.分类抽样　　　　　　　　　　　　B.系统抽样

C.简单随机抽样　　　　　　　　　　D.整群抽样

（2）下面说法错误的是（　　）。

A.总体中各单位之间标志值的变异程度越大，需要抽选的样本数目越多；反之，需要抽选的样本数目越少

B.允许误差大，抽样数目可以少一些；允许误差小，抽样数目可以多一些

C.一般来说，随机抽样比非随机抽样样本数目少一些，不重复抽样比重复抽样样本数目少一些

D.总体越多，所需抽取的样本数目就应越多

（3）下列说法错误的是（　　）。

A.总体单位之间标志变异程度大，抽样误差则大，反之则小，所以抽样误差大小同总体标准差大小成正比例关系

B.样本单位的数目多少与抽样误差大小有关。样本单位数目多，抽样误差小；样本单位数目少，抽样误差则大，所以抽样误差的大小同样本单位数成反比例关系

C.抽样方法不同，抽样误差大小也不相同。一般来说，简单随机抽样比分层、分群抽样误差大，重复抽样比不重复抽样误差大

D.在抽样过程中，只要步骤严谨、方法得当，就不会出现误差

（4）下列不属于抽样调查的优点的是（　　）。

A.节省时间　　　　B.节省费用　　　　C.准确性高　　　　D.没有误差

3.简答题

（1）抽样技术分为哪几类？各类有何特点？

（2）什么是等距离抽样法？如何计算抽样间隔？

（3）重复抽样与不重复抽样有何区别？

（4）什么是抽样误差？影响误差大小的因素有哪些？

4.某公司所属零售商店有30个，用纯随机抽样方式，抽选10个商店组成样本，对销售情况进行调查。调查结果显示，某商品平均月销售额为20 000元，样本方差为4 000元。根据上述资料，试分别用重复与不重复抽样的抽样误差计算公式，计算出该商品月平均销售额的抽样误差。

5.某地有职工家庭10 000户，对其进行一次电脑需求抽样调查，先抽取样本100户进行探测性调查，调查结果显示，平均年需求量为10台，总体方差为20台，如要求允许误差不超过0.2台，把握程度为95.45%，试采取重复与不重复抽样数目公式计算出必要的样本单位数。

6.某学校进行一次英语测验，为了解学生的考试情况，随机抽选部分学生进行调查，所得资料如下：

考试成绩	60分以下	60~70分	70~80分	80~90分	90~100分
学生人数	10人	20人	22人	40人	8人

问题：试以95.45%的可靠性来分析该校学生英语测试的平均成绩的范围（$\sigma = 11.377$）。

■ 案例分析

英国医学科学家发现儿童时期智商高的人往往比智商低的人寿命长。伦敦大学科研小组在伦敦从1921年出生的人中抽取了2 792名进行调查。他们通过对这些人在11岁时的智商记录进行分析后发现，那些在儿童时期智商超过102的人都仍然健在，而智商低于97.7的人皆已去世。研究人员在1921年出生的人中另外抽取了2 792名进行调查，还发现，儿童时期智商高的人在75岁之前死亡的概率十分低。（资料来源：［英］保罗·海格，彼得·杰克逊.市场调查.张天赐译.北京：中国标准出版社，2011.）。

问题：以抽样调查为基础，试分析此案例研究中儿童时期智商高的人往往比智商低的人寿命长的原因。

项目五 市场营销调查技术

知识目标

了解特殊调查的内容及实施的方法。

技能目标

掌握购买动机调查的方法及几种持续性实地调查的方法。

能力目标

通过产品试验和销售试验，具有发掘市场、了解消费者的真实购买动机、满足更多的社会需求的能力。

案 例

可口可乐与百事可乐的产品包装调查

在美国软性饮料市场上可口可乐那突出、更漏型瓶子，使其看起来更粗壮，握起来更舒适，这是消费者握在手中就能辨认出来的唯一标志，适于自动贩卖机贩卖，这些重要的竞争优势，使得可口可乐曾经成为美国民众生活中不可分割的一部分。为此，百事可乐公司花费数百万美元以研究新的瓶子设计。自1958年起的20年中，百事可乐推出"旋涡型瓶子"的标准包装来对抗，却不曾使其像可口可乐瓶子那样为消费者所认同，反而却被认为是个仿冒者。百事可乐发起一项大规模消费者调查，以研究家庭中饮用百事可乐和其他软性饮料的情况。该公司慎重选择350个家庭做长期的产品饮用测试，每周以折扣优惠价订购任何所需数量的百事可乐及其他竞争品牌软性饮料。

调查结果是："我们要做的就是包装设计，使人们更容易携带更多软性饮料回家的包装设计。"于是，百事可乐把容量加大，让包装更有变化。戏剧化的结果发生了：可口可乐未将其著名的更漏造型瓶子转换为更大容器，这种让三代以上美国人熟悉的更漏造型瓶子在市场竞中逐渐消失了；百事可乐的市场占有率则呈戏剧化扩张。百事可乐发展成为可以与可口可乐齐名的饮料行业世界巨头。百事可乐使用的市场调查法就是：①行为科学的市场调查；②产品试销法。（资料来源：冯志强. 现代企业管理. 郑州：黄河水利出版社，2011.）

问题：分析百事可乐使用的市场调查方法的作用。

案例分析

科学的市场调查和试销法可以对企业经营成果及其发展产生重大影响。

市场营销活动调查主要围绕包括产品、顾客等因素进行。这种调查需要由点到面、由表及里，从时间到空间都需要有一个完善的计划和全面的执行过程。下面介绍几种特殊的调查方法。

任务一 产品试验与销售试验

产品是否受市场欢迎，对于一个企业来说是生死攸关的。一个熟悉市场运作的企业在一个新产品大量推出以前，必须先将少量的产品投入到市场上，用产品试验法和销售试验法进行市场调查，以保证大批量产品成功上市。

一、产品试验

产品试验，主要是指对产品的质量、性能、规格、式样、色彩、包装、价格、味道、款式等方面的市场反应进行调查。通过这些方面的调查，企业可了解消费者对产品的反应，以便及时改进，进一步增强产品的竞争力，扩大产品的市场份额。

大多数产品能以许多不同形式，如以多种规格、款式、花色、品种、重量、颜色、味道等形式在市场推出。这些形式中到底哪一种在市场上受消费者青睐？这就需要通过产品试验，产品试验的目的是在各种各样的产品形式中确定哪一种形式在市场受欢迎。产品试验的基本方法是产品试用（试穿、试戴、试尝、试饮等）、商场展销或者展览会，通常是在城镇中心的公共场所或展览大厅里进行。在举办产品试用展览会时，消费者被邀请到会上试验或观看产品的各种样式；请每个消费者填写调查表。这种试验要持续一段时间，然后对调查表进行分析并写出总结报告，见图5-1。

通过上述方法，企业可了解潜在消费者与现实消费者对产品的总体感觉。具体说来，企业可了解消费者对产品的接纳程度；产品包装是否便于保护商品，便于携带和使用；产品品名、质量、商标、装潢是否符合消费者的喜好；消费者对产品某些方面的不满等。通过这些信息的反馈，企业可更好地把握消费者的需求倾向，改进产品，更好地按需求生产，为长期占领市场奠定基础。

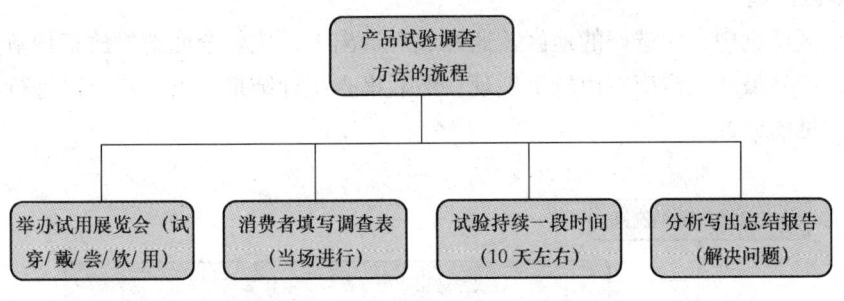

图5-1　产品试验调查方法的流程

二、销售试验

产品在大量上市之前，可以以有限的规模在有代表性的市场上试销，然后得出销售结果。这样，便于在更大规模的市场上销售。从试销的区域上划分，试销的主要形式有商店试销、市镇试销和地区试销；从试销的方式上划分，试销的主要形式有供应会议、补货会议、专业商品签约会议和物资交流会议等方式。这里主要介绍以下几种。

1. 商店试销

商店试销是最简单和费用最小的试销方式。一般用来决定两种可供挑选的特征哪一种较好。例如，从两个价格水平、两种包装中选出好的一种。如果存在两种以上要试验的挑选特征，那么必须进行两次单独的试验。这种方法一般挑选两个分别由20~24个商店组成的比较组，给每组商店一种形式的产品试销，确定一个试销日期，定期比较销售结果。调查流程见表5-1。

表5-1　　　　　　　　　商店试销的调查流程

形式	方法	步骤
价格试验	单独试销	（1）选择比较组（商店）
包装试验		（2）试销日期
质量试验		（3）给不同的货物销售

2. 市镇试销

市镇试销的基本方法与商店试销的基本方法类似，但要挑选两个匹配市镇进行试销。通常在测试可行的广告计划或价格水平时，用这种方法是最有价值的。实施这一方法的困难之处是在全国范围内找出对整个国家有典型意义的市镇。地方习惯和看法的差异，经济发展水平和消费水平的差异，自然环境和文化环境的差异，常常使之成为不可能。其他一些地方因素，如坏天气或某个企业的不景气也会影响调查结果。

3.地区试销

在地区试销中，用选好的地区（通常成对选出），比较全面地投放某种新产品试销。试销时，产品最新式样应在市场上展现，然后审查统计结果，下一步可以进行消费者的态度调查，见图5-2。

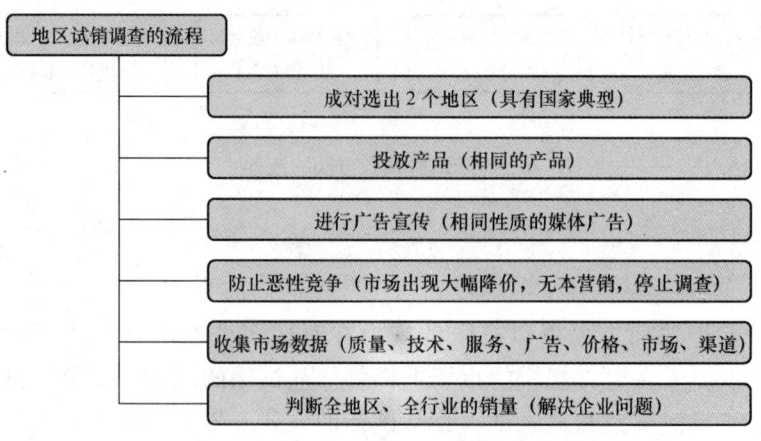

图5-2　地区试销调查流程

试销地区必须对整个国家有典型意义；有利于开发新产品的广告媒介服务。例如，试销区通常与电视台的覆盖区一致；该范围大致能产生销售数字，可以成比例地扩大来判断全国的销售量。地区试销是一种很有用的工具，尽管很费钱，但其结果有时可能出错。一种可能出现的会引起偏差的情况主要是竞争对手的故意"捣乱"，他们可能大幅度提高或减少他们平时的广告和推销力度，造成试销结果的混乱。

【经验谈】

商店试销的目的是进行商品上市，市镇试销的目的是扩大产品市场的占有率，地区试销的目的是为了占有行业、地区市场，企业要做大市场，必须进行这三个层次的试销调查，才能发现和分析不同市场的规律。

以上介绍的每一种形式都有其合适的用场，但是，都受到选拔一个真正有代表性的试销商店、市镇、地区的问题所困扰。实际上，真正有代表性的试销很少，市场调查人员必须注意克服因按比例扩大典型的试销市场数据，判断全区或全国销售量所带来的偏误。

【小思考】

新产品上市前做产品销售市场调查有什么好处？

答：便于生产者了解顾客消费倾向，改进产品，使消费者易于接受。

任务二　购买动机调查

动机是行为的内在因素。它由个人的需要所引发，是达成满足需要的行为动力。例如，某家庭主妇购买了A企业的洗衣机，本来这笔钱可以购买漂亮的衣服或储存起来，而她偏购买了洗衣机，必有其中的原因，而这个原因便是动机。像这样引导人们购买某一商品和选择某一品牌的动力，即为购买动机。

一、动机调查

不同的消费者在购买同一商品时所表现出来的动机是不一样的。以牙膏为例，有的人主要考虑的是清洁；有的人考虑的是清洁及保护作用；还有的人考虑的是治牙病等。可见，人们的购买动机是千差万别的，主要是由于人们的兴趣爱好、性格、气质、态度等因素的不同而导致的，消费者的购买动机对形成市场需求作用极大，由此产生了市场差别。

动机调查，是指把行为科学通常使用的方法用于解决市场营销问题。它涉及消费者需求和动机心理研究。购买动机的调查主要是分析研究影响消费者购买的心理变化的各种因素，从而把握消费者购买动机的变化方向，用消费者购买心理因素划分市场。

（欲望、冲动、驱动）购买动机 ┤ 心理需求（感情、理智、信任）
　　　　　　　　　　　　　　　└ 行为需求（生理、经常、习惯、稳定）

动机调查研究的中心问题是消费者行为中"为什么"的问题。例如，消费者为什么需要某种商品或劳务？为什么在众多的商品中选购了某种品牌的商品？为什么消费者对广告宣传会有截然不同的态度？为什么消费者经常惠顾某些零售商店？是什么因素促使消费者在限定条件下采取特别态度或行为？这方面的情报信息能提供以最恰当的方法说服消费者购买生产者的产品的关键线索。

预期满意理论认为，消费者购买产品以后的满意程度取决于购买前期望得到实现的程度。如果感受到的产品效用达到或超过购前期望，就会感到满意，超出越多，满意感越大；如果感受到的产品效用未达到购前期望，就会感到不满意，差距越大，不满意感越大。

函数表达式为：$S=F(E, P)$

S表示消费者满意程度；E表示消费者对产品的期望；P表示产品可察觉性能。

消费者根据自己从卖主、熟人以及其他来源所获得的信息形成产品的期望E，购买产品以后的使用过程形成的对产品的可察觉性能P的认识，如果$P=E$，则消费者会满意；如果$P>E$，则消费者会很满意；如果$P<E$，则消费者会不满意，差距越大越不满意。

【经验谈】

企业在营销过程中，对商品的宣传要实事求是，不要夸大其词，以免造成消费者在购买前的希望过高，使用后却对商品产生强烈不满。

认识差距理论认为，消费者购买和使用产品之后对商品的主观评价和商品的客观实际之间总会存在一定的差距，可分为正差距和负差距。正差距指消费者对产品的评价高于产品实际和生产者原先的预期，产生超常的满意感。负差距指消费者对产品的评价低于产品实际和生产者原先的预期，产生不满意感。

【经验谈】

消费者购买商品后，都会产生不同程度的不满意感。这是因为任何商品都有其优点和缺点，而消费者在购买时往往看重商品的优点，而购买后，又较多注意商品的缺点，当别的同类商品更有吸引力，消费者对所购商品的不满意感就会越大。

销售过程中，应密切注意消费者购后感受，并采取适当措施，消除不满，提高满意度。如经常征求顾客意见，加强销后服务和保证，改进市场营销工作，力求使消费者的不满降到最低。

动机调查对生产企业来说创造的价值非常可观，因为这种调查提供潜在顾客的行为模式和看法的各种情况。但这种调查结果往往很主观，解释的方法不止一个，开支也大。另外，动机调查寻求有关被采访者本身的信息，而不仅仅是关于某一产品的信息，因此对调查人员的素质要求较高，只有在临床心理学方面得到严格培训的人才能担任此工作。如果所调查的问题与对方的地位、声望或社会影响密切相关，那么要捕捉被采访者的真实动机就显得特别困难，这就需要非常高超的技巧。

二、购买动机的调查方法

购买动机的调查方法通常有以下几种。

1.投影法

投影法，又称投射法，是指根据无意识的动机作用探询个性深蕴的方法，是超过表面的防御，而探询个性深蕴。这种方法用来探究深层心理活动。如：谈论某款家用轿车，甲非常熟悉，推出甲的心理。又如：一个女生问一个女生喜爱什么体育活动，看一下这个女生喜爱什么体育活动，见图5-3。

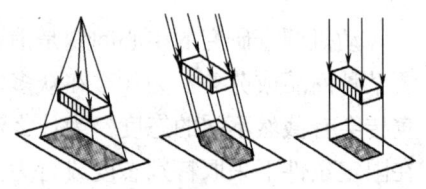

图5-3 投影法物理原理

在投射测验中，往往要求被测试者帮助别人在某种特定的情况下做出决策。人们常常不愿承认自己的某些愿望，可是却很愿意分析别人的心理活动。在推断他人的动机和态度时，人们会不自觉地表明自己的动机和态度。投射，形象地表明了这种做法。

2.推测试验法

推测试验法，是指使被试者对具备特定条件人的人品、职业、年龄、行动的是非等加以想象和说明，从中了解被试者对特定商品的印象。

具体方法：

（1）建立假设。通过观察，如果对未知现象及其相互间的关系发生了疑问，根据已知的科学事实和原理进行尝试性或假设性的推测，也就是提出问题。

（2）搜集资料。建立假设后，进一步的工作就是根据事实资料验证假设。搜集资料的方法主要有观察法、调查法、问卷法、个案追踪法等。

（3）分析资料。采用适当的方法将搜集到的原始资料加以整理、分类，即将这些资料系统化和简约化。

（4）做出结论。即验证假设的过程，确定假设的正确与否。

3.简单移动平均判断法

将移动算术平均数看作时间序列的下期判断值，这种方法称为简单移动平均判断法（亦称简单移动平均预测法）。简单移动平均判断法的模型为：

移动算术平均数的基本公式为：

$$M_t = \frac{x_{t-1} + x_{t-2} + \cdots + x_{t-n}}{n} \tag{5.1}$$

式中：M_t为第$t-1$期到第$t-n$期的平均数；$x_{t-1}+x_{t-1}+\cdots+x_{t-n}$为第$t-1$期到第$t-n$期的实际值；$n$为期数。

对上式作如下推导：

$$M_{t+1} = \frac{x_t + x_{t-1} + x_{t-2} + \cdots + x_{t-n+1}}{n}$$

$$= \frac{(x_{t-1} + x_{t-2} + \cdots + x_{t-n+1} + x_{t-n}) - x_{t-n} + x_t}{n} = M_t + \frac{x_t - x_{t-n}}{n} \tag{5.2}$$

$$\hat{x}_{t+1} = M_t \tag{5.3}$$

即：我们将前t期的算术平均数看作第$t+1$期的判断值。

例如：某城市2013年各月份汽油消耗量，前n期的平均值，也是下一期的判断值。

表5-2　　　　　　　　　　汽油消耗t和移动平均值表

月份t	实际使用量（万升）x_t	3个月移动平均值 M_t（$n=3$）	5个月移动平均值 M_t（$n=5$）
1	120		
2	132		
3	142		
4	138	131.3	
5	146	137.3	
6	152	142	135.6
7	146	145.3	142
8	155	158	144.8
9	143	151	147.4
10	156	158	148.4
11	148	151.3	150.4
12	150	149	149.6

【分析提示】观察表5-2的数据，我们可以发现一些特点：①移动平均值的波动幅度比实际记录小。因为在一个波动期内，各数值之间相互抵消。②当移动时期数n（又称为步长）的取位比较小时，判断比较灵敏；当n的取值比较大时，判断的灵敏性略差。当然n的取值并非越小越好，n较小时虽然能较好地反映数据变动的趋势，但修正性较差；反之，n较大时，修正性较好。实际观测值波动较大时，n取大一些，可以消除随机干扰；实际观测值波动较小时，n取小一些，可以增加灵敏度。而且n值的取定决定于判断对象的不同和市场情况，一般来说n取3~6比较常见。

（5.3）式的展开式为：

$$\begin{aligned}\hat{y}_{t+1} &= \alpha y_t + (1-\alpha)\hat{y}_t \\ &= \alpha y_t + \alpha(1-\alpha)y_{t-1} + \alpha(1-\alpha)^2 \hat{y}_{t-1} \\ &= \alpha y_t + \alpha(1-\alpha)y_{t-1} + \alpha(1-\alpha)^2 y_{t-2} + \alpha(1-\alpha)^3 y_{t-3} + \cdots + \alpha(1-\alpha)^{t-1} y_1 + \alpha(1-\alpha)^{t-1} \hat{y}_1\end{aligned} \tag{5.4}$$

当t很大时，式中最后一项$\alpha(1-\alpha)^{t-1}\hat{y}_1$接近于0，可略去，则上式可表示为：

$$\hat{y}_{t+1} = \sum_{i=0}^{t-1} \alpha(1-\alpha)^i \hat{y}_{t-i} \tag{5.5}$$

指数平滑法具有以下两个特点：

由（5.5）式可见，一次指数平滑法不需要存储近n期的观察值，只需要第t期的观察值y_t和判断值$\hat{y}_t$，再由判断者选择一个合格的平滑系数α，即可判断$t+1$期。

该方法得到的判断值是对整个序列的加权平均，且权数符合近期大、远期小的要求，当观察数据很多时，其权数之和接近于1。

$$S = \sum_{i=0}^{t-1} \alpha(1-\alpha)^i = \alpha\left[\frac{1-(1-\alpha)^t}{1-(1-\alpha)}\right] = 1-(1-\alpha)^t$$
$$\text{当} t\to\infty, \lim_{t\to\infty} S = \lim_{t\to\infty}[1-(1-\alpha)^t] = 1 \tag{5.6}$$

这从客观上保证了各加权系数的一致性，消除了权数确定的随意性。

4. 语义区别法

语义区别法，又称语义分析法，是指分析语言的语感差异，以测定被试者对商标、商品和企业的态度。一般用7点等距离的序数量表，表中有几组正反意义的形容词，让被试者反复进行概念判断。这些量表通常从50对两极的形容词（序数量词）中选取，如图5-4所示。

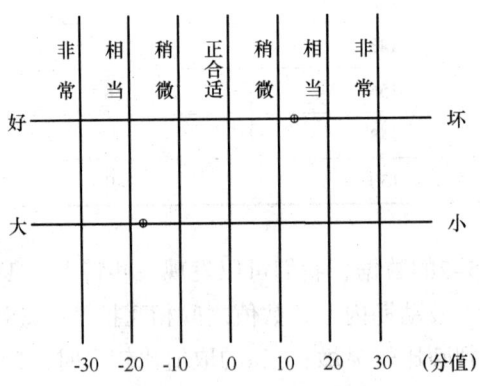

图5-4 语义区别法量表

在上述量表的任一项上，要求被试者画上记号。打分后，在各个位置上加上权数，算出个人得分和集体的平均得分，还要画一个侧面图，以在解释时使用。这种量表，既可用于评定商品、商标、广告效果，又可用于商店、厂家、公司的印象评定，还可用于评定对概念的态度。

动机调查对生产企业来说价值很可观，因为这种调查提供潜在顾客的行为模式和看法的各种情况。但这种调查结果往往很主观，解释的方法不仅一个，开支大，并且只有在临床心理学方面得到严格培训的人才能胜任。也许是因为有这方面的问题，动机调查在我国还没有普遍地开展起来。

【小思考】

为什么在购买动机调查过程中采用推测实验法较好？

答：因为其他方法对分析者要求较高，没有经过特殊培训无法胜任。

任务三 持续性实地调查

市场情况总在不断变化着，而由多数市场调查技巧了解收集到的情报信息资料是静止的。在一个流通迅速、千变万化的日用消费品市场，实地调查会因调查时间长而过时，消费者的看法和爱好在变化，竞争者的策略和影响也在变化。

【经验谈】

持续性实地调查是探求市场发展变化趋势，提供消费者看法、行为、偏好的快速评估的有效工具。

这个问题，需要通过一个连续不断的、与正在变化着的市场情况同步的信息流——持续性的实地调查来解决。持续性实地调查主要有以下几种。

一、固定样本持续调查

当市场调查需要经常地在相同总体范围内进行相同项目调查时，可以每次重新抽样，也可以固定样本长期持续观察、调查。

1.固定样本持续调查的意义

固定样本持续调查，是指把抽选出的样本（调查单位）固定下来，对其进行长期持续的调查。在实践中，我国城市居民家庭生活调查就属于这种调查。

固定样本持续调查是市场调查中最基本的调查。进行这种调查，一般是把印好的调查表发给调查对象，调查表由被调查者按要求如实填写，然后由调查人员定期收回，或由被调查者定时寄回。实践证明，通过固定样本持续调查所取得的原始资料，是取得市场规模发展趋势、市场商品结构变化动向、消费季节需求变化及市场占有变化等一系列情报资料的重要来源。因而，做好固定样本持续调查是很重要的，具有多方面的意义。

2.固定样本持续调查的优缺点

具体说来，这种调查方法的主要优点是：调查单位稳定，取得的资料比较可靠，也比较系统，可比性强，费用也较低，调查时间也比较节省。调查人员同被调查人员在长期的接触中，建立了密切的联系，因此，它还具有回收率高的特点。

固定样本持续调查也有缺点：调查单位和人员常会因调查持续时间长而产生厌烦情绪；也可能产生某种心理负担而影响正常生活，以至影响调查的真实性。例如，进行家庭生活调查时某些不合理的收支账，就可能使这些家庭注意平时某些不合理的收入和支出，变得小心谨慎，或填写时弄虚作假，改变收支构成，使这些家庭样本的代表性受到影响。对于这些缺点，往往可以采取在固定样本的基础上，每隔一定时间，部分地轮换调查单位来克服。

二、零售商店销售量调查

零售商店销售量调查，是指以零售商店为调查对象，从中抽选样本，固定下来，长期持续地调查它的销售量。一般说来，零售商店的销售量也就是消费者的商品购买量。所以，对零售商销售量进行持续调查和对消费者固定样本进行持续调查，是从不同方面说明同一问题。不过，通过零售商销售量调查，有助于取得购买频率低的商品的销售量。

一般说来，这种调查提供有关货物进出零售渠道的信息，从收集的资料中，可以了解到有关产品的该市场总销售量和市场份额、本企业的和竞争者的促销计划所起的作用等。具体做法是：从经营某种产品的全部零售商店内抽选一组商店作为调查对象，这些商店同意调查机构的调查员到商店清点、盘存所调查的商品，登记发票、提货单和库存清单，计算、统计该店的销售量，定期（一周、二周或一个月）做出报告。用于零售商店销售量调查的原则也可以用于批发企业销售量调查，见图5-5。

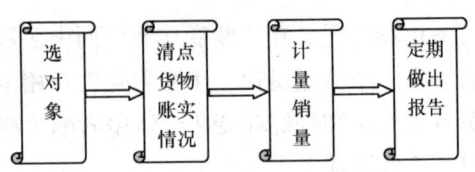

图5-5　零售商店销售量调查流程

在西方一些国家，开展零售商店销售量调查往往不容易得到调查对象的通力合作。因为调查人员需要亲自到商店清点、盘存所调查的商品，登记发票、提货单和库存清单，计算、统计零售商店的销售量。在竞争十分激烈的社会里，企业这方面的商业秘密是不愿暴露在外人面前的。

三、消费者调查组

消费者调查组，是指以消费者为调查对象，从中抽选样本，固定下来，对它们进行长期持续的实地调查。

【案例】

AC尼尔森的经营手段

现代市场研究行业的奠基人之一，阿瑟·查尔斯·尼尔森先生在美国创建了AC尼尔森公司。在众多以顾客为核心的市场营销和媒介研究领域的创新中，尼尔森先生发明的零售测量技术，以独特的手段，第一次为客户了解其经营业绩以及市场营销活动对收入和利润的影响，提供了可靠而公正的信息。AC尼尔森提供的信息，使得市场份额这一概念具有了更为现实的意义，并使之成为企业绩效的一个重要量度。

AC尼尔森公司在中国100多个城市进行专项研究，内容包括单项和连续的定性、定量分析，帮助各行各业了解他们的消费者。AC尼尔森开发的独创研究工具包括预测新产品销售量的BASES，顾客满意度研究（Customer eQTM）和测量品牌资产的优胜品牌（Winning

BrandsTM）以及广告测试服务，充分利用其全球的研究经验，为中国客户服务。

AC尼尔森公司的广告研究服务连续监测电视报刊广告投放情况，并根据公布广告定价计算广告花费。其结果可用来衡量媒介、产品和品牌所产生的收益，判断哪些广告载体在何时何处效果较好，同时了解竞争品牌的广告动态，从而完善自身的广告策略。素材丰富的广告库更随时可以提供各类产品的广告创意。目前，广告监测服务覆盖全国300多个城市的1 000个电视频道和300多份报刊杂志。

案例分析：AC尼尔森公司是中国和全亚太地区媒介研究的先驱，采用先进的电子个人收视记录提供电视收视率数据，进行报纸杂志读者调查和广告费用监测，已经成为媒体和广告行业的通用指标。AC尼尔森公司目前在全国10个主要城市提供电视收视研究服务，覆盖相当于全国超过60%的广告市场。

这种专业性的调查技巧如同零售商店调查一样，要建立起一组有代表性的调查对象，用它代表广大的消费者。调查对象的样本用配额抽样法抽选，一般是从中抽选2 000～5 000名消费者，然后按年龄、性别、职业、地理区域等把他们分成若干个小组。要求调查对象的每个成员根据自己全部购物情况定期完成报告，如购买什么品牌的商品，商品的价格、规格、数量，在哪一类商店购物，是否接受价格优惠等。调查人员从这些信息中进行计算分析，定期写成调查报告，上交调查机构。

尽管进行持续性的实地调查花费巨大，但是这三种调查方式是探求市场发展变化趋势，提供消费者看法、行为和消费者偏好的快速评估的有效工具。

四、CATI计算机调查

CATI访问作为一种借助计算机和电话等终端设备进行调查的方式，运作程序与一般的电话访问和网上调查必然存在较大的差距。具体而言，它一般包括以下三个主要步骤：进入系统、电话访谈、访问结束。

CATI即是计算机辅助电话访问（Computer Assisted Telephone Interview），是将近年高速发展的通信技术及计算机信息处理技术应用于传统的电话访问所得到的产物，问世以来得到越来越广泛的应用。国内越来越多的专业商业调查机构、政府机构和院校已在积极地大量使用这种技术。

计算机辅助电话访问使用一份按计算机设计方法设计的问卷，用电话向被调查者进行访问。计算机问卷可以利用大型机、微型机或个人用计算机来设计生成。市场上较为成功的软件有雅典娜CATI等。

任务四　竞争调查

一、竞争与竞争调查

1.竞争

竞争是在资源不能满足需要时，个体或集体间所发生的争夺现象。在同行业个体或集体间出现的竞争称为种内竞争。其结果是保持行业的延续；在异行业个体间进行的竞争称为行业间竞争，其结果是一个行业可能被另一个种代替。市场竞争的焦点与实质是生产的效率、技术水平、市场反应速度和经营理念。市场竞争力的培养是培养企业的核心竞争力，培养企业的个性。常见的竞争如图5-6所示。

2.竞争者

竞争者一般是指那些与本企业提供的产品或服务相似，并且所服务的目标顾客也相似的其他企业。企业竞争是人类社会最为公开化和透明化的过程，见表5-3。

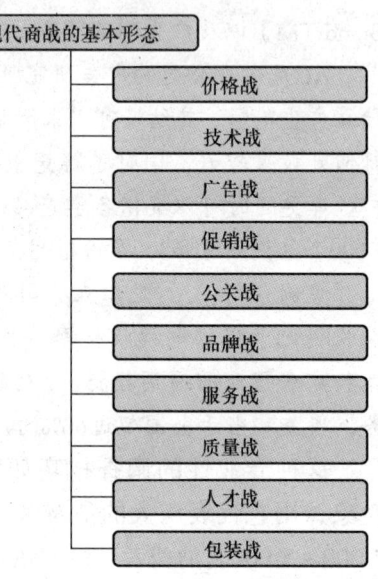

图5-6　现代商战的基本形态

表5-3　　　　　　　　竞争的基本模式

模式	内容	形式
效率主导型	资本规模、生产效率	效率与成本优先
水平主导型	管理、技术、制造、营销水平	经营与创新
速度主导型	快速反应	营销效率
理念主导型	水平优先	品牌优先、文化领先

3.竞争者调查

竞争者调查是指企业通过某种分析方法识别出竞争对手，并对它们的目标、资源、市场力量和当前战略等要素进行评价。其目的是为了准确判断竞争对手的战略定位和发展方向，并在此基础上预测竞争对手未来的战略，准确评价竞争对手对本组织的战略行为的反应，估计竞争对手在实现可持续竞争优势方面的能力。对竞争对手进行调查是确定组织在行业中地位的重要方法。

4.竞争者调查的步骤

（1）识别企业的竞争者。识别企业竞争者必须从市场和行业两个方面分析。

（2）对手的策略。

（3）竞争者目标。

（4）竞争者的优势和劣势。

（5）竞争者的反应模式。

5.竞争的基本格局

竞争的基本格局，从竞争能力和竞争数量规模两个方面考察，见图5-7。

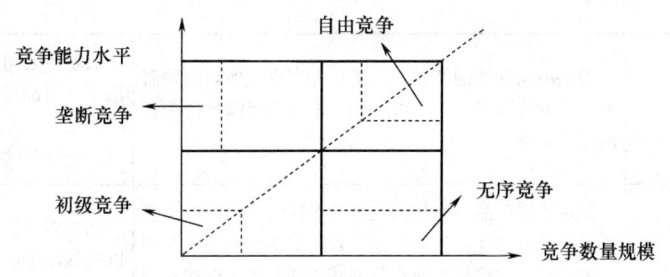

图5-7 市场竞争的基本格局

二、竞争者的类型

企业参与市场竞争,不仅要了解谁是自己的顾客,而且还要弄清谁是自己的竞争对手。从表面上看,识别竞争者是一项非常简单的工作,但是,由于需求的复杂性、层次性、易变性,技术的快速发展和演进、产业的发展使得市场竞争中的企业面临复杂的竞争形势,一个企业可能会被新出现的竞争对手打败,或者由于新技术的出现和需求的变化而被淘汰。企业必须密切关注竞争环境的变化,了解自己的竞争地位及彼此的优劣势,只有知己知彼,方能百战不殆。

1.从行业的角度来看企业的竞争者(表5-4)

表5-4	行业中的竞争者情况
现有厂商	本行业内现有的与企业生产同样产品的其他厂家,这些厂家是企业的直接竞争者
潜在加入者	当某一行业前景乐观、有利可图时,会引来新的竞争企业,使该行业增加新的生产能力,并要求重新瓜分市场份额和主要资源。另外,某些多元化经营的大型企业还经常利用其资源优势从一个行业侵入另一个行业。新企业的加入,将可能导致产品价格下降,利润减少
替代品厂商	与某一产品具有相同功能、能满足同一需求的不同性质的其他产品,属于替代品。随着科学技术的发展,替代品将越来越多,某一行业的所有企业都将面临与生产替代品的其他行业的企业进行竞争

2.从市场方面看企业的竞争者(表5-5)

表5-5	市场中的竞争者的情况	
品牌竞争者	企业把同一行业中以相似的价格向相同的顾客提供类似产品或服务的其他企业称为品牌竞争者。品牌竞争者之间的产品相互替代性较高,因而竞争非常激烈,各企业均以培养顾客品牌忠诚度作为争夺顾客的重要手段	如家用空调市场中,生产格力空调、海尔空调、三菱空调等厂家之间的关系
行业竞争者	企业把提供同种或同类产品,但规格、型号、款式不同的企业称为行业竞争者。所有同行业企业之间存在彼此争夺市场的竞争关系	如家用空调与中央空调的厂家、生产高档汽车与生产中档汽车的厂家之间的关系

续表

需要竞争者	提供不同种类的产品，但满足和实现消费者同种需要的企业称为需要竞争者。相互之间争夺满足消费者的同一需要	如航空公司、铁路客运、长途客运汽车公司都可以满足消费者外出旅行的需要，当火车票价上涨时，乘飞机、坐汽车的旅客就可能增加
消费竞争者	提供不同产品，满足消费者的不同愿望，但目标消费者相同的企业称为消费竞争者。这些企业间存在相互争夺消费者购买力的竞争关系，消费支出结构的变化，对企业的竞争有很大影响	如很多消费者收入水平提高后，可以把钱用于旅游，也可用于购买汽车或购置房产

3.从企业所处的竞争地位来看竞争者（表5-6）

表5-6　　　　　　　　　不同竞争地位的竞争者情况

市场领导者	指在某一行业的产品市场上占有最大市场份额的企业。市场领导者通常在产品开发、价格变动、分销渠道、促销力量等方面处于主宰地位。市场领导者的地位是在竞争中形成的，但不是固定不变的	如宝洁公司是日化用品市场的领导者，可口可乐公司是软饮料市场的领导者等
市场挑战者	指在行业中处于次要地位（第二、三甚至更低地位）的企业。市场挑战者往往试图通过主动竞争扩大市场份额，提高市场地位	如高露洁是日化用品市场的挑战者，百事可乐是软饮料市场的挑战者等
市场追随者	指在行业中居于次要地位，并安于次要地位，在战略上追随市场领导者的企业。在现实市场中存在大量的追随者。市场追随者的最主要特点是跟随。市场追随者通过观察、学习、借鉴、模仿市场领导者的行为，不断提高自身技能，不断发展壮大	在技术方面，它不做新技术的开拓者和率先使用者，而是做学习者和改进者。在营销方面，不做市场培育的开路者，而是搭便车，以减少风险和降低成本
市场补缺者	多是行业中相对较弱小的一些中、小企业，它们专注于市场上被大企业忽略的某些细小部分，在这些小市场上通过专业化经营来获取最大限度的收益，在大企业的夹缝中求得生存和发展	市场补缺者通过生产和提供某种具有特色的产品和服务，赢得发展的空间，甚至可能发展成为"小市场中的巨人"

三、竞争对手调查的方法

1.竞争对手基本情况

（1）确认竞争对手。确认主要的竞争对手，应该首先明确一个社会经济中的产业划分、行业划分和产品线划分。竞争对手主要是指生产和经营同规格、同种、同类产品和服务、并以同一地区为经营地域的厂家和商家。同时，有些产品和服务的生产和经营厂家与商家，似乎与本企业不在同一行业、同一产品线、同一经营地域运作，表面上没有竞争关系，但其产品和服务的自然发展，包括横向发展和纵向发展，将可能生产和经营本企业的替代产品和服务，这也是一种竞争关系，这样的企业也是竞争对手。

（2）竞争对手基本信息。确认主要竞争对手之后，调查应从三个方面进行：

①企业的基本情况。
②企业营销战略及其实施情况。
③企业日常管理情况。

要掌握每个潜在竞争对手的基本情况,这种信息是全部竞争对手信息的出发点,只有获得了这些基本信息,才能揭示竞争对手的特征。

竞争对手的基本信息调查,见图5-8。

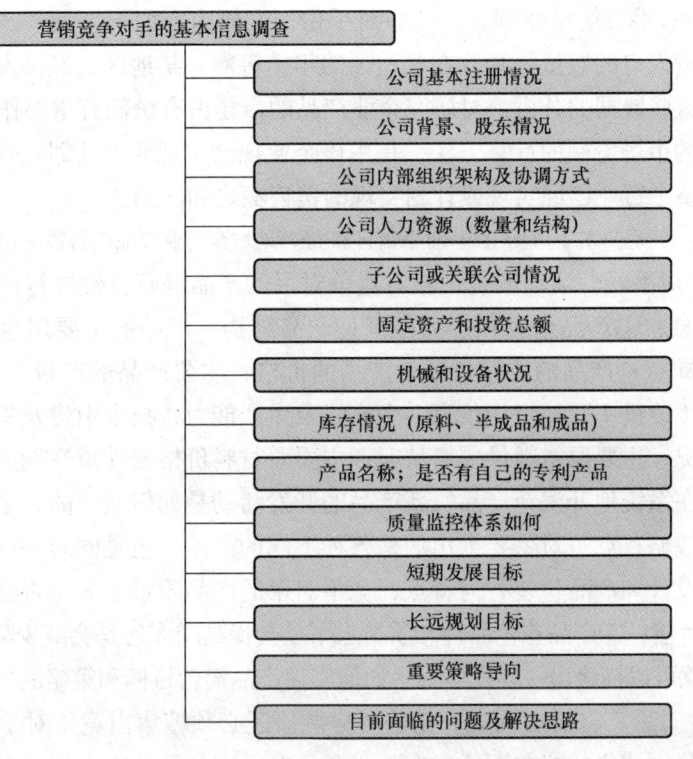

图5-8 竞争对手的基本信息调查

2.确认竞争者的基本目标

在识别了主要竞争者之后,调查者接着应回答的问题是:每个竞争者在市场上寻求什么;什么是竞争者行动的动力;最初经营者推测,所有的竞争者都追求利润最大化,并以此为出发点采取各种行动。不同的企业对长期利益与短期利益各有侧重。有些竞争者更趋向于获得"满意"的利润而不是"最大利润"。

尽管有时通过一些其他的战略可能使他们取得更多利润,但它们有自己的利润目标,只要达到既定目标就满足了。竞争者虽然无一例外关心其企业的利润,但它们往往并不把利润作为唯一的或首要的目标。在利润目标的背后,竞争者的目标是一系列目标的组合,对这些目标竞争者各有侧重。所以,应该了解竞争者对目前盈利的可能性、市场占有率的增长、资金流动、技术领先、服务领先和其他目标所给予的重要性权数。了解了竞争者的这种加权目标组合,就可以了解竞争者对目前的财力状况感不感到满意,他对各种类型的竞争性攻击会做出什么样的反应等。如一个追求低成本领先的竞争者对于他的竞争对手因技术性突破而使成本降低所做出的反应，比对同一位竞争对手增加广告宣传所做出的反应强烈得多。企业必须跟踪了解竞争者进入新的产品细分市场的目标。若发现竞争者开拓了一个新的细分市场，这对企业来说可能是一个发展机遇；若企业发现竞争者开始进入本公司经营的细分市场，这意味着企业将面临新的竞争与挑战。对于这些市场竞争动态，企业若了如指掌，就可以争取主动，有备无患。

3.竞争者经营管理调查

（1）竞争对手市场份额调查。竞争对手份额调研内容如下：某一产品地区或全国的消费状况；消费人口的数量；企业在某地区的年销售额；某地区的经济发展水平；消费者的消费观念。这些数据的分析都对研究企业产品的市场占有份额有重要作用。

竞争对手的市场份额的计算方法，是用该企业现已实现或是计划实现的年销售额去除以其经营地域整个行业已经实现或计划实现的销售额之和，即：

$$竞争对手市场份额 = 对手销售额 / 经营地域全行业商品销售额 \times 100\%$$

（2）竞争对手经营活动调查。在对竞争对手的产品经营方针进行调研时，应有目的地搜集有关信息：①产品信息：产品范围；产品结构；产品的主要用途；产品的辅助用途；产品的优缺点；产品的质量认证；产品的价格；主要产品的产量（月/年）；产品近三年有何变化（改进）；②生产信息：生产线及生产能力；技术引进及采用新技术情况；新产品研发情况；主要原材料供应商情况；主要原材料价格变动承受能力情况；③竞争信息：对手是否在系统地开发新产品，新产品的开发活动是如何组织的，是否依据产品经营方针策划开发战略；竞争对手要推出的是各种不同的产品，还是同属一族的系列产品；竞争对手的产品设计和产品包装有何特点；竞争对手的产品质量方面是否会出现某些变化；④产品包装和运输；⑤产品花色品种和质量水平是会提高增多还是会减少降低。获得了这些方面的信息，就可以描绘出一幅竞争对手如何实现产品经营目标和策略的令人信服的图景。

（3）竞争对手广告活动调查。竞争形势调研还必须搜集由竞争对手实施的广告方面的信息。应该分别搜集的这方面信息有：①竞争对手在各种杂志和报纸上所做宣传广告，是否定期推出，推出的版面有多大，推出的具体内容是什么等；②对竞争对手在电视和电台上做的广告进行考察和分析，特别是分析这些广告的内容；③了解竞争对手的广告播出时间的长短，注意覆盖的大小和播出成本的高低；④调查竞争对手采用何种广告媒体来实施自己的意图，这些广告媒体之间的作用是否互相协调和适应；⑤跟踪观察和分析竞争对手所选择的各种广告媒体组合，如广告牌、广告画、广告信各占多大的广告预算比；⑥观察和分析竞争对手用广告去刺激和引导的顾客群体；⑦观察和分析竞争对手采取的公关措施；⑧竞争对手采取的广告措施的实际效果，并要尽可能获得多一些信息。

（4）竞争对手分销策略调查。在对竞争对手进行调研时，企业必须有目的地搜集竞争对手的分销方针方面的信息，属于这方面的内容有：①主要的竞争对手对产品分销的重视和依赖程度；②竞争对手拥有多大市场份额；③竞争对手实施的分销方针是什么；④竞争对手注意依靠何种销售渠道，比如通过人员销售、通过公司销售、委托专营、代销、中间商包销等以及有什么促销活动；⑤主要竞争对手的分销成本如何；⑥销售渠道的形象如何；⑦主要经销商（代理商）的名称、地址、电话、联系人等；⑧主要经销商（代理商）

份额分析;⑨主要经销商（代理商）销售状况。利用获得的营销方针信息，应尽可能完整无误地描绘出竞争对手所追求的分销目标和策略的全貌。

（5）竞争对手管理信息调查。在对竞争对手的调研中，至关重要的是要注意搜集竞争对手的管理信息，特别是市场营销管理方面的信息，应能说明竞争对手营销活动的组织和项目实施情况。这方面的重要信息包括：①竞争对手的组织构造，或领导机制；②营销组织类型和成熟程度；③营销活动的领导群体的来源、所受教育程度、掌握经验和经营理念；④掌握竞争对手营销部经理的工作作风，如有温和、互相合作，甚至是好斗型作风；⑤如果竞争对手的经理换了新人，通常实施市场营销活动的作风也要发生相应变化。所以，关于竞争对手管理层的信息，要不断加以补充和更新。

4.竞争者市场应变能力调查

（1）迟钝型竞争者。某些竞争企业对市场竞争措施的反应不强烈，行动迟缓。这可能是因为竞争者受到自身在资金、规模、技术等方面的能力的限制，无法做出适当的反应；也可能是因为竞争者对自己的竞争力过于自信，不屑于采取反应行为；还可能是因为竞争者对市场竞争措施重视不够，未能及时捕捉到市场竞争变化的信息。

（2）选择型竞争者。某些竞争企业对不同的市场竞争措施的反应是有区别的。例如，大多数竞争企业对降价这样的价格竞争措施总是反应敏锐，倾向于做出强烈的反应，力求在第一时间采取报复措施进行反击，而对改善服务、增加广告、改进产品、强化促销等非价格竞争措施则不大在意，认为不构成对自己的直接威胁。

（3）强烈反应型竞争者。许多竞争企业对市场竞争因素的变化十分敏感，一旦受到来自竞争者的挑战就会迅速地做出强烈的市场反应，进行激烈的报复和反击，势必将挑战自己的竞争者置于死地而后快。这种报复措施往往是全面的、致命的，甚至是不计后果的，不达目的绝不罢休。这些强烈反应型竞争者通常都是市场上的领先者，具有某些竞争优势。一般企业轻易不敢或不愿挑战其在市场上的权威，尽量避免与其作直接的正面交锋。

（4）不规则型竞争者。这类竞争企业对市场竞争所做出的反应通常是随机的，往往不按规则出牌，使人感得不可捉摸。例如，不规则型竞争者在某些时候可能会对市场竞争的变化做出反应，也可能不做出反应；它们既可能迅速做出反应，也可能反应迟缓；其反应既可能是剧烈的，也可能是柔和的。

5.竞争企业优劣势分析

在市场竞争中，企业必须运用调研数据对自己和竞争者的优势与劣势进行分析，只有深入分析，才能做到知己知彼，才能针对性地制定正确的市场竞争战略，以避其锋芒、攻其弱点、出其不意，利用竞争者的劣势来争取市场竞争的优势，从而来实现企业营销目标。SWOT分析法是我们常用的分析方法。

SWOT分别代表：strengths（优势）、weaknesses（劣势）、opportunities（机会）、threats（威胁）。SWOT分析通过对优势、劣势、机会和威胁的综合评估与分析得出结论，然后再调整企业资源及企业策略，来达成企业的目标。SWOT分析已逐渐被许多企业运用到包括企业管理、人力资源、产品研发等各个方面。SWOT是一种分析方法，用来确定企业本身的竞争优势（strength），竞争劣势（weakness），机会（opportunity）和威胁（threat），从而将公司的战略与公司内部资源、外部环境有机结合。因此，清楚地确定公司的资源优势和缺陷，了解公司所面临的机会和挑战，对于制定公司未来的发展战略有着至关重要的意义。

项目小结

　　产品试验和销售试验能使企业更好地把握消费者的需求倾向，动机调查研究"为什么"的问题，也为企业创造价值。

　　持续性调查是探求市场发展变化趋势的有效工具。

　　市场竞争调查第一是掌握竞争对手的基本情况，第二是确认竞争者的基本目标，第三是竞争者经营管理调查，第四是竞争者市场应变能力调查，第五是竞争企业优劣势分析，并且掌握市场营销中的竞争调查技术。

复习思考题

■ 基本训练

1.判断题

（1）产品试验，主要是指对产品的质量、性能、规格、式样、色彩等方面的市场反应进行调查。（　　）

（2）动机是行为的内在因素。它由个人的需要所引发，是达成满足需要的行为动力。（　　）

（3）固定样本持续调查是一种便利的短期调查。（　　）

（4）产品试验的基本方法是举办试用展览会，试穿、戴、尝、饮、用。（　　）

（5）投影法是用物理方法，心理学方法，探索深层心理活动。（　　）

（6）推测试验法就是从已知甲推测到未知乙。（　　）

（7）在购买动机调查过程中采用推测试验法较好。（　　）

（8）语义区别法评定商品、商标、广告效果比较好。（　　）

（9）语义区别法评定商店、厂家、公司的印象不好。（　　）

（10）消费者调查组的调查就是对固定的消费者进行调查。（　　）

2.选择题

（1）以下调查方法中属于销售试验法的有（　　）。

　　A.商店试销　　B.市镇试销　　C.地区试销　　　　D.国际试销

（2）常见的购买动机的调查方法有（　　）。

　　A.投影法　　　B.推测试验法　C.简单移动平均判断法　D.语义区别法

（3）下列关于固定样本持续调查的优点说法不正确的是（　　）。

　　A.调查单位稳定，取得的资料比较可靠　　　B.比较系统，可比性强

　　C.费用也较低，调查时间也比较节省　　　　D.回收率低

3.简答题

（1）产品试验的基本方法及其对企业生产所起的作用。

（2）固定样本持续调查的意义及其优缺点，针对其缺点应采取的措施。

4.假如让你协助某调查公司进行新产品销售调查，应该如何来操作呢？

5.1931年，美国杜邦公司耗时5年投入巨额资金研发出来新材料"特富龙"（一种人造橡胶），这种被该公司称为"比天然橡胶更耐腐蚀和富有弹性"的新产品，由于没有经过精密的市场试验，贸然投入市场，结果无人问津。

问题：请分析造成这种结果的原因。

■ 案例分析

正确的决策来自于全面的市场调查

现在都说孩子的生意最好做，为何这些专卖店"长不大"呢？为此，此品牌童装厂李经理亲自下商场柜台，对前来的家长顾客进行了调查。家长们一致认为，品牌童装的价格是"上档次"的，但现在孩子都是"见风长"，一般衣服穿个一年半年的就嫌小了，花上几百元买件只能穿一季的衣服当然不划算了。

通过调查，李经理还考虑到，儿童是不具有完全自主意识和消费能力的消费者，品牌意识本来就没有中学生和成年人那么强，很少会向父母要求买品牌衣服，只要漂亮就行。李经理根据高收入居民和工薪阶层反馈意见的情况，狠下工夫搞设计式样，尽量选用别出心裁的面料。李经理还对此厂专卖店的选址进行了调查，改选在高收入居民住宅区和闹市区。同时也为顾客提供各种特殊服务，包括特殊体型的童装剪裁、特殊场合儿童礼服设计等。改良后的童装一上市，立刻出现前所未有的红火场面。李经理再次亲自下柜台进行询问时，家长一致反映：料子好，款式新颖，孩子喜欢，而且价格相对合理。这就说明，品牌童装的成功不仅仅在于一个"贵"字！（资料来源：梁金华,郑媛媛.市场调查与预测.北京：清华大学出版社，2013.）

问题：为什么该厂能扭转销售被动局面？采取了哪些措施？

项目六　调查资料的整理与分析

知识目标

掌握调查资料整理与分析的内涵及内容；理解多问题和多因素的综合分析——横列表法。

技能目标

掌握现代化的方法和手段，进行调查资料的整理和分析。

能力目标

具有正确、及时、准确、完整地整理分析调查资料的能力。

市场调查离不开必要的数据资料，在市场调查中所获得的直接和间接情报资料，需要用一定的程序和科学的方法去伪存真，找到达到调查目的所需的资料。下面介绍几种资料整理的方法。

案例

"谷一茶饮"茶饮市场调查资料整理与分析

"谷一茶饮"对762人进行调查。在四个备选答案中，"没听说过"的占42.73%；"喝过"的占12.37%；"只听说过"的占19.5%；选"想买来试一试"的占38.14%。可见前期的广告策略不是最好的，产品的知名度还有待进一步提高。冷茶能否长期保质是人们普遍关心的问题。经过调查，认为"也许能"的占43.84%，认为"不能"的占20.7%，认为"能"的占35.39%。消费习惯对消费者的消费行为有着决定性的影响作用，有63.88%的消费者对饮料购买属随意购买。看重品牌的也占一定比例。调查发现流动人口多的地方是产品的主要消费场合。把"口味"作为选择依据的占有11.09%；选"品牌"的占6.95%；把饮料的"解渴"功能作为选择依据的占42.63%；选"洁净卫生"的占39.31%。现销产品的外观造型特别是外围那层薄膜，可以说是粗制滥造，降低了"谷一茶饮"的档次。质量是产品的生命，优质才有优价。"谷一茶饮"是即开即食多次冲泡的饮料。在调查中，许多人提到了防伪标志，建议公司应引起高度重视。

在对消费者消费饮料的依据的调查中，42.53%的人选择的是"解渴"，实惠是消费者消费饮料的根本依据。茶叶被称为21世纪的"世界饮料之王"，它含有多种人体所必需的营养成分和药效成分。消费依据：42.63%的消费者认为他购买饮料是为解渴，可见实惠是人们对饮料消费的依据。消费场合：接受调查者，67.75%的人选择在火车上和旅游逛公园时，外出是消费者购买饮料的主要场所。消费习惯：调查中63.88%的人购买饮料有很大的随意性。消费心理：有26.87%的人欣赏它的保健功能，这是"谷一茶饮"的一个优势。可以利用这个优势从心理上占领消费市场。消费趋势：由于人们生活水平的提高对饮料的消费越来越趋向多功能，特别是保健功能，备受人们的喜爱，而这又恰恰是"谷一茶饮"目前为止在饮料界所独有的。"谷一茶饮"具有其他饮料所具有的解渴等功能，同时具有其他饮料所没有的保健等功能，适合饮料消费的发展趋势，市场前景比较理想。（资料来源：冯志强.市场营销策划.北京：北京大学出版社，2012.）

案例分析

"谷一茶饮"通过调查资料的整理分析，认为目标消费者应是：出入公众场所且具有一定收入水平的消费者。

任务一 调查资料的整理

调查资料的整理是调查结果分析的基础。一般情况下，调查所得资料总是显得杂乱无章，不容易看出事物之间的本质联系，更难以直接被利用，必须经过整理，才便于储存和利用。

一、资料的审核与编辑

通过调查获得资料后，首先要对资料进行审核与编辑。这项工作可以在现场进行，也可以在办公室进行。现场编辑对个人访问特别重要，因为调查者在访问时很难填满整个问卷，多半是用常用的记录符号来记录答案，因此在访问后应尽快审阅或更正。在进行小组访问时常有多个调查人员，各人负责的方面不同，而调查小组的主持人要督促他人进行及时更正，以尽量防止可能出现的问题。在办公室进行的编辑是在收到所有邮寄问卷、访问记录或电话记录后，进行的综合的审查编辑。

【案例】

台湾的漱口水生产厂家的调查资料整理

一家台湾的漱口水生产厂家,也在市场调研中发现,消费者基本上都认同每天应该刷两次牙,但相当一部分人在实际生活中却做不到。为此,不少消费者对此怀有一种负疚感,同时也对自己的口腔卫生状况感到担心,生怕口腔有不雅气味影响了自己的形象;于是这家企业在其广告中反复暗示,使用这种漱口水,就可以不必再遵守每天刷几次牙的教条,也不必为自己的懒惰行为而感愧疚了;结果,这种漱口水大受年轻消费者的欢迎,成为市场上的领导品牌。(资料来源:王静.现代市场调查.北京:首都经济贸易大学出版社,2012.)

案例分析:厂家进行市场调查,把调查资料进行整理,发现了漱口水市场规律,进行有目的打广告,产生效果。

1. 编辑工作中的问题

调查人员在审核与编辑资料过程中,所遇到的问题很多、很复杂。一般说来,可归纳为下列一些基本问题。

(1)假答案。这类假答案通常可能出现在个人访问和电话调查中,大多是由于课题所雇用的少数调查员不认真负责而捏造的假问卷或填写的假答案。如果发现有这种行为就应仔细检查,经常性的检查有助于减小欺骗的倾向。比如,调查结果中有不寻常的一致性和不一致性等,就有可能是假答案。

(2)自相矛盾的答案。在收到的问卷里,可能会发现应答者的回答前后不一致,前后答案必有一处是错误的或虚假的。如某个应答者在一开始说他家里没有小孩,但在后面的问题里却提到他的两个小孩的年龄和名字。编辑者可以判断出第一个问题的答案是错的,因为应答者特别地指出了两个小孩的年龄。在这种情况下,要做出判断常常还要其他更精确的信息加以佐证。

(3)无法读懂的答案。如果邮寄问卷上的答案是手写的,有些问题的答案可能难以读懂,编辑者就只得把这些答案扔掉,因为调查人员不能过分地发挥自己的想象,尤其在进行资料的编辑过程中。

(4)不正确的答案。有些问题的答案,调查人员凭知识、经验和被调查人员前后的其他答案,就可以明确判断答案是错误的,比如把时间记错了,调查人员可作小幅度的纠正和调整,切忌自以为是。

(5)不完全的答案。回答者可能会把他使用的商品的品牌给忘掉了;例如,在谈到学位时,应答者可能只列出了研究生学历而漏掉了该回答的本科学历。

(6)"不知道"和没有答案。在"不知道"出现的情况下,应答者表明他对所问问题没有形成一个答案或观点,而"没有答案"是指应答者让某个问题空着不予回答。不回答的情况有三种:①有些回答者确实不知道该如何回答;②回答者或许不理解所问的问题,而难以给出明确的回答;③回答者不想回答问题,不回答或答"不知道"以避免思考等。在有些情况下,当"不知道"和不回答的情况很少,并且对研究结果也并不重要时,可忽略不计;但在有些情况下,出现得很多,对研究结果也较重要时,就不可简单处理或忽略不计了。

2.审核工作中资料处理的基本要求

那么如何处理上述各种问题呢？仅仅把这类问题略过或把整个问卷扔掉是不明智的。或许不回答的人在某种程度上属同一类型，需要进一步研究，不完全的问卷总是有不少有用的信息的。这就需要对资料进行审核与甄别，主要是采用复核、对比检查、抽样推断等方法，对资料的完整性和准确性进行审核。

为了尊重资料、描述现实并最大限度地利用资料，在资料编辑中也应注意几个基本要求。

（1）去粗取精。调查所得资料往往杂乱无章，当调查问卷项目设计不当时，就会使得原来所设计调查的有些项目资料，成为与调查主题无关或多余的。调查人员就要根据调查主题将杂乱无章的资料进行整理，即从大量的调查资料中选择有关的或有重要参考价值的资料，剔除与调查主题无关的或没有参考价值的资料。

（2）去伪存真。调查所得资料除了杂乱无章外，往往还会夹杂着不少虚假或错误的资料。有的是调查人员一时疏忽而无意记错了答案，有的是调查人员为了某些特定目的有意编造的问卷答案等。这些错误答案可能会以假乱真，迷惑分析人员的眼睛，掩盖事物本质。分析人员就要根据知识、经验鉴别真伪，必要时应找调查人员进行核实，或者找被调查人员进行核实，以确定所发现的与事实不一致或相矛盾的调查资料并加以剔除。

（3）尊重资料。尊重资料，就是尊重事实。调查人员在资料审核与编辑过程中，可以鉴别真伪资料、去除无用资料、补充遗漏资料等，但是，所有这些工作都必须在有充分依据和把握的情况下进行，切不可过于发挥想象、自以为是，主观臆断地修改调查资料。

（4）系统化。自然界的任何事物都有自己的独特结构和独特的生存功能，都在适应自己生存的环境中发展变化着。现代哲学把事物本身的结构和功能称作内因，把环境客体条件称作外因。由事物发展变化的内、外因，共同组成了自然事物生存、发展的一个完整的自然系统。不论是无生物的有中心式分层次结构，还是生物的三元结构，都具有一个完整的生存功能系统。一个事物的生存、发展，除了自身结构功能的因素之外，还必须有一个适宜的外部环境，这个环境是由若干相关客体事物所组成的群体，由这个相关群体形成一个环境客体系统。一个事物的内部结构功能系统和外部环境系统，共同形成了事物生存、发展的完整系统。这个完整系统是大自然缔造、养育万物的系统工程。

①分类原则。所谓考察资料就是收集认识事物的感性材料。对考察资料的分类就是根据事物的类属性把事物所表现的现象分别归类，英国斯宾塞认为："认识就是分类，或者把相同的东西结合起来，或者把不同的东西分离开来。"分类虽然不是认识事物的全部，但却是认识事物的重要方法之一，对认识事物有很大的帮助作用，所以也应该是对感性材料系统化整理的基本方法之一。

分类原则有两种含义：一是把某些具有相同形状、性质的事物归纳在一起；二是把同一事物的同种形态、性质，在不同时间的表现归纳在一起。第一种分类归纳常是为了同类相比，对其性质、规律进行对照或是互相代用，如在修筑高速公路时，对现场考察资料也进行分类整理，把全线的测量资料分类归纳在一起，因为现场地形虽然各不相同，但它们都对施工方法、纵坡设计方案及挖方工程量的计算产生影响，对于设计的其他方面不产生影响。第二种分类归纳，常是为了掌握事物某种表现的发展变化规律，或是环境客体对主体事物发展的影响规律，如对一棵杨树的生长进行观测，把每年测量的高度归纳到一起，便可得出这棵树的生长规律。

②顺序原则。因为任何一个事物的发展变化都有时间性；物质、物体的运动也同样具有时间性，所以一切事物的发展变化和事物表现的变化都是时间的函数。由此可知，事物的变化顺序与时间顺序是一致的，按时间顺序整理考察资料是对感性材料进行系统整理的一项基本原则。

事物发展的顺序性可分为三种情况：一是指事物都按照自身的发展规律，不断变化着自己外部形态和内部结构的过程，即不断发生着量变和质变的过程，这个过程就是事物自身的发展变化的顺序。二是指运动物体、物质的运动速度、方向、位置的变化过程以及所经过不同的环境的过程。三是线性事物从头到尾的形态、结构和所经不同环境的变化过程，这个过程就是线性事物从头到尾的顺序。

③因果关系原则。事物的因果关系有两种基本类型：一是存在于环境之中，作为事物发展变化的条件，或者说是事物发展的原因之一。二是存在于人的目的与行为之间，作为行为的理由。按照以上所讲的这两种因果关系，或者先有原因后有结果；或者先有结果后有原因。按照这样的顺序汇总整理考察资料，是整理资料的基本方法。人的利益是产生行为目的，目的要求行为，行为要求方法，方法要与客观事物的性质、规律相适应。认识事物的性质和规律，要求对事物的现象进行考察。由人的利益到人的行为，又由人的行为到考察事物的现象，这一连串的行为依次形成了因果关系。

④静态描述原则。所谓静态描述是指对主体和客体同时表现出来的现象进行描述。静态含有较强的时间概念，就是同时考察，但"同时"并没有绝对的"同时"，只是指两个事物的现象表现还处在相对不变之时。如对于人而言，在一个月之内可以认为是相对不变，但对于地球而言，在一百万年之内还可以认为是相对不变。静态描述要遵照以上所讲的系统化原则进行描述。如描述高速公路沿线的地形、地质情况，勘探、测绘时间不论是半年还是一年，对于地形地质的变化而言，都是属于静态描述。对于这些考察资料的排列顺序，可按照地形和地质分为两个大类，然后按路段顺序编排考察资料。

在目的事物的寿命时间内，如果环境客体都不发生变化，在这种情况下，对环境客体可以进行静态描述。

⑤动态描述原则。所谓动态描述，就是对主体事物发展的各个时间阶段上的现象和环境客体伴随表现的现象进行描述，并按照时间顺序把各个时间阶段上的描述资料排列起来，这样的描述被称作动态描述。动态描述的时间间隔的确定，常以主体事物发生量变和质变的速度为依据进行确定，发展速度快的其时间间隔就小，发展速度慢的其时间间隔就大；在发展变化快的阶段，其时间间隔就小一些；在发展变化慢的阶段，其时间间隔就大一些。

【小技巧】

如何收集市场数据

企业决策部门、销售或市场管理分支机构每月都要做各类市场数据的收集、整理、上报工作。除自己控制的本公司产品销售数据，主要卖场的实际销售状况外，尤其是竞争品牌的各类销售数据的收集。此类数据很难收集，影响公司对市场的整体计划及决策。

卖场的数据收集：

相对于国企卖场而言，外资卖场对各类销售数据保密的意识极为强烈，从主管层那里很难弄到真实的销售数据，但仍可通过如下办法获取数据：

促销员：

通过促销员走内部路线，主动接触，拉近与卖场营业员、柜组长、财务、仓管等人员的关系，以闲聊、公司盘库、核对提成数等名义收集情况。

卖场仓库的保管人员：

一般在卖场里，这些保管人员的地位不是很高，但他们手里却掌握着最准确的实际进货量、库存数、退货等情况。与这些人员搞好关系，数据收集轻而易举。

收银台：

外资卖场对收银台的设立都比较合理，基本较为均衡。稳定一两个关系良好的收银员，稍加计算，即可得出该卖场各阶段的实际销售状况。

竞争品牌的数据收集：

每个竞争品牌都会在驻地有几家关系较好或是长期合作的广告公司，广告公司的业务人员很容易就能接近竞争品牌的分支机构管理人员以及一些内部文件，控制得当，这完全可以作为一个准确迅速的信息来源。

关系较好的二三级分销商：

各厂家分支机构主管或是业务人员总会有一两个关系非常好，沟通密切的二三级分销商，有关市场动向，这些关系特殊的二三级分销商也许知道的更早，业务人员对这些特殊客户在拜访时多加留心，获取一些竞品资料。

运输、仓储、装卸公司：

竞争品牌在当地无论是直营还是交给经销商做，仓储、运输、装卸等物流环节都必不可少，而一般仓储运输公司不会在意对客户储运量数据的保密，有的甚至就挂在办公室里，或是以看库的名义很容易就能进入竞争品牌的储运仓库，只要看看货堆上的到发货记录卡，一切数据轻松得手。

文印店：

各厂家的办事分支机构基本都会有定点的文印店。为节省时间，量较大的打印、复印工作，或是复杂一些的图形表格制作，都会拿到这些文印店来做，提前稍作安排，获取资料易如反掌。

二、分类和汇总

1.对量化资料进行分类和汇总

在很多情况下,问卷中的问句本身就已经对答案进行了分类。

例如:

请您指出您的月收入在哪个范围?

——小于1 500元

——1 500～2 000元

——2 000～2 500元

——2 500～3 000元

——3 500元以上

【分析提示】

问句本身已对答案进行了分类,这种情况下只需汇总即可。

但在另外一些情况下,则要选择一定的分类标志进行分类。分类时应注意:

(1)分类标志应根据研究的目的和统计分析的要求而定,如收入、销售量等。

(2)使用的间隔要使最常出现的答案在中间。比如,如果有许多人回答他们的月收入在900元左右,另外一些人回答他们在1 200元左右,分类间隔应是800～1 000元、1 000～1 500元等。

(3)分类间隔多比分类间隔少好。如果分类间隔多,可以减少综合的困难,如果分类间隔少,则可能影响分析。如把收入分为两类:小于1 500元、大于等于1 500元,这样就太粗略,难以说明问题。

(4)学会使用复合分类。在不知道要做何种分析时,应该使用复合分类。复合分类是在单一分类的基础上增加了分类的标准。复合分类的标准并不是单一分类标准的简单相加,而且要根据事物的特征来找出其中的特点,以此为标准来分类。一个事物有很多属性,按照不同的属性就可以分成不同的类别。

2.对定性资料进行分类和汇总

定性资料分类比较简单,只要根据研究目的和分析的需要确定分类标志,就可进行汇总,但分类时应注意:

(1)在分类前,看是否有一定量的回答存在。

(2)使用的分类标准与其他的资料相适应,以利于比较。

(3)分类是简洁互斥的,每个回答只能放在一个间隔里。

(4)包容所有可能的回答。通常用"其他"来包括所有没有指出的答案选择。

(5)可进行复合分类。

3.汇总的方法

汇总的方法主要有手工汇总与电子计算机汇总两种。手工汇总又可分为划记法、过录法、折叠法、分单法、卡片法(图6-1)。

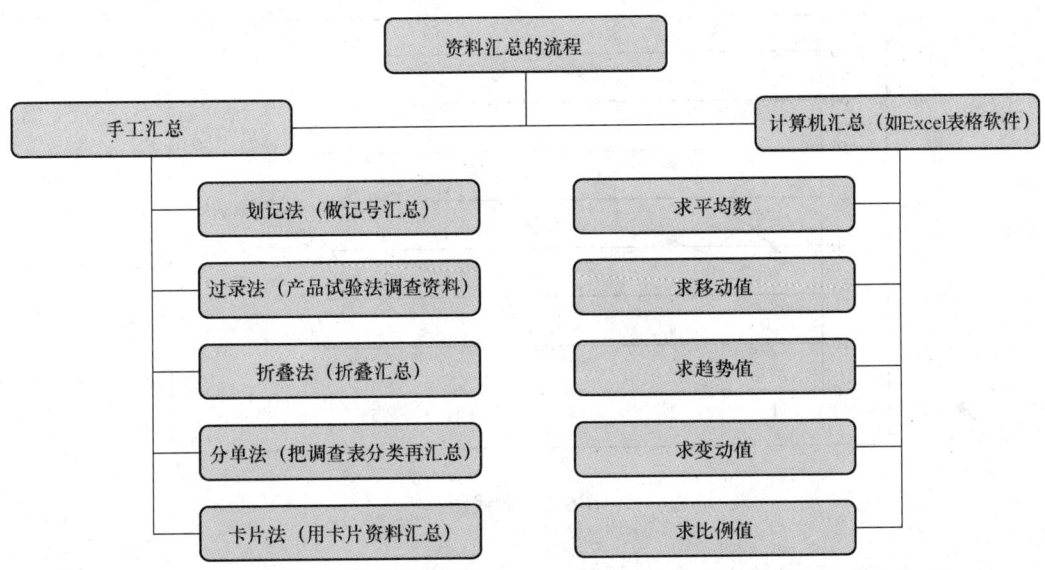

图6-1 资料汇总流程

三、表格化和图示化

1.表格化

表格化可以由人工或计算机完成。表格化就是使答案以某种报告的形式出现。最常用的表格化的形式是频率分布和百分比分布,如表6-1所示。

表6-1 表格化形式

"您是否会买这种产品?"	数值(频率)	百分比/%
绝对会买	124	11.1
很可能会买	211	18.9
不知道	376	33.7
很可能不买	204	18.3
绝对不买	200	18.0
合计	1 115	100.0

表格化还将在后面结合分析进行讨论。

2.图示化

图示化是将调查资料用图直观反映出来,主要有如下几种图形:

(1)曲线图,如图6-2所示。

(2)直线图,如图6-3所示。

(3)复合直线图,如图6-4所示。

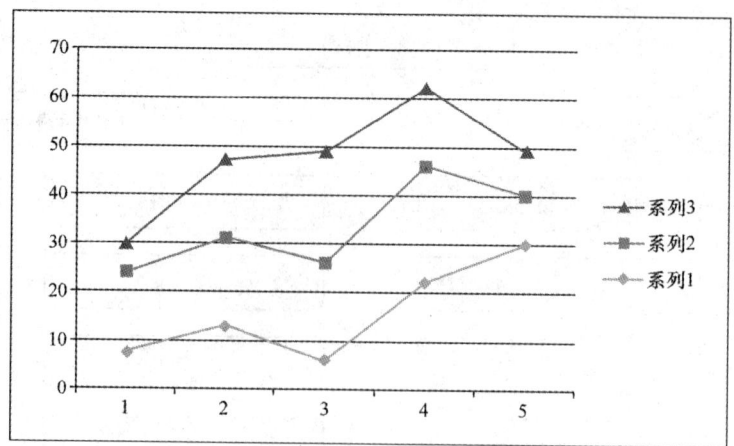

图6-2 曲线图

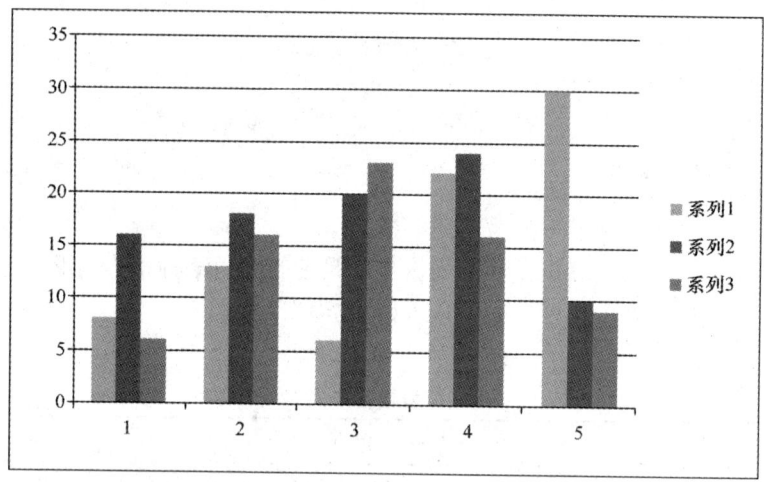

图6-3 直线图

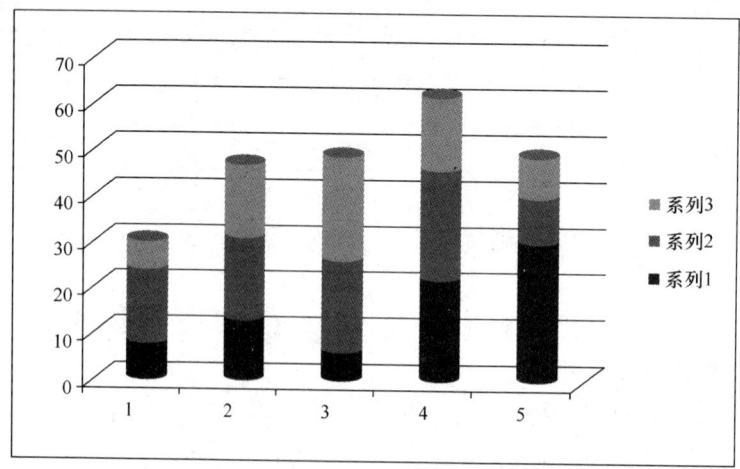

图6-4 复合直线图

（4）圆形图，如图6-5，图6-6所示。

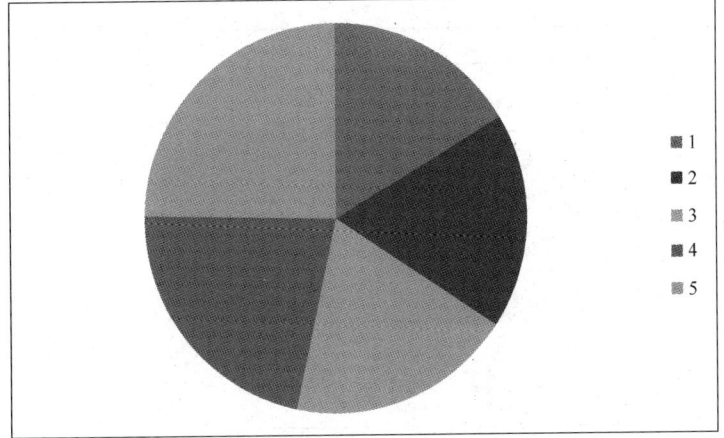

图6-5　圆形图

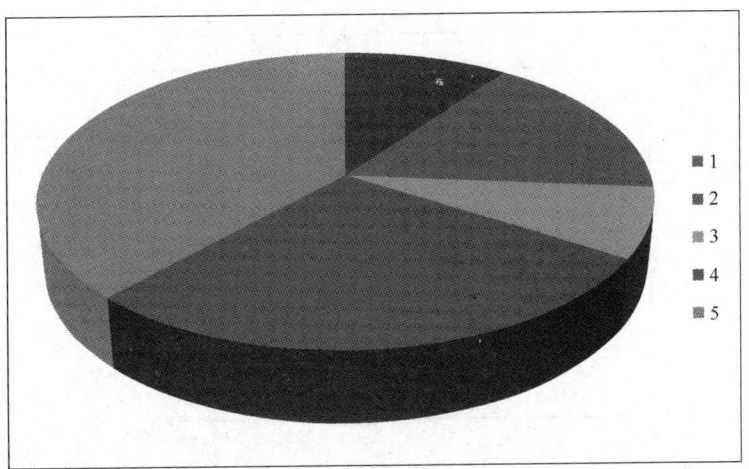

图6-6　圆饼图

（5）条形图，如图6-7所示。

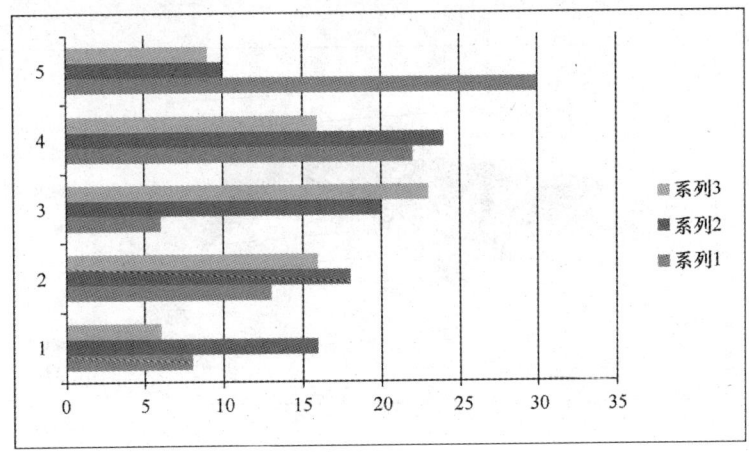

图6-7　条形图

（6）面积图，如图6-8所示。

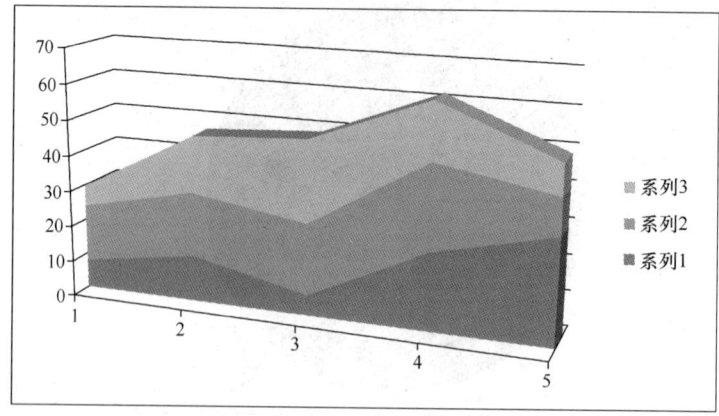

图6-8　面积图

（7）散点图，如图6-9所示。

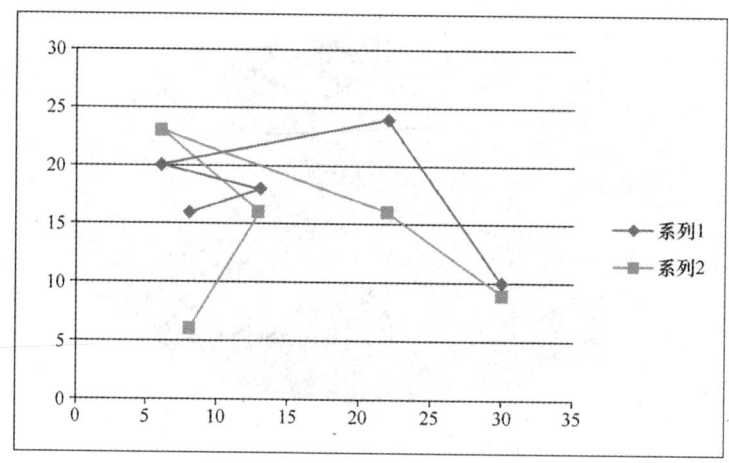

图6-9　散点图

（8）曲面图，如图6-10所示。

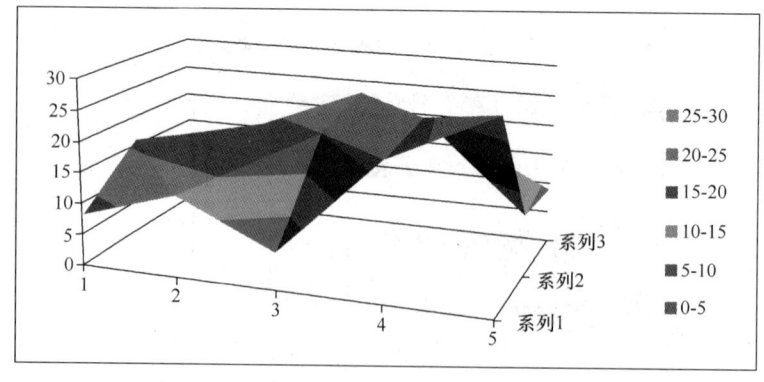

图6-10　曲面图

（9）雷达图，如图6-11所示。

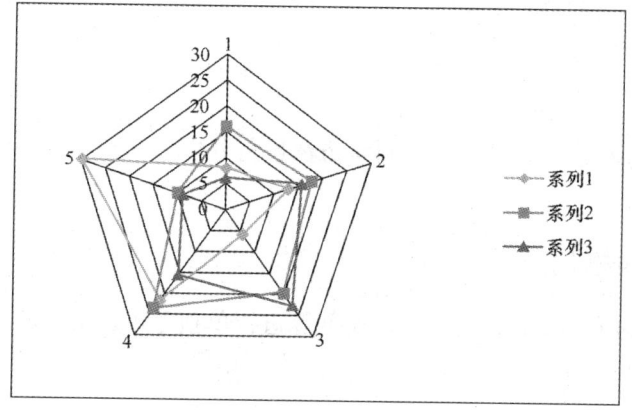

图6-11 雷达图

（10）汽泡图，如图6-12所示。

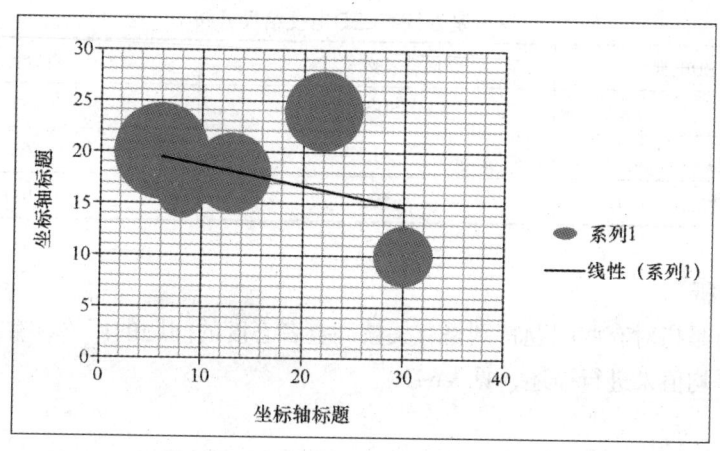

图6-12 汽泡图

3.图示化的注意事项

（1）题材必须简明易懂，使人一目了然，标题必须表达完整的内容精髓，必要时可适当注释。

（2）准确标明图中相关栏目名称及计量单位。

（3）注明资料来源，以便核对。

（4）图中互不相同的栏目必须画线区分。

（5）图中所记载资料按一定的逻辑顺序排列，如按数值大小、时间、地区等排列。

【小思考】

为什么对原始调查资料要用一定的方法进行整理？

答：因为原始资料在收集过程中比较繁杂，必须通过整理找到与调查目的一致的资料。

任务二 调查资料的分析

原始资料经过系统整理后，需利用科学方法进行分析，以达到去伪存真、由表及里、由此及彼的目的。

一、单个问题的表格化分析

调查资料分析的第一步，通常是对每个问题进行单独分析，常用的方法是频率分布分析和平均值分析。

1.频率分布分析

频率分布分析可以指出每个问题中各备选答案被选择的数量，如应答者家庭中LED电视的拥有比例，从表6-2中可以看出百分比在对数据进行解释、判断时比回答的绝对数量更直观、容易。

表6-2　　　　家庭是否拥有LED电视结果分布

是否拥有LED电视	回答者数量/个	百分比/%
是	185	37
否	315	63
合计	500	100

2.平均值分析

平均值分析是指对有些问题特别是有关被调查者态度的问题的回答，常需用某个简单数据，如样本平均值来进行描述，见表6-3。

表6-3　　　　对有关家庭大屏幕LED电视看法的平均值分析

陈述	总平均	平均值		差别
		有	无	
LED电视是必需品	4.6	5.6	4.0	1.6
目前价格太高	5.3	4.1	6.0	1.9
国产质量尚可	3.9	4.2	3.7	0.5
样本大小/个	500	185	315	

表6-3中描述了人们对于LED电视有关问题的看法的平均情况，问题中使用了赖克梯量表（完全同意7~完全不同意1）。第一栏数据给出了500位调查者回答的总平均值。

二、多问题和多因素的综合分析——横列表法

资料分析的第二步，是进行多问题和多因素的综合分析，这种分析方法称为横列表

法，就是对每个问题针对不同的被调查类型（或其他不同因素），用几个表进行分解分析。如果最初的分析涉及频率分布分析，则进一步的分析应使用横列表法；如果最初的分析包括平均值的计算，进一步的分析就是判断不同平均值的差别，应使用假设检验的方法。这里只介绍横列表法。

某保险公司对影响保险户开车事故率的因素进行调查，并对各种因素进行了横列表分析。从表6-4中可以看出有61%的保险户在开车过程中从未出现过事故。

表6-4　　　　　　　　　　开车过程中从未出现过事故

状态	百分比/%
开车时无事故	64
开车时至少经历一次事故	39
样本数量/人	17 800

然后，在性别基础上分解这个信息，判断男女之间是否有差别。这就出现了下面这种二维表，见表6-5。

表6-5　　　　　　　　　　男女驾车者的事故率

状态	男/%	女/%
开车时无事故	56	66
开车时至少经历一次事故	44	34
样本数量/人	9 320	8 480

表6-5的结果令男士懊恼，因为他们的事故率高。但人们会提出疑问而否定上述判断的正确性，即：男的事故多，是否因为他们驾驶的路程较长。这样就引入第三个因素"驾驶距离"，见表6-6。

表6-6　　　　　　　　　　不同驾驶距离下的事故率

状态	男/%		女/%	
驾驶距离	>1万千米	<1万千米	>1万千米	<1万千米
开车时无事故	51	73	50	73
开车时至少经历一次事故	49	27	50	27
样本数量/人	7 170	2 150	2 430	6 050

（资料来源：[美]拉里·柏西.市场调研：点铁成金.文岳译.北京：机械工业出版社，2002.）

【分析提示】

表6-6的结果表明，男驾驶者的高事故率是由于他们的驾驶距离比女驾驶者的长。结果证明事故率只跟驾驶的距离成正比而与驾驶者的性别无关。

从这个例子可以看出，横列表法的第一步就是形成一维的数据，然后把这些数据分成两个或多个类目，形成二维的或多维的数据进行分析。

因此，横列表法使用的成功，取决于分析者选择关键因素以及根据这些因素组成横列表的能力，使用因素的类型和数量随着研究的性质不同而变化。在简单的事实收集分析中，要考虑的因素是已知的，分析者只不过是把资料按需要的形式组合。在描述性的分析中，要用的因素取决于分析的要求和分析者直观的探索。在探索性的分析中，分析者凭直觉，选择所用的因素。

横列表法有两个局限性：一是如果有好几个因素要考虑，就需要相当大的样本；二是很难确保对所有的有关因素都进行分析。如果因素选择不当，就会得出错误的结论。

调查资料的分析还有假设检验、多变量分析等高层次的分析，因篇幅的限制，在此不一一阐述。

【小思考】

保证横列表法使用成功的决定性因素是什么？

答：决定性因素取决于分析者对横列表法使用的熟悉程度和关键因素的选择以及根据这些因素组成横列表的能力。

三、数据的相对程度分析

数据的相对程度分析就是利用相对指标说明现象的水平、速度和变化情况。相对指标就是把两个有联系的指标，用分式的形式加以比较。用来比较的指标作为分式的子项，被比较的指标作为分式的母项，计算出的比值，一般都用百分数（%）或系数、倍数表示，个别种类的相对指标的比值用名数表示。

根据数据的特点，按照不同目的对比统计指标，就产生不同种类的相对指标。

1. 计划完成相对指标

在我国，整个国民经济和各地区、各部门以至各企业，都要制定各种计划，以保证经济和文化建设有计划地进行。为了检查计划的执行情况，反映计划执行的结果，需要以计划为标准，确定计划的完成程度。

计划完成相对指标，就是以计划作为基准，将实际完成数与计划规定数相比较，来确定计划的完成程度，通常用百分数表示。计算公式为

$$计划完成相对指标 = \frac{实际完成数}{计划完成定数} \times 100\%$$

计划完成相对指标，必须保持分式上下项的一致性。

2. 结构相对指标

一个总体通常由若干部分组成。为了观察与分析总体内部的构成及其变化，要在总体分组的基础上，计算结构相对指标。

结构相对指标是总体内某一组与总体之比，即部分与全体之比。通常用百分数表示，也可以用系数表示。计算公式为

$$结构相对指数 = \frac{总体内某组总量}{总体全部总量} \times 100\%$$

可以是某组总体单位数与全部总体单位数之比，也可以是某组标志总量与总体标志总量之比，都表明总体内某类现象所占的比重。但不管是哪一种表现形式，结构相对指标的子项数值，必须同时包含在母项数值之中，如果违背这一原则，就不能说明总体结构及其变化量。也正因为如此，各组结构相对指标之和一定要等于100%（用百分数表示）或1（用系数表示）。

3.比较相对指标

比较相对指标是不同空间或不同类型的两个同类指标之比，可以是两个总量指标相比，也可以是两个相对指标或两个平均指标相比，一般都以百分数或系数表示。

比较相对指标有两种情况：一种所对比的是两个企业、两个地区，也可以是两个国家。通过这种对比，可以说明某种现象在不同空间发展的不平衡性；另一种比较相对指标所对比的是同一性质不同的类型的两个指标，它说明用来对比的两个部分之间的比例或对比关系，以分析事物的性质和特殊。比如，用同一时期的工业总产值和农业总产值对比，说明工农业的比例关系；用总人口中的男性人数与女性人数相比，说明一定条件下某一人口总体性比例的特征。

4.强度相对指标

强度相对指标是有密切联系的两种性质不同的总量指之比。例如，按人口分摊的钢产量（吨／人）＝全国钢产量／全国人口数，就是一个强度相对指标，它表明一国钢的产量，相对于人口总数来说，发展到什么程度。

强度相对指标具有两个作用：第一，它比总量指标能更确切地反映经济和文化的发展水平，因而广泛地用于空间对比，特别是在两国之间做对比分析；第二，由于强度相对指标表明相互联系的两种总量之间的数量关系，经常用于指标的推算和匡算。

5.动态相对指标

速度指标是动态相对指标，平均发展速度与平均增减速度是对这种动态相对指标的动态平均数，在统计的动态研究中具有十分重要的作用。

几何平均法是计算平均发展速度最常用、最基本的方法。这是因为，现象在一段长时间发展的总速度（定基发展速度），通常是其中各个时期发展速度（环比发展速度）的连乘积，而不是它们的和，因此，计算平均发展速度，不能用算术平均数，而要用几何平均数。用几何平均法计算平均发展速度的公式为：

$$\bar{x} = \sqrt[n]{x_1 \cdot x_2 \cdot x_3 \cdots} = \sqrt[n]{\prod x}$$

式中：$\bar{x}$代表平均发展速度；x代表各期环比发展速度；n为环比发展速度指标的项数；$\prod$为连乘符号。如果a代表现象在各期的发展水平，按环比发展速度的计划方法，则有

$$x_1 = \frac{a_1}{a_0}, x_2 = \frac{a_2}{a_1}, x_3 = \frac{a_3}{a_2}, \cdots, x_n = \frac{a_n}{a_{n-1}}$$

代入上式，可以得到几何平均法计算平均发展速度的另一个公式为：

$$\bar{x} = \sqrt[n]{\frac{a_1}{a_0} \times \frac{a_2}{a_1} \times \frac{a_3}{a_2} \times \cdots \times \frac{a_n}{a_{n-1}}} = \sqrt[n]{\frac{a_n}{a_0}}$$

前一个公式是对环比发展速度的几何平均，后一个公式是对定基总发展速度的几何平均，实质完全相同，只是在资料条件不同的情况下选用不同的公式计算，后一个公式在计算上更简洁一些。

四、数据变量间关系分析

数据变量间关系分析有很多种，这里介绍聚类分析、判别分析和因子分析。

1.聚类分析

聚类分析是一种新兴的多元统计的方法，最早被运用在分类学中，形成了数值分类学科。以后，随着统计软件的发展，聚类分析被引进到统计分析中，形成了聚类分析这样一种多元分析方法。聚类分析主要用于辨认具有相似性的事物，并根据彼此不同的特性加以"聚类"，使同一类的事物具有高度的相同性。聚类分析应用的范围也很广，涉及宏观经济和微观经济的各个层面。在微观层，企业可以通过聚类分析了解市场细分的原则，了解不同细分市场的特征，也可以借此确定主要竞争对手。在宏观层，聚类分析与因子分析等相结合，可以确定景气指数等国民经济预警指标。

聚类分析可以对变量进行聚类，即R型聚类；也可以对样本进行聚类，即Q型聚类。实际中遇到较多的聚类问题是Q型聚类问题。例如，根据人们阅读刊物和参加业余活动等情况，将人的兴趣划分几类；根据学生成绩、办事效果等把学生的理解能力分成几类，等等。

目前，有许多软件都携带有聚类分析模块，所以操作运行都比较简单。在比较通用的软件中，一般有两种聚类分析的模块，即动态聚类和系统聚类。动态聚类方法简单、占用内存少，适合大样本的聚类分析处理。动态聚类的实质其实是分步类法，也就是先选定一批凝聚点，然后让变量或样本向最近的凝聚点靠拢，这样凝聚成类，形成初步的分类。然后会对凝聚点的选点进行调整，一直调整到比较合理为止。一般动态聚类都要经过多次迭代才能形成比较理想的结果。

系统聚类方法相对比较复杂，首先要对数据进行转换，变换方法有平移变换、极差（或极值）变换、标准变换、对数变换等，如果要选取聚类的方法，聚类方法一般有七种，分别是①最短距离法；②最长距离法；③重心法；④类平均法；⑤可变类平均法；⑥可变法；⑦离差平方和法。各种方法之间有所差异，选择的时候主要看不同方法分类情况是否清晰，也就是是否能从Dendrogrm图中比较清晰地对变量和样本进行分类，如果可以，那么这种方法就不失为一种好方法。

2.判别分析

（1）判别分析的含义。判别分析（discriminant analysis）是由费歇尔（R.A.Fisher）于1936年提出的。判别分析是一种统计判别和分组技术。它可以就一定数量样本的一个分组变量和相应的其他多元变量的已知信息，确定分组与其他多元变量信息、但未知分组类型所属的样本进行判别分组。通俗说，判别可以用来解决如下问题：已知某种事物有几个类型，现在从各类型中各取一个样本。由这些样本设计出一套标准，使得从这种事物中任取一个样本，可以按这套标准，判别它的类型。

（2）判别分析的应用范围。

①信息丢失。

②直接的信息得不到。

③预报。

④破坏性实验。

（3）判别分析的假设条件和基本模型。判别分析的基本要求和假设条件如下：

①分组类型在两种以上，且组间样本在判别值上差别明显。

②组内样本数不得少于两个，并且样本数量比变量起码多两个。

③所确定的判别变量不能是其他判别变量的线性组合。

④各组样本的协方差矩阵相等。

⑤各判别变量之间具有多元正态分布。

判别分析的基本模型也称判别函数，用数学形式表示为：

$$Y_i = b_0 + b_1 x_{1i} + b_2 x_{2i} + \cdots + b_k x_{ki}$$

式中：Y_i 表示第 i 个研究对象的判别值；b_k 表示第 k 个因素的比重或判别系数；x_{ki} 表示第 i 个研究对象在第 k 个因素上的观测值；b_0 表示常数项。

3.因子分析

（1）因子分析的含义。因子分析（factor analysis）是把多个指标化为少数几个互不相关的综合指标的一种多元统计方法。

指标体系中指标间的信息重叠被认为是对社会经济现象综合认识的精确性相对降低的一个重要原因。指标间的信息重叠是指用多个指标同时反映和测量同一个理论概念时，由于指标间存在着包含关系或因果关系，从而形成对概念解释效力的交叉和重复。指标的信息重叠越严重，对指标评价结果的高估或低估程度也就越大，人们对指标在研究现象时相对独立作用的认识便越模糊。因此判定和消除指标体系中指标间的信息重叠，不仅对新指标体系的建立和完善有着特殊的意义，而且对于增强研究学科的科学性同样有着重要作用。

（2）因子分析的目的。因子分析一般用于以下几个目的：

①识别内在因子，用这些内在因子来表示一系列因子之间的相互关系。例如，可以用对一系列生活方式的句子进行评分的方法来衡量消费者的心理状况，之后对这些评分进行因子分析，找出构成消费者的心理状况的主要因素。

②几个互补相关的新变量来取代原有的一系列存在相互关系的变量，供后续的多元变量分析使用（如回归或判断分析）。例如，在识别出心理因子之后，这些因子可以用来解释忠诚消费者之间的差别。

③识别重要的变量，与因子相关度越高的变量就越重要。

（3）因子分析在市场调查中的应用范围。在市场调查中，因子分析有着很广泛的应用：

①市场细分分析。运用因子分析方法找出将消费者分群的内在因子。例如，新产品购买者可以按它们更注重的是哪一个因素来分群（是经济性、方便程度、性能、舒适性，还是豪华程度等）。

②产品研究。运用因子分析来决定影响消费者选择的品牌特性。例如，牙膏品牌可以从防蛀牙、洁白牙齿、味道、口气清新及价格上予以评价。

③广告研究。用于了解目标市场的媒介消费特征。比如说速冻食品的购买者可能花很多时间看电视，或收听流行音乐。

④价格研究。可运用因子分析来决定对价格反应敏感的消费者的特征。比如说，他们可能是以家庭为中心、朴素的消费者。

（4）因子分析模型。因子分析模型可以表示为：每个观测变量由一组因子的线性组合来表示。设有k个观测变量，分别为x_1，x_2，…，x_k，其中x_i为具有零均值、单位方差的标准化变量。则因子模型的一般表达形式为：

$$X_i = a_{i1}f_1 + a_{i2}f_2 + \cdots + a_{im}f_m + u_i (i = 1,2,\cdots,k)$$

式中：f_1，f_2，…，f_m叫做公因子（common factor），它们是各个观测变量所共有的因子，解释了变量之间的相关；u_i称特殊因子（unique factor），它是每个观测变量所特有的因子，相当于多元回归中的残差项，表示该变量不能被公因子所解释的部分；a_{ij}称为因载（factor loading），它是第i个变量在第j公因子上的载，相当于多元回归分析中的标准回归系数（$i=1$，2，…，k；$j=1$，2，…，m）。

这个模型假设k个特殊因子之间是彼此独立的，特殊因子和公因子之间也是彼此独立的。模型中公因子的个数最多可以等于观测变量数。

（5）因子分析的步骤。因子分析通常包括以下四个主要步骤：

①计算所有变量的相关矩阵。相关矩阵是因子分析直接要用的数据，根据计算出的相关矩阵还应该进一步判断应用因子分析方法是否合适。

②提取因子。其中包括确定因子的个数和求因子解的方法。

③进行因子旋转。通过坐标变换使因子解的实际意义更容易解释。

④计算因子值。因子值是各个因子在每个样本上的得分值，有了因子值可以在其他的分析中使用这些因子。

项目小结

调查资料整理分析属于市场信息处理的范畴。它对市场调查与预测过程收集到的各种原始数据进行适当的整理，使其显示一定的含义，进而反映不同数据之间以及新数据与原始数据之间的联系，并通过分析，得出某些结论。调查资料的整理包括资料的审核与编辑、分类和汇总、表格化和图示化等步骤。调查资料的分析在市场调查与预测中占有重要地位。通过分析使原有的信息资料更好地反映客观经济事物的本来面貌和内在联系。

调查资料的分析技术有频率分布分析、平均值分析及多问题和多因素的综合分析——

横列表法、数据变量间关系分析等。

复习思考题

■ 基本训练

1.判断题

（1）调查人员在对调查资料进行审核和编辑时，可以随意删除一些资料。（　　）

（2）横列表法就是对每个问题针对不同的被调查类型（或其他不同因素），用几个表进行分解分析。（　　）

（3）采用复核、对比检查、抽样推断，对资料的完整性和准确性进行审核。（　　）

（4）认识就是分类，或者把相同的东西结合起来，或者把不同的东西分离开来。（　　）

（5）调查人员不需要根据调查主题将杂乱无章的资料进行整理。（　　）

（6）整理资料切不可过于发挥想象、自以为是，主观臆断地修改调查资料。（　　）

（7）分类标志应根据研究的目的和统计分析的要求而定。（　　）

（8）手工汇总又可分为划记法、过录法、折叠法、分单法、卡片法。（　　）

（9）图中资料按一定的逻辑顺序排列，如按数值大小、时间、地区等排列。（　　）

（10）复合分类的标准并不是单一分类标准的简单相加，要根据事物的特征来找出其中的特点，以此为标准来分类。（　　）

2.选择题

（1）常见的统计的图形有（　　）。

A.曲线图　　　　B.直线图　　　　C.复合直线图　　　　D.圆形图

（2）横列表法的优点有（　　）。

A.对样本要求不高

B.使分析者可以系统地分析问题

C.要考虑几个因素，且对每个因素的分析要求不高

D.层次性强

3.简答题

（1）在进行图示化时应注意哪些问题？

（2）说明频率分布分析、平均值分析及横列表法的应用场合有何差别。

4.胃溃疡用药以西药占主导地位，其中以雷尼替丁独占鳌头。中成药在药店销售用药市场中占有最大的市场份额但仅为27.1%，不足1/3，且在医院临床未形成占主导地位的品种。西药占有70%以上的市场，其中雷尼替丁在中医院、西医院、药店的当量市场占有率均居榜首，分别为19%、11%和13%。西药前10位品种的当量市场占有率均超过60%，占主导地位；而中成药前10位品种占有率除在药店超过80%外，其余在西医院为20.31%，中医院仅为14.55%，且在医院中占据首位的中成药当量市场占有率均不超过5%（西医院

为胃乃安，占3.91%；中医院为香砂养胃丸，占2.67%）。可见，西药品种基本上已趋成熟，故市场份额相对稳定；而中成药市场则尚未出现任何一个主导品种，虽然上市的品种多，但多数的市场份额很小，且带有明显的地域性。据专家意见及调查数据，中成药疗效不明确，起效不及西药快，临床中主要作为辅助用药或防复发的维持用药，尚未形成占主导地位的中成药品种。（资料来源：陆宗憼.市场调查预测指南.北京：化学工业出版社，2012.）。

根据上面这段资料，以表格或图示的形式把上面的调查情况反映出来。

■ 案例分析

白酒调价前后试验调查结果统计

某公司经营5种品牌的白酒（用A、B、C、D、E代表），这5种白酒各有特色。但市场销售中A、B有些滞销，积压量大，而C、D是平销，E畅销，库存量较少。为进一步研究市场需求，加快企业资金周转，调节市场供求，该公司决定对商品的价格进行调整，调低A、B两种白酒的价格，适当提高C、D、E的价格。为获得良好的市场销售结果，在调价过程中进行了试验。调价前先分别测定5种品牌白酒的销售数量及市场占有率，然后再调整价格进行销售。试验一个月后，再测量5种品牌白酒的商品销售量及其构成，以此来观察、判断商品调价后的市场需求情况和销售趋势。经试验调查测定，试验前后数据如表6-7所示。（资料来源：徐阳.市场调查与市场预测.北京：高等教育出版社，2013.）

表6-7　　　　　　　　　　白酒调价前后试验汇总表

结果 品牌	每瓶零售价/元		销售数量/箱		构成/%	
	试验前	试验后	试验前	试验后	试验前	试验后
A	12.60	10.60	40	55	20.00	26.19
B	12.20	10.20	41	50	20.250	23.81
C	7.80	9.60	36	35	18.00	16.67
D	7.10	8.50	38	36	19.00	17.14
E	6.50	8.20	45	34	22.75	16.19
总计			200	210	100	100

问题：此试验结果是否符合该公司的销售预期？

项目七 问卷的设计技术

知识目标

掌握问卷的概念和作用，问卷设计的原则和程序。

技能目标

根据问卷设计的原则和程序设计问卷。

能力目标

具有把握问卷内容，充分运用技巧来设计简单高效问卷的能力。

案 例

你的问卷是问"市场"吗

长问卷不仅会使调查员工作难度增加，有的甚至无法完成，事倍功半，重要的是它基本上不能真实反映市场。因为即使在全封闭的考场，让人集中精力做上六七十道题，甚至上百题都不胜其烦，更何况在开放的市场环境中，谁愿没事找事花上几十分钟替你答卷，其中倘有专业术语或眼花缭乱的表格、线条，岂不让人产生厌烦，市场情况如何能如实反映？

一份好问卷，设计过程很重要，收集了该收集的资料，应当将要问的问题写在调查提纲上，并标出重点。没有重点的问卷，犹如没有主人的旅馆，看起来闹哄哄的，实际上空荡荡的。然后试着将提纲上的几个相关问题合并，或舍弃可以从别的若干项目推断的项目，再围绕重点进行扬弃，如此再三，再定型问卷。这样精练的问卷经调查后回收，按设计过程反方向解开，得到所需资料。许多问卷太长，主要原因就是将提纲上的问题与问卷上的问题等同起来，这样干表面上省事，实际上不仅给调查员添乱，而且不能正确反映市场，另外对最后统计分析来说，还会使次要项干扰重点项，得不偿失。

在问卷调查时，被调查者常常会遇到许多"难"题，表现为：被访者不理解或误解了问句的意思，无法回答或所答非所问；被访者不愿回答或不愿真实回答；被访者记不清确切的信息；被访者判定不了或说不出确切的信息；被访者没有能力回答。（资料来源：梁金华，郑媛媛.市场调查与预测.北京：清华大学出版社，2013.）

案例分析

问卷调查是调查业中广泛采用的调查方式。它严格遵循的是概率与统计原理，具有较强的科学性，同时要便于操作。这一方式对调查结果的影响，除了样本选择、调查员素质、统计手段等因素外，问卷设计水平是其中的一个前提性条件。

问卷是国际通用的询问调查的基本工具，因此设计科学有效的问卷成为询问调查的重要环节。为了保证问卷的科学性和有效性，就需要专业的问卷设计人员遵循正确的设计原则和科学的设计程序进行设计。问卷又是由一系列形式不一的问句构成的，因此，在问卷设计中还要特别重视问句设计技术。问卷一般是由若干部分组成的，在设计时又可根据实际需要有针对性地组合。

【经验谈】

访问人员素质的优劣直接影响着市场调查的结果，合格的访问人员要做到敬业，忠于工作，不歪曲资料，要耐心，能循循善诱受访者使其配合。要遵守我国统计法和保密法的有关规定及有关保护知识产权的法规。

任务一 问卷设计的原则和程序

一、问卷和问卷设计

问卷，是询问调查中使用的以问题的形式系统地记载所需要调查的具体内容，让访问员向受访者发问并记录受访者答案，以收集一手资料的一种书面文件。

问卷设计，就是设计人员在明确某项调查的目标、确定询问调查的方法之后，将需要调查的内容细化为具体的问题，采用与调查内容、调查方式、调查对象相适应的提问方式和问句形式，并按照一定的逻辑顺序将问句系统地排列组合，并最终印制成书面的文件所进行的一系列工作。设计合乎要求的问卷，是从事市场调查和研究工作的专业人士所必须掌握的基本技能。

二、问卷设计的原则

问卷设计是一项技术性比较强的工作,需要经过专业训练并具有一定经验的专业人员来完成。

设计者还应遵守一些在长期实践中形成的基本原则。

1.紧扣目标的原则

设计问卷时,首先必须遵守的原则就是紧扣调查目标来设置问题,问卷必须问什么,不必问什么,都应根据调查目标决定。要防止问题偏离目标。

采用什么样的问句形式,应服从调查目标的需要。必须选择能引导受访者围绕调查目标客观准确地提供答案的问句,不可单纯追求形式的差异或新奇。

例如:某化妆品的用户消费感受的调查。

这里并没有一个现成的选择要素的法则。但从问题出发,特别是结合一定的行业经验与商业知识,要素是能够被寻找出来的:一是使用者(可认定为购买者),包括她(他)的基本情况(自然状况:如性别、年龄、皮肤性质等);使用化妆品的情况(是否使用过该化妆品、周期、使用化妆品的日常习惯等);二是购买力和购买欲,包括她(他)的社会状况、收入水平、受教育程度、职业等;化妆品消费特点(品牌、包装、价位、产品外观等);使用该化妆品的效果(评价)。问题应具有一定的多样性,但又限制在某个范围内,如①价格;②使用效果;③心理满足等;三是产品本身。包括对包装与商标的评价、广告等促销手段的影响力、与市场上同类产品的横向比较等。具有了这样几个要素对于调查主题的结果是有直接帮助的。被访问者也相对容易了解调查员的意图,从而予以配合。

2.合乎逻辑的原则

设计问卷时,有关问句的排列,要依照一定的逻辑顺序,如时间顺序、类别顺序等,其中经常涉及的问题主要有:

(1)整个问卷的问句设计要有逻辑性。

例如:

①最近一个星期内您饮用过全仕奶吗?

A.饮用过　　　　　　B.没有饮用过

②(对于饮用过全仕奶的受访者)请问您饮用的全仕奶是什么口味的?

A.可可(朱古力)　　B.草莓　　　C.纯牛奶

【分析提示】针对饮用过可可的受访者对可可口味的全仕奶进行逐步深入的符合逻辑推理的问卷设计。

(2)单个问句也要具有逻辑性,不能发生逻辑上的谬误。

【小思考】您的婚姻状况是:A.已婚　　　B.未婚

答:事实上,人们的婚姻状况还应包括:离婚、丧偶、分居。而上述问题的设计,对处于后三种婚姻状况的人来说,恐不便回答,会使有效的信息流失,一般可增加"其他"一栏。

(3)要根据不同的受访者,设计问句排列的逻辑顺序,以适合他们的思维习惯。

（4）要根据问句的难易程度，设计问句排列的逻辑顺序，通常的情况，总是把容易回答的（如事实性、行为性）问题放在前面，较难回答的（如态度性）问题放在后面；受访者感兴趣的问题放在前面，受访者感到敏感的（如动机性、隐私性）问题放在后面。

在问卷设计中，最为常见的问句排列顺序是直线型的，即：

问题1→问题2→问题 3 →……终止

但有时需要对不同的受访者询问不同的问题，这时的问题排列顺序是分支型的，即：

问题1→问题2→问题3→……问题n→终止
　　　　　　→｜→问题3→……→问题m

有时，也需要采用旁路型的，即：

问题1→｜→问题2→……→问题n→问题O→
　　　　……→问题p→终止
　　　问题2→……→问题m

有时，也可综合运用上述几种排列顺序。

在设计问卷时，需要事前给出各项问句逻辑顺序的结构示意图，这种逻辑示意图一般如图7-1所示。

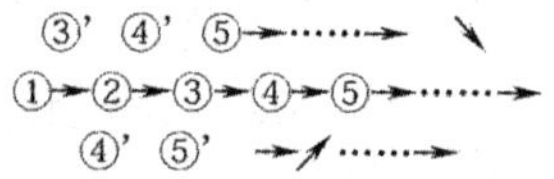

图7-1　问卷逻辑示意图

这种示意图可以是网状的，也可以是树状的，这对于检查问卷是否有逻辑错误，对于加深访问员对问卷各问句间逻辑关系的理解，准确提问、记录答案、保证调查结果的可靠性，都是十分有益的。

3.易于回答的原则

设计问卷时，要从受访者的角度考虑问题及其形式的设计，问句要使他们便于理解、易于回答、乐于合作。

（1）问题的难度要适应受访对象的理解能力、接受水平和心理特征。不要设置那些他们不愿意回答或不愿真实回答的问题；也不要设置时间跨度过大、他们记不太清楚的或无法回答的问题；更不要设置那些可能会令受访者难堪或引起反感的问题。对于那些受访者难以回忆的问题，要从容易记忆的事情问起，帮助他们通过联想逐步唤醒回忆；对于那些敏感的私人问题，如收入、文化、社会地位、女性的年龄等，不宜正面提问，而应安排一系列的问句旁敲侧击，或采取避实就虚的提问方式。

（2）问题要单纯明快，不要把几个问题组合在一个问句中，要用短而明确的句式，不要用长而复杂的问句，应使受访者易读易懂，不会产生理解上的歧义。尤其对由受访者自己填写的问卷，因为调查者无法从旁解释，更要注意这一点，受访者会因为阅读和解释太费力而干脆不回答。

（3）要用具体的、事实性的问句来提问。

例如：

请问您觉得经常使用的牡丹珍珠霜的功效如何？

【分析提示】

这里的"功效"欠具体，应该将"功效"分解成可以直接感知的使用效果。可以将该问句改为：

您觉得牡丹珍珠霜使用后（　　　）。
A.能使皮肤滑爽　　　　　B.能使皮肤光泽
C.能使皮肤增白　　　　　D.能使皮肤滋润

（4）问句的语气要设计得亲切、自然、温和、悦耳、有礼貌。

（5）为了方便受访者理解某些关键性的问题，可以设计和制作一些提示卡片，配合使用，作为提问的辅助手段。

总之，问句的设计要从受访者的角度出发，让他们易于回答、乐于回答，这样才能提高问题的回答率和问卷的回收率，才能收到预期的效果。

4.便于统计的原则

在问卷的设计中，还要考虑受访者对问题的回答是否便于进行量化统计和分析。如果使用问卷的调查结果是一大堆难以统计的定性资料，那么要从中得到规律性的结论就十分困难，最终不能获得理想的效果。

（1）必须使问句的设计尽可能单纯化，一个问句只问一个问题，避免复合性的问题。如："您平时喜欢看电视、报纸、杂志吗？"这种问句就过于复杂，不适合受访者进行回答。

（2）对一些能够量化的问题，则尽可能采用分类分级的方法列出明确的数量界限，使得到的资料便于分析。

（3）对于不易把握的受访者的态度性问题，则可以采取态度测量表，将答案用数量的差异或等级的差异表示出来，以利于统计和分析。

5.保持中立的原则

信息的价值首先体现在真实性、客观性上，开展市场调查是为了收集有价值的市场信息，为企业营销决策提供可靠的依据。

（1）在问卷设计中，设计人员应当时刻保持中立的立场，所设计的问句应当是中性的，即要求获得正面回答的概率与反面回答的概率是相等的。在设计某些评价性问题时，备选答案的评价值如果两边不对称，就可能得到明显的倾向性答案。

例如：
您认为太阳牌驱蚊剂的驱蚊效果为下述选项中的（　　　）。
A.很好　　　B.好　　　C.一般　　　D.不好

【分析提示】

本选择题的备选答案左右不对称，偏向于正面的回答，不符合中性的立场，需要加上"E.很不好"，才合乎要求。

（2）在设计问卷时，选用句式和词句时，要坚持客观的态度，不可以使用带有某种感情色彩的词句，更不可以使用暗示性、诱导性的询问句，如："绝大多数饮用过光明奶的人都认为它口味纯正，您认为是这样吗？"在这样的提问下，答案必然带有某种偏向，不能准确地反映受访者的真实意愿，以这样的结果作为决策依据，自然会使企业营销活动陷入歧途，造成重大损失，这样的教训已经出现过不少。

（3）在问句的编排中，也要注意正面问题和反面问题的排列顺序，不可以将它们集中排列，不管是正面问题集中放在前面、反面问题集中放在后面，或者相反，都会使最终的答案带有偏向性。

（4）在访问员实施调查时，对那些备选答案较多的问句提问时，还要经常变化备选答案的提问顺序。事先可用随机方法在问句上做记号，作为提问的首句。

6.篇幅适当的原则

在一般的情况下，入户访问的问卷可适当长些，问答的时间可以在30分钟左右；街头拦截访问的问卷则要短些，问答时间控制在15分钟左右；而邮寄调查和留置调查的问卷要更短些，问答时间控制在5分钟左右。在问卷设计好之后，可以通过试调查作适当的调整。

三、问卷设计的程序

问卷设计基本程序如图7-2所示。

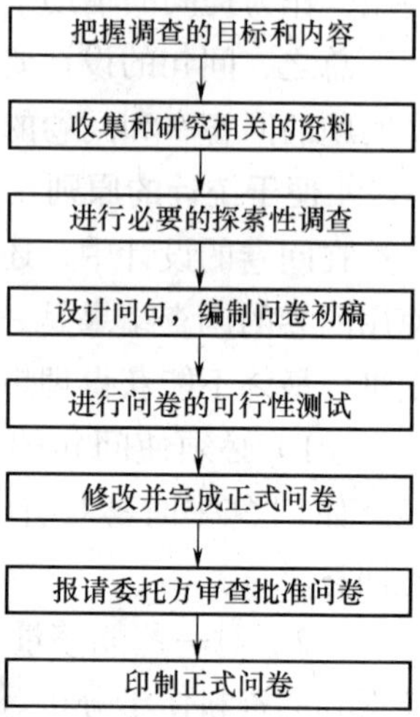

每一个基本程序，本身又都可以细分为若干具体的步骤。

1.把握调查的目标和内容

在设计问卷的开始阶段，首先要深入彻底地研究本次调查的总体方案，充分把握本次调查的目标和内容。

问卷的设计者最好能参与调查方案的制定，如因各种原因未能参与前期策划工作，则要尽可能深入地研究调查策划方案，向参与策划者咨询。

```
┌─────────────────────┐
│ 把握调查的目标和内容 │
└──────────┬──────────┘
           ↓
┌─────────────────────┐
│ 收集和研究相关的资料 │
└──────────┬──────────┘
           ↓
┌─────────────────────┐
│ 进行必要的探索性调查 │
└──────────┬──────────┘
           ↓
┌─────────────────────┐
│ 设计问句，编制问卷初稿 │
└──────────┬──────────┘
           ↓
┌─────────────────────┐
│ 进行问卷的可行性测试 │
└──────────┬──────────┘
           ↓
┌─────────────────────┐
│ 修改并完成正式问卷   │
└──────────┬──────────┘
           ↓
┌─────────────────────┐
│ 报请委托方审查批准问卷 │
└──────────┬──────────┘
           ↓
┌─────────────────────┐
│ 印制正式问卷         │
└─────────────────────┘
```

图7-2　问卷设计的基本程序

2.收集和研究相关的资料

设计者要了解和研究与本次调查项目有关的资料，为设计准备足够的素材。

3.进行必要的探索性调查

设计者需要在适当的范围内进行探测性的调查，访问某些符合需要的受访者，以使设计的问卷能被受访者理解，愿意回答、能够回答。

4.设计问句，编制问卷初稿

这一步骤包括一系列的具体工作：

（1）列出调查问题的清单，将调查的目标转化为调查内容和调查项目。

（2）对列出的问题进行审核、筛选。审核的标准包括：该问题是否必要，含义是否明确，是否需要细分。

（3）确定问题的类型，以便选择对应的提问方式和问句的形式。

（4）针对问题的性质和受访者的特点确定提问的方式。

（5）根据提问的方式进一步确定问句的具体形式。

（6）对问句的措词、语气进行推敲。

（7）确定问句排列的顺序，先易后难，先具体后抽象，先一般性问题后敏感性问题，先前提性问题后结论性问题。

5.进行问卷的可行性测试

市场调查人员必须在正式调查展开前，先对问卷进行可行性测试，以发现可能存在的问题，在正式实施前做出弥补和修改。问卷可行性测试的受访对象、询问方式等应当同正式实施的条件相同。

6.修改并完成正式问卷

对问卷初稿进行修改和补充,最终完成正式问卷。

7.报请委托方审查批准问卷

对于专业市场调查研究公司来说,设计好的问卷必须送交委托调查的企业有关主管审查、认可;对于企业市场部调查部门来说,问卷则要报请市场部主管审查批准。

8.印制正式问卷

在完成上述各项步骤之后,问卷的设计工作已经结束,问卷即可交给有关部门去印刷、装订、编码,供调查使用。

问卷设计的流程图(图7-3):

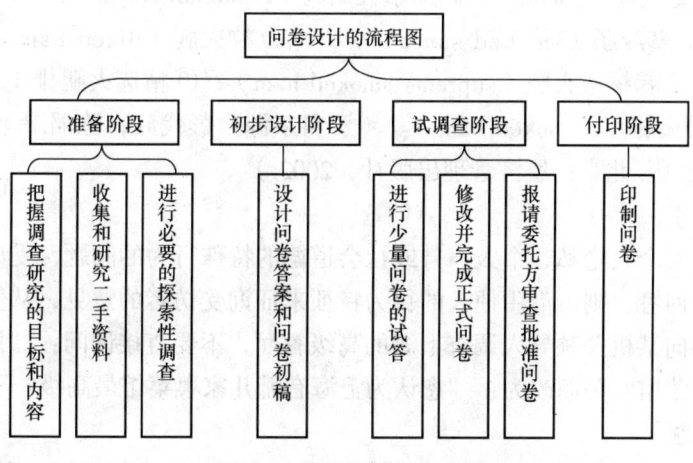

图7-3 问卷设计的流程图

任务二 问卷的类型与内容

一、确定问题的类型

按照问题的性质,通常把问题分为事实性问题、行为性问题、动机性问题和态度性问题四类。

1.事实性问题

事实性问题是指那些要求受访者回答已经发生的、客观存在的事实的问题。问题十分明确,答案也十分明确,只要求回答事实,不要求作任何描述。提问的目的是为了获得事实性资料,如问卷中关于受访者年龄、职业、收入、文化等个人背景资料的问题就是典型的事实性问题。

问卷设计的首要任务是确定所要调查问题的性质。

尽管此类问题的答案是客观存在的,但也会有一些涉及个人隐私等敏感性内容。因此,在选择提问方式时,多数采用直接提问的方式。

例如：

您家里有DVD机吗？

【分析提示】

对于那些受访者回答有顾虑或难以回答的问题则可以选择间接提问的方式。

2.行为性问题

行为性问题是指要求受访者回答有没有做过，或是否准备做某事以及是否拥有某物的问题。

例如：在过去6个月内您购买过或食用过哪些牌子的冷藏熟肉？

或者选用：在过去6个月内您购买过或食用过下列哪些种类的冷藏熟肉？①美式热狗肠（hot dog）；②熏肉（bacon）；③加拿大熏肉（Canadian bacon）；④鸡尾肠（cocktail smokies）；⑤烟熏辣肠（smoked sausage）；⑥拉粒火腿（diced ham）；⑦烟熏火腿（smoked ham）；⑧精选火腿（supreme smoked ham）；⑨精选火腿排（supreme smoked ham steak）；⑩火腿片（cooked ham）。（资料来源：彭代武，陈滔.市场调查·商情预测·经营决策.第2版.北京：经济管理出版社，2002.）

【分析提示】

对于某些涉及个人隐私、个人声誉或社会道德的特殊行为的问题，受访者回答时会有顾虑，不愿直接回答，则可借用他人的行为特征来征询受访者的意见，从侧面了解受访者的行为特征。如向某机关领导人调查上海的高级餐厅，不要直接询问："您最近一周去过上海哪家高级粤菜馆？"而改为："您认为上海有哪几家粤菜馆最高级？"

3.动机性问题

动机性问题是指要求受访者回答他采取某种行为的原因或动机的问题。对于动机性问题的调查可以采取直接提问方式，也可以选择间接提问方式，或假设性方式，如虚拟提问法、漫画测试法、填词连句法等。下面就是一则填词连句法的例子：

【小思考】

常喝牛奶使人_____（在空格里填上您认为合适的词）。

答：获得营养、补充钙质、身体健康等。

4.态度性问题

态度性问题是指要求受访者回答他对某个事情、某种商品或某个企业的评价态度和意见的问题。询问态度性问题最常用的方式是借用态度测量表，将评价、态度等按不同程度列出备选答案，供受访者根据自己对所列事物的评价、态度选择其中的一个答案。

二、选择提问的方式

【经验谈】

调查者愿意回答问题的原因：愿意帮助你、比较喜欢这件事、对自己无害。

【小技巧】

提高回答率的方法：关心支持、隐藏问卷、去除戒备、帮助回答、应用技术。

在提问设计中，根据问题的性质，选择合适的提问方式是保证调查结果真实有效的前提条件，可供设计者选择的提问方式有直接提问、间接提问和虚拟提问三种方式。

1.直接提问方式

直接提问，就是将所要询问的问题直截了当地告诉受访者，请他们在问题所确定的范围内，给予直接的回答。采用这种提问方式，能获得比较明确的信息，也便于汇总、统计和分析，适合于那些受访者不怎么敏感的、回答没有顾虑的、公众性的、普遍性的问题。

2.间接提问方式

这种提问方式要求受访者对其他人的行为、动作、态度等做出判别或评述，让他感觉到他所扮演的只是一个旁观者、评判者的角色，而没有任何忌讳地讲出自己的看法。

间接提问的方式，适合那些令受访者感到有心理压力的、不乐意或很难做出正面回答的问题。

3.虚拟提问方式

虚拟提问就是以一种假设存在的情况为前提，向受访者提出问题。

三、确定问句的形式

问句有许多具体的表现形式，每一种形式的问句各有其独特的作用。按照受访者回答的形式，可以把各种形式的问句归纳为开放式问句、封闭式问句和量表式问句三类。

1.开放式问句

开放式问句指在所提出问题的后面并不列出可能的答案，供受访者选用，而是让受访者自由作答的问句。由于不在问句后预设备选答案，受访者可以自由作答，答案比较真实。

采用此类问句，最大的缺点是不可能得到标准化的答案，不便于资料的汇总、统计和分析，难以进行量化处理。

开放式问句主要有以下几种具体的形式：

（1）自由回答式。这种问句不设任何备选答案，完全让受访者自由回答，是一种典型的开放式问句。

自由回答式问句具有开放式问句的难以量化处理的缺点，为了弥补这方面的不足，需要时可以采用在问句中附加关键性词语分类记录的办法来解决，如："请问有哪些原因使您没有购买这一新产品呢？"自由回答式问句必须是一个完整的问句，如："请问您为什么要使用膏霜类护肤品？"也可以是一个祈使句如："请您说一说您使用膏霜类护肤品的主要原因。"

（2）词语联想式。这种方式就是将某个词语读给受访者听，要求他们说出他们在听到这个提示时所联想到的事物。词语联想式问句又分为三种更具体的形式：

①自由联想式。自由联想式对受访者的联想不作任何性质或范围的限制，让受访者享有充分发挥其联想的自由，随意回答。

例如：

请您说出（写出）、您在听到（看到）下列词语时最先联想到的词语：

微波炉：＿＿＿＿＿＿＿＿

【分析提示】

受访者说出的词必定是各种各样的："方便"、"消毒"、"单身汉"、"格兰仕"、"辐射"、"便宜"等，这些词语从不同的角度反映了受访者心目中微波炉的特点，为企业的新产品开发、市场定位、市场促销等方面的营销活动提供了有价值的信息。

②限制联想式。这是一种要求受访者把联想活动限制在某一特定范围内的询问方式。

例如：

请您说出您在听到下列词语后最先联想到的产品品牌：

自行车：＿＿＿＿＿＿＿

【分析提示】

问句的限制十分明确，受访者只要说出他们心目中第一个联想到的自行车品牌，配合后续提问，可以得知他们第一个联想到这一品牌的原因。

③引导联想式。引导联想式是一种在提出刺激联想的词语的同时，又列出一组反映词语的例证，引导受访者遵循例证的思路进行类似的联想。

例如：

请您在听到"摩丝"这一词语后按提示的词语说出引发的相关联想。

联想提示：硬扎、服帖、蓬松……

【分析提示】

这里的联想指示例证，明显地是引导受访者朝着摩丝的功能方向去展开联想，从受访者联想的结果中，可以了解他们对摩丝功能的认知、愿望、未满足的需求等，可以为企业的产品改良、广告定位、市场宣传等活动提供充分的依据。

（3）句子完成式。句子完成式是指调查者根据调查目的选择一些未完成的句子，让受访者根据前半句所设定的语言环境，去续写后半句，以完成整个句子，而调查者从中获得研究资料的一种问句。

句子完成式是词语联想式问句的发展和改良，由于用词语联想式提问所得到的只是一些单个词语，意思还不太明确，给分析研究带来一定的困难，句子完成式弥补了这方面的不足，可以更直观地掌握受访者在回答中反映出来的对事物的评价、动机、态度、感觉等。

调查者选择的待完成的句子主要应是判断句，前半句是主语部分，由受访者续写出判断句最重要的谓语部分。如："我选择空调机主要考虑的是……"续写这样一类的句子，大部分受访者的后半句都不会完全相同，正是这些不同的回答，表明了他们对事物的不同追求、评价、爱好和心态，为调查者分析研究提供了丰富的素材，为企业营销决策提供了有价值的依据。

（4）故事完成式。故事完成式是指调查者在问卷中先讲述一个未完成的故事，要求受访者根据前半截的内容，自由地讲完这个故事的一种询问方式。

例如：

请您接着把下面刚开头叙述的故事讲完：

"星期日，我到家乐福超市农业路店去买东西，走进二楼食品部，发现店里推出不少新的促销方法……"

【分析提示】本例中的受访者是最近两周内到过该店的家庭主妇，主要体验该店新的促销方法在目标消费群体中的注意率和有效率，以便调整促销方法。

（5）漫画完成式。漫画完成式的提问，就是将一幅漫画展示给受访者看，让受访者和画中的某个人物取得认同，以发现受访者对漫画所描述事物的态度和意见。

画中的人物通常有两个，人物的表情是中立的，不带有明显的感情色彩，也不带有某种特殊的个性特征，这样才有可能获得每个受访者的认同，因此图画多采用漫画笔法，所画的内容尤其是画中人物的脸部，要用简单的线条略加勾勒，无法反映人物情感。

漫画完成式在询问调查中主要应用在入户访问、小组座谈等调查中，可以访问较多的样本。

（6）主题视觉测验式。这种方式与漫画完成式近似，也是先让受访者察看一张（有时是同一系列的几张）含义不太明确的图画，该受访者按他的个人经验和理解，解释画面的意义，或构想出画面所展示出的正在发生的故事，或对画中人物做出某种描述。总之，希望受访者从他们的述说中自然地流露出他们内心深处的态度和动机、意见和欲望。

2. 封闭式问句

此类问句列有事先设计好的备选答案，受访者对问题的回答被限制在备选答案中，即他们主要是从备选答案中挑选自己认同的答案。因此，封闭式问句的设计不仅要考虑到问题内容和问句形式的确定，还要认真研究可能的答案是哪些，应答题率高的答案是哪些，尽可能完善地设计出问句答案。其中特别要注意的是：

答案应符合客观实际。如关于我国城市家庭存款的答案设计如果是以下形式：

A.1 000元以下　　　　B.1 001～2 000元　　　　C.2 001～5 000元　　　　D.5 000元以上

那么回答就可能都集中在D上，这种调查结果就没有多少分析的价值了。

答案的设计要尽可能包含所有可能出现的情况，然后再列出"其他"一项，也可加注"请加以说明"字样。

单选答案之间不能相互包含或重叠，即对于每个受访者来说，最多只能有一个答案适合他的情况。需要多选的答案则另当别论。

同一组答案只能按同一个标准分类，如按产品使用时间分类，就不可以混入按产品使用地点的答案。

程度式答案要按依次顺序排列，前后须对称，如："很好、好、一般、较差、很差"，不可以设计成"很好、好、很不好"，或"很好、好、很差、较差、一般"等，否则就会因答案不周全或顺序零乱而使受访者难以回答或产生回答偏差。

封闭式问句的具体形式比较多，下面就一些最常见的做出说明。

（1）是非判断式。此类问句所提供的备选答案只能有"是"与"否"，"有"与"无"两种答案，而且两者之间是相互对立、相互排斥的。

（2）单项选择式。单项选择式是指问句后面提供多个答案，要求受访者从中选择一项作为回答的问句形式。与是非判断式相比，单项选择式拟定的答案之间可以是互相排斥的，也可以是相互包容的。因此，选择的强制性大为降低。

例如：

如果你想买一台空调，下列哪一项商品是你的首选？

□海尔　　□小天鹅　　□三星
□LG　　□大洋　　□春兰
□新科　　其他_____

【分析提示】

单项选择式的答案提供的不只是一种判断态度，而是带有偏好、频率、程度等多项因素，扩充了答案的内涵。但设计时要注意备选答案不宜过多，原则上不能超过10个，而且应是选中可能性最高的10个，其余被选程度较低的答案则统统归入"其他"。备选答案太多，会使受访者无所适从或记忆不清。

（3）多项选择式。多项选择式是指要求受访者从问句后列出的多项答案中选择两项或两项以上答案的问句形式。

（4）配对比较式。配对比较式指事先将答案配成一对，让受访者在做出比较后，从中选出他认为合适答案的一种问句形式。

（5）顺位比较式。顺位比较式就是让受访者将列出的答案，经过衡量比较，排列出高低优劣或重要性的顺序。

3.量表式问句

量表式问句是一种特殊的封闭式问句，常被用来测量消费者对企业及其营销活动的态度、意见和评价等调查项目，是一种消费者心理分析手段和度量工具，因此，又叫做"态度测量表"。

（1）平衡式测量表。这种测量表是以中立态度置于中间，以数目相等的肯定态度和否定态度置于量表的两边，求得平衡，来测定受访者态度的一种量表。

（2）配对比较式测量表。这种态度测量表是通过两两配对，逐对比较来测量受访者态度顺序的一种量表。

例如：

请您说一说，您在使用了这三种洗面奶之后，认为哪一种较好（在空格中打"√"）？

☐A　　☐B
☐A　　☐C
☐B　　☐C

【分析提示】

对测量的结果进行统计分析，就可以得知消费者的消费倾向。

配对比较态度测量表还有一种形式，就是在优劣比较中增加程度比较。例如：请您在下列方便面品牌比较中，在认为合适的评价栏上打"√"。

A牌比B牌

	非常	相当	稍微	差不多	稍微	相当	非常	
好	3	2	1	0	-1	-2	-3	不好

A牌比C牌

	非常	相当	稍微	差不多	稍微	相当	非常	
好	3	2	1	0	-1	-2	-3	不好

C牌比B牌

	非常	相当	稍微	差不多	稍微	相当	非常	
好	3	2	1	0	-1	-2	-3	不好

（3）语意差别式测量表。这种态度测量表是运用成对的语意对立的形容词来测量受访者的一种量表。

例如：

请您按品牌给您的印象，在下列最能反映您看法的数字上划个圈：

暗淡的　1　2　3　4　5　6　7　明朗的
现实的　1　2　3　4　5　6　7　幻想的
刚毅的　1　2　3　4　5　6　7　柔和的
正经的　1　2　3　4　5　6　7　幽默的

【分析提示】

对测量的结果进行统计分析，就可以得知该品牌在消费者心目中的形象。

（4）数值分配式测量表。这是要求受访者对调查项目做出评价时给予百分制或十分制数值的一种态度测量表。

在设计该类测量表时，可以采用两种方式：一种是提问的各项共同分配总量固定为100分；另一种方式是对每个调查项目在10分内打分，最高为10分。

例如：

请您依据自己的判断，对空调机下列属性的相对重要性打分，总分为100分：

有效制冷：（　　）分　　功能齐全：（　　）分
有效制热：（　　）分　　外观式样：（　　）分
售后服务：（　　）分　　价格便宜：（　　）分

【分析提示】

统计时，比较各项分值，就可知受访者对某项属性的重视度。如"售后服务"是30分，而"价格便宜"是10分，就可以得知"售后服务"的重视度是"价格便宜"的3倍。

例如：

请您对下列四种品牌的电吹风试用后的满意程度打分，每种品牌最高为10分：

A牌（　　）分　　　　　B牌（　　）分
C牌（　　）分　　　　　D牌（　　）分

【分析提示】

统计时，比较分值，就可知受访者对各种品牌的满意程度。

任务三　问卷的设计技术

【经验谈】

一份优秀问卷具有的特点：第一，提问、记录、编码的工具；第二，提供管理信息、决策信息；第三，易于回答，减少误差；第四，方便编辑、编码、数据处理。

一、问卷内容的设计

1. 问卷标题的设计

问卷的标题是本项调查主题和内容最直接的概括,需要用最简洁、最鲜明、最准确的语言表达出来,如高档粤餐厅调查问卷、膏霜类护肤品消费者调查问卷、鸡肉口味测试问卷等。

设计标题的本身,也是问卷设计者加深理解和把握本项调查的目标和内容的过程,有利于提高问卷的设计质量。

2. 问卷的编码

为了方便日后调查资料的统计和分析,一般在问卷的右上角对每份问卷进行编码。

3. 作业记录

在问卷的封面上,一般还要设计可供记录的访问、作业的条目。这一部分有两项内容:一项是供访问员、复核员、编码员、录入员填写姓名或工号的表格,如表7-1所示:

表7-1　　　　　　　　　　　作业记录表

访问员	复核员	编码员	录入员

另一项是用来记录受访者姓名、联系电话、家庭地址和访问员访问该受访者的开始时间、结束时间等内容的条目。这一项也可以列在问卷的最后。即使放在问卷的封面上,其填写时间也要放在访问结束时。

4. 访问员保证的设计

在问卷的封面上通常还设计"访问员保证",内容为:我保证本问卷所填写的各项资料皆由我本人依照作业程序规定访问所得,绝对真实无欺,若有一份作假,我所完成的全部问卷一律作废,并赔偿公司损失。这一部分目的在于通过访问员自愿做出的承诺,使其自律。

5. 致受访者说明信的设计

在问卷的开头部分,设计一封信,用这样一种尊重对方的方式,以认真诚恳的态度、亲切委婉的语气,请求受访者对本次调查给予支持和合作。同时这封信又反映了访问员面对受访者作开场白的基本内容,对访问员开展访谈有很好的指导作用。

说明信通常有以下几个内容:

(1)称呼。称呼要用尊称,要亲切自然,要针对具体的调查对象,如"先生"、"女士"、"小姐"等。有时调查对象包括几类人,也可将几类称呼同时列出。

(2)问候语。经常使用的是"您好"这样通用性的问候语,有时也可以根据本项调查的具体时间特点,设计更有针对性的问候语,如"新年好",以增添感情色彩。

(3)自我介绍。这里的自我介绍主要是介绍本次调查的实施单位和访问员的身份,让受访者及早建立信任感。如:"我是××市场研究公司的访问员,我姓李。"

(4)说明本项访问的内容和目的。说明要简短,开门见山,一语中的。如:"我们想了解一下您对使用膏霜类护肤品的看法。"说明中不要使用"调查"这样的字眼。经验告诉我们，我国的消费者对"调查"有更多的疑惧和警惕，应尽量使用"了解"、"研究"、"访问"等词语。对于供邮寄调查的问卷，这一部分的设计尤其重要，说明也可以稍稍详细一点。

（5）说明受访的意义。这一方面内容的设计有几个基本的思路：一是着重强调受访者的回答对该项市场研究项目的重要性，如"您的意见对企业改进产品配方极为重要"；二是着重强调受访者的回答对社会、对他人能提供宝贵的帮助，如"您的看法能帮助许多其他的消费者正确使用产品"；三是郑重强调受访者对主持该项研究的机构或企业所做的贡献，如"企业需要您的帮助"。当然也可以综合几种思路，以取得受访者的合作。在具体的问卷中，这方面的内容也应当因人而异，因为不同群体的受访者的价值观是有差异的。值得注意的是，说明信在措词上要采用中立的立场，不要使用"我们"、"我们企业"这样的字句，以免让受访者产生某种程度的心理负担而在回答问题时尽量说好话。

（6）说明本次调查对象的选定方式和对调查结果的保密保证及措施。面对完全陌生人的访问，受访者或多或少会有一些戒备或顾虑，生怕答错会给自己带来麻烦。为了尽快消除这种戒备和顾虑心理，获得受访者的合作，在说明信中对本次调查对象的选定方式和保密措施作个说明是十分必要的，如"我们根据随机抽样的方式选定您为访问对象"、"对问题的回答无对错之分，请不要有任何顾虑"、"所有个人资料仅供统计使用"、"我们将按国家统计法，对有关资料严格保密"。

（7）说明答题的要求、方式和时间，如"请按您的真实态度和想法来回答"、"需要耽搁您10分钟时间"、"请在您认可的答案前的'□'内打上'√'，在'（   ）'中填写您的意见"。这方面的说明是为了让访问顺利进行，有时也可以不放在说明信中，而由访问员口头作说明。邮寄调查的问卷还要列明寄回问卷的时间、地址等。

（8）感谢语。在信的结尾处一定要表达访问者的感谢之情，写上诸如"谢谢"、"十分感谢您的合作"等表示真诚谢意的词语。

（9）署名和日期。信的最后要署上调查机构或企业的名称和日期，这在供邮寄调查的问卷中更是必不可少的。署名要明确，要与说明信开头"自我介绍"相一致。这样做能体现本次调查的正规性和负责性，也有利于消除受访者的戒心。

6.甄别卷的设计

在使用问卷进行询问的调查中，受访者是从调查目标对象的总体中按一定抽样方法抽取的个体单位，即样本。为了尽可能从总体中选取能代表总体特征的样本，在问卷中，往往在正式访谈问卷前设计一组问句，对受访者作进一步的甄别和筛选。这一组问句通常叫做"甄别卷"。

例如：

（1）您本人或您家里是否有从事下列行业的人员？
A.广告/市场研究　　　B.电视台/电台/报社/杂志社　　　C.酒类生产/销售/经营
①有——终止
②无——继续

（2）请问您近期是否接受过市场调查机构的访问？

①是——终止

②否——继续

（3）请问您过去一周里是否去过卡拉OK/夜总会/酒吧？

①去过——继续

②未去过——终止

（4）您去卡拉OK/夜总会/酒吧，每月大约几次？

①一次——继续

②一次以上——继续

③不经常/偶尔去——终止

④不一定——终止

（5）您在卡拉OK/夜总会/酒吧主要喝什么酒？

①饮料——终止

②洋酒——继续

③啤酒——终止

④其他——终止

（6）请问您的年龄？（访问员注意配额）

①30岁以下——终止

②30～45岁——继续

③45岁以上——终止

（7）请问您的月收入？

①3 000元以下——终止

②3 000元以上——继续

【分析提示】

经过上述一系列的甄别提问，最终就可以抽取符合本次调查要求的年龄在30～45岁，月收入3 000元以上，每月都要去卡拉OK/夜总会/酒吧喝××牌或××类高级洋酒的受访者。甄别卷有时可以单独使用，如"座谈会约人问卷"、"口味测试约人问卷"等。

7.访问卷的设计

访问卷是问卷的主体部分，由各种形式的问句组合而成，是问卷设计的重点。访问卷设计的水平高低将直接影响受访者的回答率、问卷的回收率和信息的有效性，进而影响整个调查价值的有无和大小。因此，要求访问卷的设计在内容、形式、措词、编排上尽可能做到完美无瑕。

8.受访者背景资料询问设计

收集受访者背景资料的目的是为了在分析研究调查结果时作为分层统计分析的依据。如按收入的水平可以分为高、中、低三组进行消费水平、消费结构、消费心理、消费习惯等方面的研究。

受访者如果是个人，收集的主要是性别、年龄、婚姻状况、文化、职业、职称、个人或家庭所在地区等基本情况方面的资料。如果受访者是企事业单位，主要收集的则是企业类别、所有制性质、注册资金、年（月）销售额或销售量、营业面积、经营品种、地址、职工人数等基本特征的资料。

【小思考】

对受访者的询问设计应注意什么？

答：对于一些涉及受访者隐私的或匿名的调查问卷，则不宜设置该类调查项目，以免侵犯受访者的权利，或造成某种误会。

9.问句的编码

现代市场调查是建立在精确、高效的现代通信技术、信息处理技术和自动控制技术基础上的，调查所获数据的计算机处理已经成为专业调查公司的常规工作程序之一。在问卷设计中，如何对问句进行编码？一般的做法就是在每一问句前面按分组、顺序编号，有备选答案的问句，还要在每个备选答案的前面或后面依次编号，并在问句的后面设置空格，供受访者填写选定的答案代码。

二、问卷形式的设计

问卷内容的设计是问卷设计的核心工作，但问卷形式的设计同样不可忽视。受访者对问卷表面状况第一印象的好坏，与他们是否乐意接受访问关系很大。因此，问卷形式也需要整体构思认真设计。

问卷形式的设计，主要包括以下几方面的内容。

1.编排各部分内容

当问卷设计者根据调查目标的实际需要，确定了问卷各部分内容之后，便开始对各部分内容做出精心的安排，其顺序已经在前面作了具体的介绍。各部分之间则需要有明显的间隔，这样就能给受访者留下层次分明、条理清晰的良好印象。

2.确定问卷的大小

问卷最好采用16开的纸张，因为社会上正式文件都是采用16开。过大，会使受访者感到内容很多，而形成某种程度的心理压力；过小，则会显得不太正规，不能引起受访者的重视。

3.选择合适的字体

问卷印刷选用的字体要醒目，看上去能给人以美观舒服的感觉。为了区分问句的各组成部分，通常将询问的句子靠左排，用稍大或稍粗一点的字体，备选答案则靠右边排，用稍小或稍细一点的字体。问句中的关键词可以用更大或更粗或稍斜的字体，或在下面加线将它们突现出来。

4.保持适当的行距

问卷各字各行之间要保持适当的间距，并保持整个问卷的一致，插入的表格也要排列整齐，位置恰当。这样整个卷面看起来就显得整齐美观。

5.采用优质的纸张

采用比较高级的纸张印刷问卷，能够间接地向受访者传递这样的信息："这是一份正式的文件"，"研究机构很重视这次访问"等，从而使他们更加认真回答问题。

6.问卷印刷要精美

问卷形式的完美设计是要通过精美的印刷最终体现出来的。通常采用单面印刷,每页印有页码,整个问卷装订整齐、牢固。问卷的表面要考虑纸张的大小妥善编排,上下左右四边都要留出一定的空白,使文字图表美观突出。如有插图,要请专家精心绘制,不可粗制滥造。开放式的问句要留有足够的让受访者填写答案的空间。

【经验谈】

版面要大方,问题要周详,排列要有序,印刷要精美。可以做到:第一,重点问题要突出;第二,专业化、标准化;第三,图案、图表可以调动积极性;第四,问卷内部留出空间;第五,把同一问卷装订成册。

项目小结

本项目介绍了市场调查问卷设计的原则、程序。重点介绍各种问卷、问句的类型以及提问的方式和问卷的组成结构等,并辅以相应的小案例加深理解。最后介绍了问卷设计的一些技术。

复习思考题

■ 基本训练

1.判断题

(1)在问卷设计中,要注意句子间的逻辑性,但单个问句就不一定需要逻辑性。( )

(2)封闭式问句就是指是否式问句。( )

(3)信的最后要署上调查机构或企业的名称和日期,这在供邮寄调查的问卷中更是必不可少的。署名要明确,但与开头的"自我介绍"不一定要一致。( )

2.选择题

(1)问卷设计的首要步骤是( )

A.进行必要的探测性调查　　B.设计问句,编制问卷初稿

C.把握调查的目标和内容　　D.收集和研究相关的资料

(2)按照问题的性质,通常把问题分为( )等几种类型。

A.事实性问题　　　　　　B.态度性问题

C.行为性问题　　　　　　D.动机性问题

(3)为了区分问句的各组成部分,通常将询问的句子靠( )排,用稍大或稍粗一点的字体,备选答案则靠( )边排,用稍小或稍细一点的字体。

A.左、左　　B.右、左　　C.左、右　　D.右、右

3.简答题

(1)问卷形式的设计,主要包括哪几方面的内容?

（2）问卷设计的原则有哪些？
（3）提问的方式有哪些？

■ 技能题

自行选择一个熟悉的调查项目，为其设计一份简单的问卷。

■ 分析题

（1）您外出用餐的次数为：

每星期多于一次（　　）每个月多于一次（　　）很少（　　）

（2）您最喜欢到北京哪些餐厅用餐？

（3）您用餐时是否忌口（比如素食等）？

否（　　）是（　　）

（4）家庭宴请时，您经常在何处宴请亲朋？

家里（　　）酒店（　　）餐厅（　　）其他地方（　　）

（5）您在家宴请亲朋的频率为？

每星期多于一次（　　）每个月多于一次（　　）很少（　　）

试分析以上问句的类型。

项目八　市场预测基本理论

知识目标

了解市场预测的含义及作用，掌握市场预测的内容和种类。

技能目标

根据市场预测的基本原理，在掌握市场预测基本原则的基础上进行市场预测。

能力目标

具有在掌握市场预测相关内容、原理的基础上对市场进行准确预测的能力。

案例

中国有线电视发展趋势预测

有线电视（CATV）是一种使用同轴电缆作为介质直接传送电视、调频广播节目到用户电视的一种系统。近年我国有线电视产业发展迅速，2012年我国有线电视家庭用户2.15亿户，同比增长5.6%。未来几年我国有线电视用户将以年均5%~6%速度增长，预测2015年，我国有线电视累计用户规模达到2.53亿户，到2018年，我国有线电视累计用户规模超过3亿户。

受三网融合影响，数字电视、有线电视、高清数字电视用户规模不断增加，特别是目前用户使用率最为广泛的数字电视。预计到2015年有线数字电视用户规模2.45亿户，2018年有线数字电视用户规模2.9亿户，基本实现数字化，完成仿真向数字的过渡。

未来几年，中国数字电视产业发展的步伐还会继续加快。近年来数字电视行业内的企业上市步伐明显加快，这对数字电视行业的融资来说是一个利好。另外，在扩大内需的宏观政策下，拥有良好政府关系的各个数字电视运营商将有极大的机会获得地方政府的资金支持和网络整合的政策支持，以期加快数字化的速度，拉动地方的消费。

通过对大量市场调研数据的前瞻性分析，深入而客观地剖析有线电视行业总体发展现状，市场供需现状，上下游产业链需求机会，并对业内重点企业经营状况与竞争力进行分析，根据行业的发展轨迹与多年的实践经验，对有线电视行业未来的发展趋势、投资前景与机会做出客观分析与预测，是有线电视生产企业、销售方、科研单位、投资机构等企业准确了解行业当前最新发展动态，把握市场机会，做出正确经营决策，为战略投资者选择恰当的投资时机和公司领导层做战略规划提供了准确的市场情报信息及科学的决策依据。（资料来源：中国有线电视发展趋势预测.中国平板电视产业市场动态分析.中国行业研究网，2013.）

案例分析

市场预测是掌握市场变化规律，用市场变化规律去判断和解决未来的问题。做正确的事情，比正确地做事情更加重要。

通过市场调查研究收集市场活动历史和现实的事实材料，这仅是第一步，必须把这些材料用于市场预测，才能为市场参与者的决策提供有用信息。国家和企业只有运用科学的方法，收集市场相关资料，适时地分析研究，做出正确的判断与预测，政府才能策划好未来市场宏观调控方案，企业才能在未来瞬息万变的市场环境中生存发展。

任务一 市场预测的含义与作用

现代企业经营管理的重心是企业决策，企业决策的基础是信息。市场预测是给企业决策提供信息的重要手段，做好市场预测有益于决策者提高市场预见能力和判断能力。市场预测越可靠，企业决策越正确，经营管理越有效，创造财富也就越多。

一、市场预测的含义

市场预测属于预测的一个分支。要了解市场预测的概念，有必要首先了解预测的含义。对"预测"一词的含义，可以从两个方面理解：从广义上理解，预测是根据已知事件的规律性，去预计和推断未知事件，它既包括对目前尚未发生的事件的推测，也包括对现在已经发生但我们尚未观察到的事件的推测。从狭义上理解，预测仅指对目前尚未发生的事件的推测，但不包括对现在已经发生而尚未被观察到的事件的推测。在文献资料和日常生活中所讲的预测，一般是从狭义上理解，即预测是通过对过去的探讨，而得到对未来的了解。或者说，预测是在调查过去和现在情况的基础上，通过分析研究，发现和掌握事物发展过程固有的规律性，用以预计和推断未来。总之，科学的预测不是任意的猜测，而是依据对事物客观规律的认识，去预见、分析和推断未来的发展变化。

开展科学的市场预测，必须具备一些基本的条件或基本要素。从宏观方面看，这些要素指经济理论、计算方法和计算工具。因为经济预测模型都是在经济理论的指导下建立起来的，这是最基础的要素。比如，凯恩斯的国民收入和就业决定理论及经济增长论，是西方宏观经济预测的主要理论依据；新古典学派的厂商理论和需求理论，是微观经济预测理论的主要依据。有人认为，检验一种经济理论是否正确，主要是看这种理论是否可以正确地做出预测，见图8-1。

经济预测模型的建立和求解离不开数学。数学为经济预测提供了从量的方面认

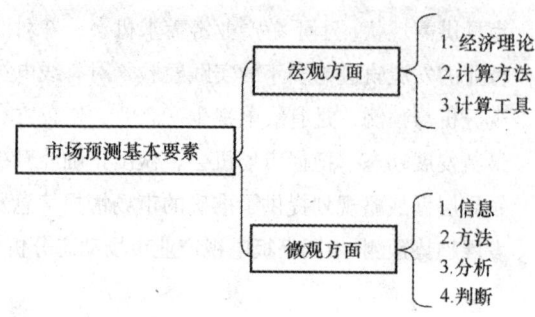

图8-1 市场预测基本要素

识事物的有效方法。比如投入产出分析要运用线性代数知识，经济预测模型的参数估计与检验需要数理统计方法等。数学的发展丰富了经济预测的方法，计算工具的进步为经济预测提供了更加深广的空间。现代预测的方程式有的达几十个，有的成百上千个，需要处理的信息资料数不胜数，没有以计算机为代表的现代化计算手段，是很难取得结果的。

从微观方面看，信息、方法、分析和判断是市场预测的四个基本要素。信息是客观事物特性及其变化的反映，存在于各种信息载体。经过统计整理的信息资料是进行市场预测的科学依据。方法是指预测过程中进行质和量的分析时所采用的各种手段。对事物的性质做出描述的方法叫定性预测；按一定的数学模型推导出数值的方法，叫定量预测。分析是根据有关理论所进行的思维研究活动。数学模型推导的预测结果出来之后，仍需要对其精确性和可靠性进行分析评价。判断，即做出取与舍的决定。

预测资料的选用、预测方法的选取、预测结果的采用或修正，都要依赖于判断。判断是最重要的预测要素，具有极高的艺术性。

二、市场预测的作用

预测之所以能被人们广泛、持久地应用，是因为人类在自身的生产、社会实践中，领悟到"科学的预见是正确行动的先导"这一道理。民间流传的两句成语："人无远虑，必有近忧"、"凡事预则立，不预则废"，正是对科学预测的重要性作的经验总结。有了科学预测，就可能导致胜利和成功；缺乏科学预测，就会蒙受不必要的损失，甚至招致严重的后果。

【案例】

北京市密云工业开发区的"太子"童装生产基地是国内最大的乳酸菌企业湖南太子奶集团的所属企业。前几年，经过周密的市场调查和预测，太子奶集团发现童装市场需求大，前景看好，于是做出了大胆的跨行经营举动。据有关部门统计，我国目前16岁以下的少年儿童约有3.2亿，占全国人口的27%，国内儿童服装生产企业共有6 000多家，年生产儿童服装7亿多件，而真正叫得响的儿童品牌服装也只有200家左右，整个儿童服装市场从数量到品质远远不能满足市场的需求。目前，"太子"童装公司占地320多亩，投资数亿元，拥有数万平方米的现代化标准厂房和宽大的智能物流中心，世界先进的全智能电脑制衣生产线，独家从日本、法国进口符合当今国际流行色彩和环保要求的面料，每季可以推出至少200个以上流行款式。（资料来源：梁金华，郑媛媛.市场调查与预测.北京：清华大

学出版社，2013.)

【案例分析】太子奶集团通过对市场科学的调查和预测，使科学的决策有根据，有基础，使决策取得了预期的效果。再进行的商品营销活动，大大减少了盲目性，增强了自觉性，必然给商品营销部门或企业带来较高的经济效益，也促进了商品流通，满足了消费者的需求。根据国内童装市场的现状，调查预测童装的需求总量，为该集团未来生产什么、生产多少提供了信息，减少了盲目性，提高了自觉性。全面系统地了解需求状况，包括需求数量、需求结构和需求发展变化的规律等，从而使消费者各种需求得到满足，使生产和消费结合的更为紧密。

1.市场预测是社会主义市场经济发展的要求

在社会主义市场经济条件下，市场预测一直是人们所关注的一项工作。因为市场经济的各种活动都需要预测，国家进行宏观调控需要预测，企业制定营销战略与策略也需要预测。预测之所以如此重要，在于它能为未来的决策提供信息。决策是对未来事物所做出的决定，而对事物的未来发展状况做出正确的估量，才有可能使决策不脱离实际。预测信息能减少未来的不确定性，是对事物的未来发展状况做出正确的决策。所以说，没有科学的预测，就难以做出正确的决策。

在市场经济条件下，企业以自主经营、自负盈亏、自我发展、自我约束的商品生产者和经营者的法人地位进入市场，开展营销活动，参与竞争并在竞争中求得生存发展。这里所说的企业进入市场，不但要进入国内市场，而且应积极开拓国际市场。在经济全球化发展的今天，企业特别是一些有远见的大中型企业，更应当积极开拓国内和国际两个市场，充分利用国内和国际两种资源，以壮大、发展自己。市场营销活动包括调查预测市场的需求，企业要结合本身的资源优势，生产并提供适合市场需要的产品和服务，在适当的时间和地点，以适当的价格或收费，推向市场，以满足消费者需求，从中获取合理的利润。

2.市场预测是企业营销活动的起点和经营决策的前提

所谓参与竞争，是指企业在国内外市场上参加为争夺产品销路、争夺市场的斗争。当代社会充满了竞争，善于应变者"兴"，不善应变者"衰"，这是市场竞争的必然。要有效地开展市场经营活动，就要善于应变，就要充分掌握和利用市场信息，分析现状，预测未来。如果企业通过预测，对市场的发展变化趋势与消费潜力了如指掌，在此基础上制定营销策略和实施销售方案，就能真正实现以需定产，解决产需脱节、滞销积压等问题，提高生产与流通过程的经济效益。企业如果适时预测到了营销环境的变化，就有可能适应环境、利用环境、改造环境，适时地抓住机会，迎接挑战。

3.市场预测有利于实现宏观调控

我国建立市场经济体制的目的，是发挥市场对资源配置的基础性作用。但要达到这一目的，离不开国家的宏观调控，其原因：一是市场本身功能存在缺陷，如市场主体行为的盲目性，难以自动、及时地导向宏观经济平衡；二是市场运行中主体行为目标的短期性、局限性，如只顾眼前、局部利益，不顾长远、全局利益，具体表现在对生态环境的污染等方面；三是市场运行出现产出、价格和就业等不稳定性，会引起经济运行的频繁波动，造成社会不安定，而市场本身又难以解决。上述矛盾，只有靠国家才能解决。

宏观调控是国家从经济运行的全局出发，按预定目标对国民经济活动所进行的调节和控制。宏观调控的基本方式包括国家投资、政府采购、刺激消费、国民收入再分配等方式在内的直接调控以及通过经济政策（包括产业政策、财税政策、倾向政策、收入政策等）、经济计划（包括各种指导性计划、必要的指令性计划等）在内的间接宏观调控。其基本指导原则是"国家调控市场，市场引导企业"。直接宏观调控须通过市场预测提供未来的信息；间接宏观调控也必须以对未来一定时期经济发展趋势做出科学的预测为前提，特别是用计划手段对社会经济活动进行调控，更应当全面收集准确的经济信息并在分析研究、探索其内在联系和规律的基础上，通过预测，提供未来信息。

【案例】

日本"尿布大王"尼西齐

日本"尿布大王"尼西齐公司就是通过人口普查资料找到经营思路并成功地占领市场的。公司董事长川多扒博从日本政府的人口普查资料中发现，日本每年都要有250万名左右的婴儿出生。这个数字给了他很大的启示，若每个婴儿每年即使只用两块尿布，那么就是500万条。除此之外，潜在的市场需求也很大。

尼西齐公司转产去专门生产尿布，现在日本婴儿使用的尿布每三条中就有一条是尼西齐公司产的。不仅这样，公司产品还远销世界70多个国家和地区，被日本政府评为"出口有功企业"，并被誉为"尿布大王"。（资料来源：李哲夫.社会调查与统计分析.北京：人民出版社，2012.）

案例分析：尼西齐公司之所以能够成功，主要在于该公司能合理利用调查资料，进行合理预测。

【小思考】

为什么我们能够运用一些现实资料来预测未来的发展情况？

答：因为万事万物之间都存在着某种联系，正是这种联系，使我们可以以现实推测未来。

任务二 市场预测的内容与种类

一、市场预测的内容

市场是商品各种关系的总和，也是国民经济的综合反映。市场变化涉及社会生产、需求、供应、政治形势、消费心理、社会风尚等各个方面。因此，市场预测涉及的范围非常广泛，同整个国民经济的预测密切相关。由于各个预测主体对市场预测的目的、要求不同，也就使内容各有不同的侧重点。

1.市场需求变化的预测

市场需求预测，即商品购买力及其趋向的预测。商品购买力，从广义来说，是指一定时期内整个经济体系通过市场购买生产物品和消费商品的货币支付能力。市场需求变化，除研究整个经济社会在市场上购买商品的货币支付能力外，还需研究社会潜在的购买力。潜在购买力有两种情况：一是由于受货币支付能力的限制而未实现的需求。比如，某地区电脑普及率现只达到40%，假如饱和普及率是80%的话，则还有40%的潜在购买力。另一种情况是居民手中的现金和银行里的储蓄存款。这笔巨额储蓄存款是一股潜在的购买力，也是市场的潜在冲击力。

预测市场需求的变化，就要研究人们的货币收入与支出。人们的货币收入并不全部形成购买力。比如，非商品性的支出、储蓄存款和库存现金，都不形成或暂时不形成购买力。地区之间货币的流进流出，也会影响当地的商品购买力。人口因素的变化、交通条件的改变、基本建设的扩大或缩小、农业的丰欠、社会风尚的改变等，都会直接影响市场需求的变化。因此，预测市场需求，就得研究农工业等生产的发展趋势、基本建设的规模、储蓄与消费的比例变化、储蓄基金与消费基金的分配方式以及它们的使用方向、人民生活水平的提高程度、历年结余的购买力等，用以判断市场需求变化。

2. 购买力趋向的预测

社会购买力趋向预测就是市场需求结构的预测，是指商品购买力在各类商品之间的分配比例。社会购买力一般按商品性质和用途分类，如通常按食、衣、住、行等分类。商业统计资料则分为食品类、衣着类、日用品类、文具用品类、书报杂志类、中西药医疗器材类、燃料类等。每一类都包括若干种商品。由于人们生活水平的不断提高、商品的更新、商品价格结构的调整与变化等种种因素，消费者对商品需求在种类上、数量上是不断变化的。有些商品需求量大一些，有些商品需求量少一些；有些商品需求量变化比较快，有些商品需求量变化比较慢；有些商品需求量逐年上升，有些商品需求量逐年下降。因此，在一定时期内，购买力的趋向变化必然引起商品需求量以及各种商品的消费结构的变化。居民货币收入水平的不同，会直接影响购买力趋向的变化，同类商品的品质也随之不断变化。中高级日用商品的比重越来越大，高级营养食品和嗜好品的需求也越来越大。总的商品需求结构趋势是由低转高、由粗转精，向高级化、多样化、微型化方向发展。

预测消费结构变化，不但要研究人们的购买力、消费偏好、生活习惯，还需要研究消费者的心理状态和社会风尚的变化。比如，不同地区、不同消费者，对商品的需求是有所不同的。有的注重商品质量、寿命，有的追求花色、式样。在商品供不应求时，就会出现竞购、争购甚至抢购现象；在商品供过于求的情况下，挑选性强度就会增大，人们犹豫观望，不急于购买，消费者的需求心理会发生很大的变化，因而引起需求结构的变化。居民收入的增加和商品供需状况的变化，会影响消费者心理状态的变化，同时，后者反过来又会影响市场商品需求的变化，两者是互相影响的。

3. 销售预测

市场需求预测，是指预测经济社会的商品需求量，这是总体预测。销售预测，是指预测企业本身的商品销售量，包括花色、种类、规格、式样等的预测。如何使商品销售顺畅，满足消费者的需要，这是个体预测。

对于一个企业来说，必须对所经营的商品在某一时期内的市场需求量进行预测。同一种商品从几处进货，有外地产品，有本地产品，各占多大比重，顾客欢迎外地的还是本地的产品，根据这些情况选择进货渠道并为生产部门提供市场信息，以利于安排生产和商品供应。通过销售预测，可以了解消费者的具体需求，并可找出商品销售在市场上存在的问题，从而研究并提高经营管理水平。在同一地区，几个企业经营同一种商品，预测市场的两个主要因素是供与求。在对市场商品需求进行预测的同时，应该对商品资源的发展趋势进行预测。这关系到商品购买力与商品可供量的平衡问题，也关系到国民经济的平衡问题。对供不应求商品的销售预测，不仅要考虑市场需要，往往还要根据商品资源的可能情况来决定销售量。

为了保证市场供应，必须进行市场需求预测。需要调查各种商品的生产能力、生产组织、生产技术、设备条件、生产状况以及能源、水源、资源、交通条件、科学研究等，并预测它们的潜在能力和发展趋势；要研究科学技术的发展对各种商品生产的影响和变化；要研究国家经济体制的改革和重大经济措施及价格政策对某些商品的影响程度。

农副产品的生产受自然气候条件的影响较大，比起工业品的生产，其可控制因素较少，生产周期比工业品长，其供给适应需求的变化就慢一些。鉴于农副产品生产条件和对市场供需影响很大等各种因素，应特别重视对农副产品商品资源的调查分析和预测。

商品资源的预测，要重视关联性商品的相互变化和新产品销售与需求的预测。比如，洗衣机的需求量增加，就涉及洗衣粉的需求变化，对洗衣粉的需求量增加，对肥皂的需求量就将减少。又如，皮鞋、布鞋、胶鞋之间的比例变化，此增彼减，此消彼长，从而使商品原料资源产生变化。随着科学技术的进步，新技术、新工艺、新材料的不断涌现，新产品生产时间变短、节奏变快，商品生命周期越来越短，适时、适式、流行性商品将会刺激需求，吸引顾客。由于商品更新加速，销售周期越来越短，如果不了解市场商品资源和销售变化的形势，还在继续生产原有产品，大量进货，势必给企业经营带来危机。随着经济的发展，也必须注意到工业所需商品的预测。

4. 商品寿命周期的预测

企业的任何产品与其他事物一样，有其产生、成长、发展和衰亡的过程，具体来讲，就是商品从试验成功投入市场直至被淘汰退出市场的全部过程，经济学上将这一过程称为商品寿命周期。各种商品不断地产生和衰亡，新旧更替，一种新商品投入市场销售之后，它的寿命周期就开始了，直到另一种新产品的出现，在价格、功能、效用及流行性、适时性等方面超过了它，它逐渐被淘汰并退出市场。接着另一种新商品又代替了前一种商品，如此不断更新，促使商品生产的不断发展。商品寿命周期可分为自然寿命周期和经济寿命周期。任何商品都有一个自然寿命周期，即自然使用周期，这是对其实体的实耗磨损、耐用度而言。有的产品物质形态仍然存在，仍有一定的使用价值，自然寿命没有结束，但在市场中已被淘汰，失去了经济寿命。例如，液晶屏幕电视机出现后，彩色电视机在市场上失去价值，失去了经济寿命，但其自然寿命仍然存在，还可以使用。从企业经营管理角度来说，应着重于商品经济寿命周期的研究。商品经济寿命周期，主要是从销售量、获利能力的变化上来进行分析，是研究商品的需求量和利润随时间变化而变化的趋势。这一过程还受价格、国民经济发展、科学技术进步、市场竞争、供需关系等多种因素的影响。

研究商品寿命周期，有利于企业做出比较正确的经营决策和经营计划，以促使商品销路顺畅，减少商品积压；有利于促进新产品的研制和开发，扩大市场。此外，根据商品寿命周期各阶段特征，有重点地加强销售措施，从而促进商品销售。

5. 商品供需平衡的预测

市场商品供需矛盾可能出现三种情况：供过于求；供不应求；供需平衡或基本平衡。前两种情况对发展生产、改善人民生活、稳定市场等方面都是不利的。因此，要求全国和某一地区的市场商品供需平衡或基本平衡，就需要进行市场商品供需平衡的预测。市场商品供需平衡的预测，可以为安排市场、调整各大类别主要产品比例关系提供客观依据，为商品储存与货币流通量的调节提供资料，也便于分析研究具体商品供需情况，进行调节，以防止和消除盲目生产，避免市场销售不足或积压。

商品具有价值和使用价值，因此，产品从生产到消费，要经历两个相互联系但又相对独立的过程。一方面以使用价值形式即实物形式存在；另一方面以价值形式即货币形态存在，通过资金的分配和再分配，作为补偿生产过程中所消耗的补偿资金，用作扩大生产规模和增加物资储备的资金以及用来满足当前人民物质、文化生活需要和社会需要的消费基金。它形成部门、单位和个人的购买力，再进入流通领域，取得所需的生产品和消费品。实物形态的产品与价值形态的货币资金从分离到统一，两者相互呼应。

市场商品供需平衡预测内容包括：①商品零售总额与商品购买力总额平衡的预测。两者平衡与否，综合反映了市场供需发展变化的总趋势。②商品零售供应量结构与商品购买力趋向是否平衡的预测。在商品供需总额基本平衡的情况下，也可能有某类商品或某些主要商品的供需不平衡。因此，要估算商品可供率（可供率＝可供量÷需求量×100%）、商品供求差率等，以便采取调节措施。③货币流通量与商品供应量是否配合的预测。这是国家银行调节货币发行量的重要依据。以上所说的主要是以总体经济观点来分析的。作为一个企业，应对所经营的商品或某一类商品的供需平衡的可能性以及商品需求的满足程度进行分析、预测，以作为企业制定计划和各项经营决策的参考依据。

6. 营销网的建立和发展趋势的预测

营销网本身不是市场商品供需预测的内容，但它与商品供需密切相关，是实现商品交换的重要条件和手段。要实现商品交换，就需要有一定的商品经营机构、人员和设施。随着商品供需规模的不断扩大，营销网点必然要有相应的发展。此外，饮食业、服务业网点的发展，对其服务的质量有更高的要求。同时，随着消费结构的变化、国民经济的调整、经济体制的改革、流通渠道的改变、交通条件的改善、销售形式的变化等，也应对营销网进行相应调整与变化。因此，在进行市场预测的同时，对营销网的发展和变化进行研究和预测，对合理地促进商品流通具有十分重要的意义。

7. 经济效果的预测

企业在完成商品经营过程中要付出一定的劳动。以最小的劳动成本取得最大的经济效果，这是每个企业共同的期望。企业经济效果预测，就是对未来一定时期内企业经营活动所获得的收益和劳动成本这两者进行预测。它为企业经营与管理决策提供依据，对改善企业经营管理，扩大经营业务具有重要的作用。

预测企业经济效果的主要指标有商品销售额、劳动生产力、资金占有率及资金周转率、流通费用及流通费用率、利润和利润率、设备利用率等。企业不但在经营后和经营中进行分析，还需要进行预测分析。比如，进行经营成本额预测分析、成本期预测分析、资金周转率预测分析、费用水平预测分析、毛利额和毛利率预测分析、劳动次序预测分析等。利润是企业经营结果的综合反映，也是衡量企业经营管理水平的一个重要指标。对企业经济的发展趋势进行分析和预测，对提高企业经营管理水平，扩大经济效果，具有重要的意义。

市场预测除了上述内容外，全国生产形势发展变化对市场商品供需影响的预测、价格政策、能源政策以及工资、税收、信用、货币发行等因素对市场影响变化的分析和预测，也是十分必要的。此外，科学技术发展对商品流通影响的分析预测也不应忽视，是否要进行这些方面的预测，可视实际需要和具体情况而定。

二、市场预测的种类

在社会主义市场经济条件下，为使企业生产经营活动适应瞬息万变的市场需求，市场预测工作必须做到经常化和多样化，必须进行多种类型的预测。

市场预测，从不同角度可以有多种分类方法，大体上可分为以下几种。

1.按预测要求质与量的侧重点不同，可分为定性预测与定量预测

定性预测是指就预测对象目标运动的内在机理进行质的分析，据以判断未来质的变化情况，并辅以量的表述。

定量预测是运用一套严密的预测理论和根据这些理论所建立的数学模型，对预测对象目标运动质的规律进行描述，据以预测未来量的变化程度（图8-2）。

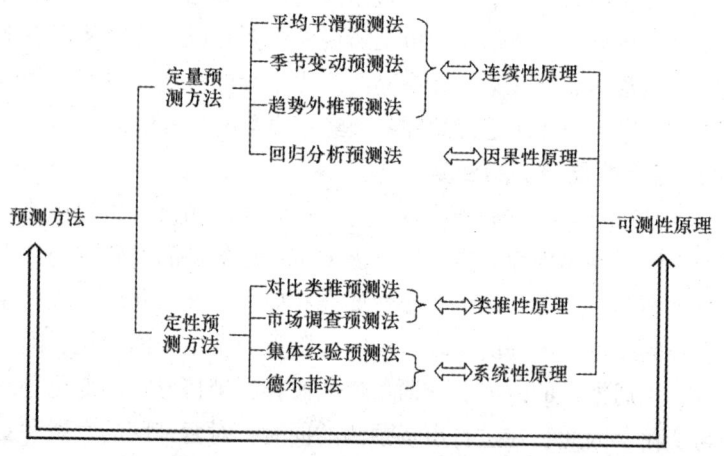

图8-2 市场预测的原理与方法的对应

2.按未来一定时间期限（称预测期）的长短，可分为短期、近期、中期、长期四种预测

短期预测，预测期一般在1周至半年以下，主要是为企业日常经营决策服务，讲究预测时效性。

近期预测，预测期一般在半年以上至2年之内，主要是预算年度需求量，为企业编制年度计划、安排市场、组织货源提供依据。

中期预测，预测期一般在2年以上5年以内，一般是对政治、经济、技术、社会等影响市场发展起长期作用的因素，在调查分析后，做出未来市场发展趋势预测，为企业制定中期规划提供依据。

长期预测，预测期一般在5年以上，是为企业制定发展的长期规划提供依据。预测的准确性随着预测期的长短而不同，预测期越长，误差就越大，准确性就越差。

预测期的长短服从企业决策的需要，一般企业的市场预测常常分为短期、近期、中期三种预测。

【案例】

2013年蛋鸡市场现状与后市预测

由于我国蛋鸡市场客观存在的产能相对过剩，蛋鸡繁殖性能高及其自身的生物学周期规律（滞后性）的特点，使得我国蛋鸡市场近十年来一直呈现周期性波动的规律，波动周期大致为三年。我国蛋鸡养殖小规模、大群体的格局依然存在，生物安全体系尚不完善，转型过程中存在产能相对过剩，时常需要面对疫病和市场风险。

上一个周期为2009年年初至2011年年底，本周期在正常情况下应该是2012年年初至2014年年底。2012年为本周期的小年，由于2012上半年受疫情及行情的双重整合，部分产蛋鸡群提前淘汰，下半年商品代蛋鸡形势有所好转，但调查数据显示2012年全年父母代蛋种鸡场的平均种蛋利用率在60%~70%，父母代场经营效益不佳。同时，也意味着2013年商品蛋鸡存栏同比减少三成左右。从供需平衡的角度分析，2013年鸡蛋价格会在高位运行，在效益上本应是一个中等偏上的年景，而且2013年一季度也确已呈现出明显的上升趋势，鸡蛋价格一直处于历史高位以上，商品代和父母代雏鸡的需求也明显增加，且价位持续走高，但突如其来的"H7N9事件"打破了这一进程。

2013年一季度鸡蛋价格一直处于历史高位，均价为3.94元/斤，一方面原因是社会人工及饲料成本的普遍提高，但更主要的原因还是由鲜蛋供需平衡决定的。正常状态下，二季度均价会高于或等于一季度，但实际均价只有3.52元/斤。7月份全国鸡蛋平均价格更降至3.31元/斤，为2010年以来的历史新低，8月份全国鸡蛋平均价格为3.99元/斤，处于恢复过程之中。受"H7N9事件"影响，2013年二季度蛋价不升反降，加之豆粕价格一直高位运行，导致二季度商品代蛋鸡场经营状况不盈反亏，二季度每斤鸡蛋平均亏损0.09元。7月份每斤鸡蛋平均亏损0.49元，8月份每斤鸡蛋平均盈利0.19元。

随着时间的推移，消费者信心在逐渐恢复，对鲜蛋需求会有所增加。同时，由于受"H7N9事件"影响，自4月份至今商雏补栏需求受到抑制，6月份以后补栏数量更是急剧减少，后期鲜蛋产能下降，可能会导致鸡蛋价格报复性上涨，进一步影响后期的鲜蛋供给。（资料来源：王秀娥，夏冬，姚海波，王昊.市场调查与预测.北京：清华大学出版社，2013.）

3.各种市场预测方法评价与比较（表8-1）

表8-1　　　　　　　　各种市场预测方法评价分析对照表

预测方法		典型用途	预测精确度			转折点鉴别	所需信息	预测成本	预测所需时间
			短期	中期	长期				
定性预测方法	德尔斐法	新产品销售预测、市场需求预测、长期预测	优~中等	优	优	优	以调查方式搜集信息	中等	较长（>2个月）
	市场调查法	同上	优	良	中	优	根据调查表和调查报告搜集信息	高	同上
	对比类推法	同上	良~差	良	良	中等	类似产品若干数据及类似对象的其他有关统计数据	低	短
	集体经验法	需求、销售预测	中等	中等	中等	良	一组来自专家的信息	低	短
定量预测方法	趋势外推法	需求、销售预测库存管理预测	优	良	中等	中等	需要多年历史数据	低	很短（几天以内）
	移动平均法	同上	良	差	很差	差	需要两年以上历史数据（按季、月）	低	同上
	指数平滑浮动	需求、销售预测	优	良	很差	差	同上	低	同上
	回归分析法	同上	优	优	中等	良~中等	需要多年的历史数据	低	由模型的复杂程度决定

【小思考】

长期预测一般是企业哪一个层次所进行的预测？

答：一般是企业战略层所进行的公司战略性预测。

任务三　市场预测的基本原理与原则

市场预测是否有规律呢？在预测中是否要坚持一定的原则？这些对于做好市场预测至关重要。要保证市场预测结果的准确性，就必须在预测过程中遵守一定原则。

一、市场预测的基本原理

市场预测活动像任何其他活动一样，有自己的活动规律。所谓规律，是事物内在的、本质的联系，是事物存在的客观规律和反复出现的因果关系。预测活动的内在和本质联系为：凡属预测活动，都具有由预测主体（即预测者）及预测客体（即被预测对象）组成的预测结构或系统。只要具备这两个基本组成部分，就可以进行预测并得到预测结果。而预测客体的发展规律，是预测活动中反复出现的因果关系。只有预测主体掌握了预测客体的发展变化规律，才能对未来发展变化做出正确的分析、预见、估计和判断。市场预测的基本原理主要体现在以下几个方面。

1. 可知性原理

可知性原理，是指市场预测对象的未来发展趋势是可知的，人们可以通过对市场规律的认识运用科学的方法对其进行预测。马克思主义辩证唯物论和认识论认为客观世界是可知的，人们通过"实践、认识、再实践、再认识……"这一无限反复的过程，可以克服主观臆测，掌握客观事物发展变化的规律。市场全部预测活动建立在可知性原理的基础上。在市场预测中，由于市场行情变化多端，偶然因素对市场供求变化产生较大影响，因而不容易揭示出某些商品供求变动的规律性，使人感到市场似乎变幻莫测。其实，根据可知性原理，再变化多端的事物，只要有一定的规律，在实践中就可以逐步认识、运用这种规律，来揭示市场未来变化的大致趋势和动向。

2. 系统性原理

系统性原理，是指把预测对象看作一个系统，以系统管理指导预测活动。系统论认为，每个系统内部各个组成部分之间相互联系、相互作用，并且同其他事物系统之间也是相互联系、相互制约的。它强调系统的目的性、整体性和层次性，强调运用系统分析的方法对所要预测的问题加以定量化和模式化。根据系统性原理进行市场预测，可以把预测对象——市场行情看成一个系统。它存在于社会经济预测这个子系统内，同其他预测系统如人口预测、工业预测、农业预测等相互联系、相互制约。它的内部有商品需求预测、商品资源预测等子系统，子系统内又有更小的系统，可以分成若干层次，每个层次之间彼此也是相互联系、相互制约的。从系统论的观点来看，市场预测不是孤立的，不能封闭起来，它必须同其他预测系统密切结合，相辅相成，彼此交流信息。进行市场预测，既需要从宏观经济方面预测市场供求关系、消费需求结构及其发展变化趋势，也应从微观经济方面研究本行业和本企业在历史上的市场份额，同行业内经营的内部、外部、可控、不可控等各种因素及其变化情况，预测期内采用改善经营管理的新措施、新方法的可能性，可能会遇到的变化和阻力等。这样，才能通过系统、全面、翔实的材料进行市场预测，提出较接近实际情况的整体最优方案，有利于做出正确的经营决策。

3. 服务性原理

服务性原理，是指市场预测本身不是目的，它是为企业经营决策服务的，即为了企业未来的战略目标和发展方向做出正确的结论提供科学的依据。市场预测与经营决策是企业经营活动中两个既有区别又相互联系的阶段，但从总体上看，预测是经营决策过程中的一个重要组成部分。

一般地讲，决策过程大致是：

（1）提出问题，确定目标，通过调查等方法，收集大量准确的数据。

（2）进行预测，拟定决策方案，并对多种决策进行可行性分析，包括对其技术经济效果的评价。

（3）进行决策选择，即由决策人员或决策集体，在多种方案中选出最佳方案。从决策的大致过程可以看出，预测是前提，是基础，是最复杂的阶段，但是，最关键的阶段是决策。因为决策的正确与否，关系到企业经营活动的成败和取得经济效益的大小。市场预测是为经济决策服务的。

在预测工作中应用服务性原理，有两个方面的作用：

（1）要求市场预测以及作为其基础的市场调查、市场情报收集工作要有明确的目的性和一定的针对性，根据决策的需要设计调查方案、调查内容、调查方式、预测范围、口径、预测模型等。

（2）经营决策的确定和选择应重视市场预测的作用，特别是在社会主义市场经济条件下，不论宏观经济决策还是微观经济决策，都不能像过去那样靠经验、拍脑袋做出，而要以科学的市场预测为基础，只有这样，才能做到决策的科学化，更好地提高企业经济效益和社会经济效益。

二、市场预测的基本原则

基于上述市场预测的原理，在进行市场预测时，应遵循以下原则。

1.连续性原则

连续性原则，又称连贯性原则或惯性原则，是指一切客观事物的发展都具有符合规律的连续性。一切社会经济现象都有它的过去、现在和未来。没有一种事物的发展会与其过去的行为没有联系，过去的行为不仅影响现在，还会影响未来。市场作为一个客观经济事物，从时间上考察，它的发展也是一个连续的过程，即未来的市场是在过去和现在的基础上演变而来的，是其过去和现在的延续。因此，企业在进行市场预测时，必须从收集过去和现在的资料入手，然后推测出将来的发展变化趋势。应用最多的两类预测技术——利用回归法建立因果关系预测模型和利用时间序列外推法建立趋势预测模型，就是以这一原则为前提的。

在市场预测中，运用连续性原则需注意以下两个问题：

（1）要求预测目标的历史发展数据所显示的变化趋势具有一定的规律性。如果事物的变化是不规律的，预测目标的变化带有很大的偶然性，就不能依据连续性原则进行预测。

（2）要注意分析预测目标历史演变规律发生作用的客观条件，在未来预测期内是否发生变化。事物发展的内在规律是在一定的条件下显示出来的，是会随客观条件的变化而变化的。应用连续性原则进行预测，要以经济系统的稳定性为前提，即只有在系统稳定时，事物之间的内在联系及基本特征才有可能延续下去。然而，由于企业内外营销因素的影响，绝对稳定的企业系统是不存在的。一般只要认为企业系统处于稳定阶段，就可以运用连续性原则进行预测。

2.类推原则

类推原则，是指许多事物相互之间在发展变化上常有类似之处。利用预测对象与其他事物的发展变化在时间上有前后不同，但在表现上有类似之处的特点，人们有可能根据已知事物的基本类似的结构和发展模式，通过类推的方法对后发展事物的前景做出预测。这种类推既适用于同类事物之间，又适用于不同类事物之间。之所以如此，是因为客观事物之间存在着某些类似性,这种类似性具体表现在事物之间结构、模式、性质、发展趋势等方面的接近。与社会、企业乃至家庭经济活动都有一定的模式一样,市场经济活动也有自己的模式:竞争往往导致买方市场,垄断形成卖方市场;供过于求,价格下跌,供不应求,价格上涨。经济运行的模式是可以认识的,它有基本规律性。观察到某种现象(征兆),就可以根据以往的经济发展规律来预测将来会发生什么样的变化,并进一步预测未来的情况。

世界上存在着许多相似、类同的事物,掌握了其中一种事物的发展变化规律,就可以推测出其他类似事物的演变规律。人们常说的"举一反三"、"以此类推",说的就是这个道理。

例如:我国各类名贵中药入酒已成为各地名酒的特色。吉林省通化市所产的人参白酒有很大市场,人们认为其不仅是一种酒,更重要的是它还具有营养保健和药物的作用。同类药酒还有云南的三七酒、广西的蛤蚧酒等。同样,在其他食品行业进行类推,如烟草行业推出人参烟、田七烟;糖果行业推出有一定药效的梨膏糖、驱虫宝塔糖等,甚至家化行业也推出有药效的产品,如草珊瑚牙膏和洗头膏等。这些都是运用类推原理来进行新产品的市场预测。

3. 相关原则

世界上各种事物之间都存在着直接或间接的联系。事物之间或构成一种事物的诸多因素之间存在着或大或小的相互联系、相互依存、相互制约的关系,要么相生,要么相克。任何事物的发展变化都不是孤立的,都是与其他事物的发展变化相互联系、相互影响的。市场需求量和供应量的变化,也存在着各种相关因素。例如,随着我国经济体制改革的深入发展,城乡人民收入增加,会引起消费水平的提高和消费结构的变化;商品价格的上涨,会刺激生产资料需求量的增加等。因此,当人们知道影响市场需求量的某一个因素发生变化时,就可以预测出需求量的增减。一元线性回归和多元回归中的因果关系法,就是根据这一原则建立起来的。因果关系是相关性多种表现形式中最重要的、应用最广的一种形式。同时,相关性还包括表示为因果关系的某一事物伴随着其他事物变化而变化的相关现象,因此,相关性和因果性并不完全等同。因果关系,是指任何事物的发展变化都是有原因的,它的变化状况是原因作用的结果,人们可以从已知的原因推测未知的结果。一般情况下,原因在前,结果在后,或者原因与结果几乎同时出现。但在一定条件下,原因和结果可以互相转化。此时此地是结果,在彼时彼地就成为原因。而且在事物的发展过程中,还存在着一因多果、一果多因、互为因果等种种复杂情况。因此,在市场预测中,必须对客观事物的因果关系进行具体的、多面的分析,才能在事物发展的因果关系中正确揭示出对预测目标起作用的主要和次要、内部和外部原因,把握住影响预测目标的诸因素的不同作用,预测出事物发展的必然趋势和偶然因素可能产生的干扰。

相关原则常常是进行预测工作时首先要考虑的一个重要原则和方法。特别是对于定量分析方法,如果能找到一个或几个与预测对象密切相关的、可控的或可以预先知道其变化情况的经济变量,利用历史数据建立起它们与预测对象之间的数学模型,一般能收到较好的预测效果。

【小思考】

请回答生活消费品市场需求量预测时应考虑哪些相关因素。

答：根据市场预测相关性原则，主要考虑以下因素：消费者的预期收入、购买习惯、文化层次以及商品的价格、需求弹性、质量等。

4.质、量分析结合

质、量分析结合的原则，是指在市场预测中要把量的分析法（定量预测法）与质的分析法（定性预测法）结合起来使用，才能取得预测的良好效果。质、量分析相结合的原则，是现代企业预测得以科学进行的一项重要原则。

5.可控制原则

可控制原则，是指企业对所预测的客观社会经济事件的未来发展趋向和进程，在一定程度上是可以控制的。根据可知性原理，客观世界是可知的，客观事物的发展变化是有规律的，这种规律性是可以认识的。当人们认识了客观事物发展的规律性以后，就可以创造条件，使预测对象在企业自觉控制下朝着所希望的方向发展。在预测中，企业之所以可以利用可控制原则，对于本来属于不确定的未来事件，可以通过有意识的控制，预先较有把握地使其不确定性极小化，其理论依据是唯物主义的认识论和反映论，即世界是可知的，虽然物质决定意识，但意识对物质也有反作用。因此，人可以发挥主观能动性，在认识客观世界的基础上有意识地改造客观世界。反映到预测实践中，就是说在影响预测对象发展变化的诸因素中，有些是可控因素，有些是不可控因素，有些因素可以直接控制，有些因素则只能间接控制。具体到某一企业，如果预测其目标市场的发展变化趋势，那么在诸多的影响因素中，如国际政治局势、经济形势、科技状况、竞争状况以及其他企业的发展情况等，都属于不可控因素；可控因素主要指本企业的人、财、物的潜力挖掘，有可能采取的改善经营管理的方法、措施及本企业经营战略的修正等。利用可控制原则，就是要利用可控性因素，研究不可控因素，尽量避免不可控因素预测目标可能产生的干扰。因此，可控制原则的运用应当与以随机现象为研究对象的数理统计方法（如概率推断法）结合起来。

任务四 市场预测的一般步骤

市场预测活动有一定的程序。它由若干互相关联并相互牵制的预测活动所构成，预测中的前一项作业往往会给后一项作业以很大的影响，因此，弄清楚市场预测活动中每一项作业间的相互关系，有利于整个预测工作的顺利进行，有利于提高工作效率。市场预测的一般步骤如图8-3所示。

第一步，确定预测目标。市场预测要确定预测的主题，规定要达到的目标。预测的目标应尽量具体、详

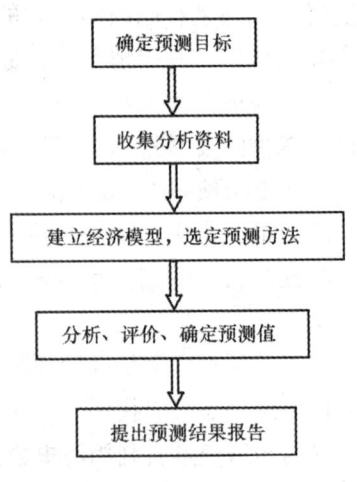

图8-3 市场预测的一般步骤

尽，不能含混、抽象。它既关系到整个预测活动的成败，又关系到预测的其他步骤的进行，如收集什么样的资料，怎样收集资料，采用什么样的预测方法以及如何制订该次预测的具体工作计划和进度计划等。预测目标的确定，应包括预测的对象、预测的目的、预测的时间范围、预测的空间范围等内容。

第二步，收集分析资料。根据预测目标，确定所应收集的有关文件、数据等内容，通过市场调查去广泛、系统地收集所需要的历史和现实的资料，既包括说明事物的情况和反映存在问题的外部资料，也包括企业内部资料，如企业自身生产经营情况的统计资料和市场动态分析、调查报告以及其他外部资料等。其中，外部资料包括政府部门公布的统计资料、科研单位的研究报告、报刊发表的市场资料等。外部资料往往是企业的环境资料，能说明企业生产经营的背景。

在信息社会，能收集到的有关资料很多，因此，必须根据预测目标筛选出最有价值的资料，把它缩减到最基本、最必要的限度。筛选的原则为：①相关性，即该资料是最直接有关的有用资料；②可靠性，即从资料来源等方面保留准确可靠的资料；③最近性，即保留下来的资料是最新、最有用的资料。对收集到的、打算用以进行预测分析的资料，一定要做认真审核，对不完整和不适用的资料，特别是历史统计资料，要做必要的推算、插补或删除，以保证该统计资料的完整性和可比性。在完成收集整理工作之后，就应对资料进行科学的分析，辨别不同因素对市场需求变化的影响以及它们之间的内在联系，从而找出市场发展变化的规律。这一步是市场预测的基础性工作，也是很重要的一步。

第三步，建立经济模型，选定预测方法。资料审查、整理后，即对其进行分析、绘制散点和推理判断，以揭示预测对象的结构特征和变化趋势。做出各种假设，拟定出预测对象的结构和变化模型，也就是建立一个或一组数学程式，用以描述经济现象之间的关系，这也被称为数学模型，一般称为经济模型，建立经济模型是搞好定量预测的重要一步。

市场预测模型有三大类：一是表示预测对象与时间之间的时间关系模型；二是表示预测对象与影响因素之间的相关关系模型；三是表示预测对象与另外的预测对象之间相互关系的结构关系模型。

数学模型建立之后，就要选定预测方法，主要是定量预测方法，用以估计预测模型中的各个参数值。预测方法多种多样，一种预测模型可以有几种不同的预测方法，一种预测方法可应用于几种不同的预测模型。每种预测方法有各自的特点和适应条件，应根据预测对象的特征，具体选定合适的预测方法，并尽可能对同一预测对象采用不同的预测方法，以便比较分析。预测方法选用是否适当将直接影响预测值的可靠性和精确性。

根据已掌握的数据资料，运用选定的预测方法，就可求出参数估计值，从而得到预测方程或预测公式。根据预测方程，再输入有关资料、数据，经过运算，即可得到初步预测值。这一步是市场预测中关键的一步。如前所说，采用不同的预测方法来确定的参数估计值是不同的，因而常常会得到不同的预测结果，所以应对不同的预测值进行检验、分析和比较。

第四步，分析、评价、确定预测值。这一步是对初步预测结果的可靠性和准确性进行验证，估计预测误差的大小。预测误差越大，预测准确度就越小，而误差过大，就失去了预测应有的作用。此时，应分析原因，修改预测模型。同时，进行统计检验，看预测对象的影响因素是否有了显著变化，看过去和现在的发展趋势和结构是否能延续到未来。如果判断是否定的，就应对预测模型作必要的修改。在分析、评价的基础上，修正初步预测值，得到最终的预测结果。通过预测能解决一些问题，但再好的预测也存在着不实情况，因而预测不是预言，预测值与实际值总会有一定的误差。

【经验谈】

预测总是存在一定的误差，预测结果要达到100％准确，完全符合未来实际是不大可能的，一般经济预测学上认为90％左右的准确程度，就算相当成功了。也就是把误差控制在10％以内，误差过大就丧失了预测意义。

第五步，提出预测结果报告。预测报告应概括预测主要活动过程，列出预测目标、预测对象及有关因素的分析结论，主要资料和数据，预测方法的选择和模型的建立以及预测值的评价和修正，实现预测结果的政策建议等内容。

项目小结

本项目介绍了市场预测的含义、作用以及市场预测的基本原理、原则、种类、内容和一般步骤。

进行市场预测，首先应以市场调查为基础，遵循预测的可知性、系统性、服务性原理，坚持连续性、类推、相关、质量分析结合、可控制等原则；市场预测由于分类标志的不同表现为定性、定量等种类；一般市场预测是以市场需求、市场供给或市场营销环境为内容的；在市场预测中，需按照确定预测目标，收集分析资料，建立经济模型，选定预测方法，分析、评价、确定预测值，提出预测结果报告的程序进行。

市场预测是企业对未来经营状况进行预计、分析和推断的重要途径。

复习思考题

■ 基本训练

1.判断题

（1）市场预测越可靠，企业决策越正确，经营管理越有效，创造财富也越多。（　　）

（2）3年以上的预测一般称为长期预测。（　　）

（3）只要具备预测主体（即预测者）及其预测客体（即被预测对象）这两个基本组成部分，就可以进行预测并得到预测结果。（　　）

（4）预测的目标应尽量简洁，不能含糊、抽象。（　　）

2.选择题

（1）下列关于市场预测作用说法不正确的是（　　）。

　　A.市场预测是社会主义市场经济发展的要求

　　B.市场预测是企业营销活动的起点和经营决策的前提

C.市场预测有利于实现宏观调控

D.市场预测对企业全面了解市场概况起决定性作用

（2）商品的各生命周期在市场上表现出来的状况不一样，其中成长期的表现是（　　）。

A.量少，但缓慢增长　　　　　　B.量大，且增长较快

C.量大，但缓慢下降　　　　　　D.量少，且迅速下降

（3）下列有关市场预测原理说法不正确的是（　　）。

A.可知性原理　　　　　　　　　B.系统性原理

C.服务性原理　　　　　　　　　D.经济性原理

（4）下列对于在预测时对资料筛选的原则说法不正确的有（　　）。

A.相关性　　　B.可靠性　　　C.最近性　　　D.经济性

3.简答题

（1）简述市场商品供需平衡预测的内容。

（2）市场预测应遵循哪些原则？

（3）简述市场预测的一般过程。

■ 案例分析

案例1

新可口可乐跌入预测陷阱

曾经在朋友处听到这样一个美国式的幽默，假若你在酒吧向侍者要杯可乐，不用猜，十次他会有九次给你端出可口可乐，还有一次呢？对不起，可口可乐卖完了。可口可乐的魅力由此可见一斑。在美国人眼里，可口可乐就是传统美国精神的象征。但就是这样一个大品牌，20世纪80年代中期却出现了一次几乎致命的失误。

百事以口味取胜

20世纪70年代中期以前，可口可乐一直是美国饮料市场的霸主，市场占有率一度达到80%。然而，70年代中后期，它的老对手百事可乐迅速崛起，1975年，可口可乐的市场份额仅比百事可乐多7%；9年后，这个差距更缩小到3%，微乎其微。

百事可乐的营销策略是：

（1）针对饮料市场的最大消费群体——年轻人，以"百事新一代"为主题推出一系列青春、时尚、激情的广告，让百事可乐成为"年轻人的可乐"。

（2）进行口味对比。请毫不知情的消费者分别品尝没有贴任何标志的可口可乐与百事可乐，同时百事可乐公司将这一对比实况进行现场直播。结果是，有八成的消费者回答百事可乐的口感优于可口可乐，此举马上使百事可乐的销量激增。

耗资数百万美元的口味测试对手的步步紧逼让可口可乐感到了极大的威胁，它试图尽快摆脱这种尴尬的境地。1982年，为找出可口可乐衰退的真正原因，可口可乐决定在全国10个主要城市进行一次深入的消费者调查。

可口可乐设计了"你认为可口可乐的口味如何？""你想试一试新饮料吗？""可口可乐的口味变得更柔和一些，您是否满意？"等问题，希望了解消费者对可口可乐口味的评价并征询对新可乐口味的意见。调查结果显示，大多数消费者愿意尝试新口味可乐。可口可乐的决策层以此为依据，决定结束可口可乐传统配方的历史使命，同时开发新口味可

乐。没过多久，比老可乐口感更柔和、口味更甜的新可口可乐样品便出现在世人面前。为确保万无一失，在新可口可乐正式推向市场之前，可口可乐公司又花费数百万美元在13个城市中进行了口味测试，邀请了近20万人品尝无标签的新／老可口可乐。结果让决策者们更加放心，六成的消费者回答说新可口可乐味道比老可口可乐要好，认为新可口可乐味道胜过百事可乐的也超过半数。至此，推出新可乐似乎是顺理成章的事了。

背叛美国精神

可口可乐不惜血本协助瓶装商改造了生产线，而且，为配合新可乐上市，可口可乐还进行了大量的广告宣传。1985年4月，可口可乐在纽约举办了一次盛大的新闻发布会，邀请200多家新闻媒体参加，依靠传媒的巨大影响力，新可乐一举成名。

看起来一切顺利，刚上市一段时间，有一半以上的美国人品尝了新可乐。但让可口可乐的决策者们始料未及的是，噩梦正向他们逼近——很快，越来越多的老可口可乐的忠实消费者开始抵制新可乐。对于这些消费者来说，传统配方的可口可乐意味着一种传统的美国精神，放弃传统配方就等于背叛美国精神，"只有老可口可乐才是真正的可乐"。有的顾客甚至扬言将再也不买可口可乐。

每天，可口可乐公司都会收到来自愤怒的消费者的成袋信件和上千个批评电话。尽管可口可乐竭尽全力平息消费者的不满，但他们的愤怒情绪犹如火山爆发般难以控制。迫于巨大的压力，决策者们不得不做出让步，在保留新可乐生产线的同时，再次启用近100年历史的传统配方，生产让美国人视为骄傲的"老可口可乐"。仅仅3个月的时间，可口可乐的新可乐计划就以失败告终。尽管公司前期花费了2年时间、数百万美元进行市场调研，但可口可乐忽略了最重要的一点——对于可口可乐的消费者而言，口味并不是最主要的购买动机。（资料来源：柴庆春.市场调查与预测.北京：中国人民大学出版社，2013.）

问：1.为什么新可口可乐跌入预测陷阱？

2.新可口可乐背叛美国精神说明了什么问题？

案例2

肯德基在亚洲的成功

肯德基在亚洲的成功使其引人注目地成为一家全球性公司。由于美国人不断减少油炸食品的消耗量，肯德基在美国的市场份额一路下降；但在亚洲，肯德基已成为中国、韩国、马来西亚、泰国和印度尼西亚快餐业的领头羊。在日本和新加坡，肯德基仅次于麦当劳。肯德基在国外有1 470多家快餐店，每家店的平均年收益为12 000 000美元，比美国店的平均收益约高60%。冰岛市中心金明广场店是肯德基大家族中最繁忙的一家，这家店有701个座位，一年要为25 000 000位顾客服务。总的来说，肯德基的亚洲店吸引了那些中等收入的城市年轻工作者，因为他们的收入在不断增长。（资料来源，刘红霞.市场调查与预测.北京：科学出版社，2012.）

问：1.在中式快餐中，你认为有哪些公司能抢占肯德基现有市场？为什么？

2.在这些公司要获得成功必须克服哪些文化、自然或技术环境障碍？

项目九 定性预测方法

知识目标

了解定性预测法的概念，掌握对比类推法、集合意见法、德尔菲法的含义。

技能目标

能运用对比类推法、集合意见法、德尔菲法进行市场的定性预测。

能力目标

根据不同的环境和对象，准确运用不同的定性预测方法。

对于市场调查者或决策者来说，操作简单、操作成本低的预测方法无疑是会被首先采用的，而这种方法就是定性预测方法。

案 例

2013年上海中秋月饼市场分析预测

中秋赏月，吃月饼是中华民族传统的习俗，月饼作为团团圆圆的象征，寄托着人们对美好生活的向往。为搞好2013年的月饼产销供应，上海糖制食品协会不少会员企业春节后就开始对月饼的产品研发、包装设计、渠道拓展、价格制定和营销方案等进行了全面策划，精心准备，争取为2013年市场提供优质美味的月饼，丰富上海中秋节日市场。

2013年中秋节是9月19日，距离国庆还有12天，整个月饼产销正逢炎炎夏季，因此是行业内公认的"小年"，2013年国家强化廉政建设，推出一系列遏制公款消费的措施，对送礼消费将产生一定影响。2013年上海月饼产销将面临怎样的机遇和挑战，会取得怎样的经营业绩?是业内外人士十分关心的问题。在此，协会根据2013年市场的动态和消费的变化进行分析和预测，供各企业在确定2013年的月饼产销计划时参考。

市场变化及利弊因素分析

有利因素

经济稳步发展。中国经济逐步走出低谷、稳中有进。2012年全国实现国民生产总值（GDP）519 322亿元，同比上年增长7.8%。2012年上海实现生产总值20 101.33亿元，按可比价格计算，比上年增长7.5%。2013年一季度上海消费者信心指数达113.1，比上季增长1.5点。同时，一季度消费者现状指数达111.4，比上季增长1.7点，有利于销售。

市民逐年增加。上海人口逐年增加，带动消费基数自然增长。根据人口计生部门的统计，2012年上海市常住人口达到2 380万人，比2011年增加33万人。户籍常住人口1 420万人，增加8万人，非户籍常住人口960万人，增加25万人。这一庞大的人口基数将极大刺激本市刚性需求，提高食品消费。

居民收入提高。上海城乡居民收入上升。从2013年4月1日起，上海最低月工资从1 450元调整到1 620元，增长11.7%；2013年年初退休职工养老金增加，平均增幅300元，这已是连续7年增加；2012年上海全年城市居民家庭人均可支配收入40 188元，比上年增长10.9%；农村居民家庭人均可支配收入17 401元，增长11.2%。居民收入增加可有效刺激消费欲望的提升。

网点不断拓展。会员企业全方位拓展销售渠道。2012年年底会员企业共有营业门店1 524家，营业网点遍布上海的大街小巷，方便消费选购。不少企业利用电子商务平台开展了网上销售，极大地拓宽了销售渠道，方便了消费者，有利于市场份额的增加。

质量稳步提升。生产环境改善，设备投资增加。不少企业近年来改造厂房，新建厂房，把生产区域建成全封闭车间，同时添置全自动的广式月饼生产流水线，从投料到单粒月饼包装，一气呵成，减少污染环节，为保证质量打下了坚实的基础。

种类齐全。上海月饼海纳百川，消费选择性强。上海月饼除了传统广式、苏式、宁式之外，还有台式、炭烧类、冰皮类等创新口味的月饼，此外有不少企业顺应现代消费观念推出五谷杂粮健康型、咸味休闲型的新品。品种的丰富，为消费者提供了宽广的选择范围，有利于销售的提升。

不利因素

中秋远离国庆。2013年中秋节是9月19日，比2012年中秋节9月30日提早11天，不仅借不到国庆节的光，而且整个月饼产销期将遭遇高温酷暑的考验，在一定程度上会抑制消费购买和食用欲望，会影响上海月饼早期、中期销售。

投资渠道萎缩。股市持续低迷，难有赚钱效应。房市在"国五条"出台后，未来的走势依旧不容乐观，楼市仍处观望状态。黄金价格持续走低，连连下跌的国际金价让投资者望而却步。综上所述投资渠道萎缩，投资收益减少，不利于月饼销售提升。

廉政措施奏效。2013年年初中央提出加强廉政建设八项规定，遏制了"三公"消费，取得了一定成效。特别是高档礼盒月饼2013年的销路势必有所下降，会员企业要早做准备，随机应变。

工费升成本增。生产成本上升导致月饼定价非常敏感。2013年虽然月饼原辅料价格趋于稳定，但职工工资全面提高，使得月饼生产成本有所增加，如果提高价格可能影响销售，不提高价格则会影响企业利润，企业必须在提高产品价格还是降低利润之间寻求最佳的解决方案，争取做到双赢，我们预测2013年上海月饼价格不会有大变化。

禽流感菜价涨。目前上海和长三角禽流感传播，活禽断档，猪肉滞销，蔬菜价格猛涨。禽流感何日终至无人知晓，看来尚有时日，菜价高位还将继续延伸，会有较长时期的影响。市民在副食方面多支出就会减少其他方面的支出，不利月饼销售。

简包增售价降。随着全国范围低碳环保活动的深入，人们生活方式和消费习惯的进步，选购简包月饼将成为新潮流，促使企业更自觉地减少月饼包装物的使用，多产简包月饼满足市场需求。2013年月饼销售额会有所缩水。

2013年上海月饼产销预测

根据上述有利因素和不利因素分析，感到2013年月饼产销利弊因素大致相当，而且上海近几年来月饼销售持续提高，其产销量已经达到一定的高度，再要上升也有一定的难度。因此，预计2013年上海月饼销售将与去年基本持平或略有上升，即产量为2.5万吨，销售额为26亿元。（2012年全市产量为2.5万吨，销售额为25.3亿元）（资料来源：冯富生.上海中秋月饼市场分析预测.中国食品报，2013.6.23）

案例分析

月饼营销与其他行业一样都没有什么太大奥秘。有效的市场调查、准确的市场预测是整个营销战役成功的关键，通过试吃、搜集信息、总结失败经验等一些"笨方法"，可以使餐饮企业在营销过程开展之前实现定制化生产，合理控制库存量，最终为中秋决战做好保障。

任务一 定性预测方法的概念

定性预测方法可以对预测对象做出变动方向和性质上的推断，它是市场预测方法中常用的一种方法。定性预测方法是依赖于预测人员丰富的经验和知识以及综合分析能力，对预测对象的未来发展前景做出性质和程度上的估计和推测的一种预测方法。该种方法不用或很少用数学模型，预测结果并没有经过量化或者定量分析，所以具有不确定性。

一、定性预测的含义

定性预测是指预测者依靠熟悉业务知识、具有丰富经验和综合分析能力的人员与专家，根据已掌握的历史资料和直观材料，运用个人的经验和分析判断能力，对事物的未来发展做出性质和程度上的判断，然后，再通过一定形式综合各方面的意见，作为预测未来的主要依据。

定性预测在工程实践中被广泛使用，无论是有意还是无意的，特别适用于预测对象的数据资料（包括历史的和现实的）掌握不充分，或影响因素复杂、难以用数字描述，或对主要影响因素难以进行数量分析等情况。

定性预测偏重于对市场行情的发展方向和施工中各种影响施工项目成本因素的分析，能发挥专家经验和主观能动性，比较灵活，而且简便易行，可以较快地提出预测结果。但是在进行定性预测时，也要尽可能地收集数据，运用数学方法，其结果通常也是从数量上做出预算。

二、定性预测方法的优点

定性预测方法在现实与预测结果之间有一定的距离,但是在实践中,定性预测不断普及的势头一直不减,其原因在于以下几个方面:第一,定性预测通常比定量预测操作简单,且操作成本低。第二,由于定性预测收集的资料等大部分来源于消费现场,可以了解到消费者的动机及感觉,这是定量预测无法做到的。第三,定性预测方法往往是定量调查的前提,对于市场调查者或决策者来说,往往是把这两种预测方法综合使用。所以,当这两种方法被有效地结合起来后,可以更透彻地了解消费者的要求。

三、定性预测方法的不足

定性预测方法有很多优点,但也有其不足的地方,其表现在:第一,定性预测方法只能预测一些简单的事件,对一些技术要求比较高的决策事件无法提供准确的预测。第二,定性预测方法的主观性较强,往往由于个人主观的错误而带来整个预测结果的偏差。第三,由于个人之间的意见有时偏差较大,所有一般不易得出综合意见。

任务二 对比类推法

世界上许多事物的变化发展规律带有某种相似性,尤其是同类事物之间。所谓对比类推法,是指利用事物之间具有共性的特点,把已发生事物的表现过程类推到后发生或将发生的事物上去,从而对后继事物的前景做出预测的一种方法。对比类推法,依据类推目标,可以分为产品类推法、地区类推法、行业类推法和局部总体类推法。

一、产品类推法

有许多产品在功能、构造技术等方面具有相似性,因而这些产品的市场发展规律往往又会呈现某种相似性,人们可以利用产品之间的这种相似性进行类推。

【案例】

彩色电视机的营销

彩色电视机与黑白电视机的功能是相似的,因此可以根据黑白电视机市场的发展过程类推彩色电视机的市场需求变化趋势。电视机与家电产品的发展过程遵循:萌芽——成长——成熟——衰退的生命周期演变过程,不同阶段其市场需求特征是不同的。据调查,黑白电视机产品在5%以下家庭使用时,尚处萌芽期;在15%以下家庭使用时,属成长期;有30%家庭使用时,就进入成熟期;有70%家庭使用时,就属衰退期。所以,通过对黑白电视机发展过程进行分析,掌握黑白电视机各个阶段的市场需求特征及发生转折的时机,就可以对彩色电视机的市场需求进行估计。(资料来源:胡玉立.市场预测与管理决策.北京:中国人民大学出版社,2012.)

【案例分析】黑白电视机和彩色电视机两种产品在功能、构造技术等方面具有相似性，黑白电视机发展过程可以类推到彩色电视机发展过程，进行彩色电视机市场的预测。

二、地区类推法

地区类推法是依据其他地区（或国家）曾经发生过的事件进行类推。这种推算方法是把所要预测的产品同其他地区（或国家）同类产品的发展过程或变动趋势相比较，找出某些相类似的变化规律性，用来推测目标的未来变化趋势。

【案例】

街上流行红裙子

20世纪80年代，北京大街上处处见到年轻的女子穿着红裙子，红裙子在北京地区流行。没有多久，南京、上海、武汉、郑州市也流行红裙子。红裙子流行过后，又流行黄裙子、白裙子、黑裙子。北京电影制片厂还拍了一个电影《街上流行红裙子》。（资料来源：冯志强.现代企业管理.郑州：黄河水利出版社，2011.）

案例分析：商家依据北京地区红裙子营销的经验在其他地区进行有效的营销。

三、行业类推法

这种对比类推往往用于新产品开发预测，以相近行业的相近产品的发展变化情况，来类比某种新产品的发展方向和变化趋势。

例如：铝合金的特点是不生锈、不易变形、耐高温、轻而韧，做出来使东西有形状。铝合金最初使用是制造飞机，后使用在建筑业中，制造铝合金门窗。现在成本更低的塑钢代替了铝合金。都是从一个行业发展到另外的行业，先前行业的经验可以类推到现在的行业中进行研究。

四、局部总体类推法

局部总体类推法是指以某一个企业的普查资料或某一个地区的抽样调查资料为基础，进行分析、判断、预测和类推。在市场预测中，某一行业或整个市场的市场量，通过普查方式固然可以获得全面系统的资料，但由于主客观条件的限制，不可能对所有市场进行全面普查，只能局部普查或抽样调查。因此，在许多情况下，运用局部普查资料或抽样调查资料，预测和类推全面或大范围的市场变化，就成为客观需要。

事实上，事物发生的时间、地点、范围等许多条件的不同，常会使对比的事物在发展变化上有一定差异，如空调器的市场需求量就是受多种因素影响的。就空调器来讲，它不仅直接受消费者家庭收入水平的影响，而且受消费者的购买动机、购买习惯、兴趣爱好、品牌偏好以及供求情况和价格水平的影响，还受其他耐用家电消费的供求情况和价格的影响。因此，以某一个市场的资料预测其他市场的需求量，显然会发生误差。然而在实践中，空调器作为一种正在进入成熟期的家电产品，销售量基本上是稳定的，起伏波动较小，因而实际销售量的差异又可以近似地综合反映各地市场需求状况的多种差异。所以可简化运算，不再另外引入消除其影响的变数。同时由表9-1中可看到，各地市场实际销售量的差异是很大的，除需求的水平差异外，显然家庭户数也有很大的差异。这样预测时，要根据这些差异进行一定的修正,以提高类推预测法的精度。

例如,为消除家庭户数对需求量的影响可以引入销售率:

$$销售率=实际销售量\div家庭户数\times 100\% \qquad (9.1)$$

销售率反映着各地市场的消费水平。各地市场销售率的差异可以近似地反映各市场之间需求水平的差异。这样,就可以以各市场销售率的差异为基准,预测其他各市场的需求量。下面我们以表9-1中的数据为预测样本,试对空调器在这五个城市今年销售情况做出预测。

首先设:Y代表实际销售量;α代表销售率;m代表需求率;N代表家庭户数;x_i代表各地市场($i=1,2,\cdots,5$)。

具体步骤为:

(1)计算各市场销售率,公式为:

$$\alpha x_i = \frac{Y}{N}$$

(2)以x_1为基准销售率指数,计算各市场的销售率比。销售率的比是指以x_1的市场销售为基准的销售率指数,如x_2的市场销售率比为$\frac{\alpha x_2}{\alpha x_1}$,其含义为当$x_1$的市场量为100时,$x_2$市场的销售量即为100×销售率比。

(3)计算需求率。X_1市场的销售率比为$\frac{\alpha x_i}{\alpha x_1}$,需求率比则为$\frac{m x_i}{m x_1}$,销售率比约等于需求率比。所以,$x_i$市场的需求率$mx_i \approx mx_1$。经计算,$X_1$市场的需求率为0.04,它表明$x_1$市场的需求率为1时,每百户需空调器4台,其他市场的需求率可能高于1或低于1,每百户的需要量则可利用上述公式得出。

(4)根据各市场的需求率和家庭户数,计算需求量。如:x_2市场的需求量=家庭户数×需求率。

(5)将各市场的需求相加即得到整个市场的预测需求量。

例如:

某家用电品公司打算开拓五个城市的空调器市场而进行了调查,获得2013年的空调器市场销售量,如表9-1所示,预测2014年需求量。

表9-1　　　　　　　　五个城市去年空调器市场销售量

市场	X_1	X_2	X_3	X_4	X_5
实际销售量/台	1 900	3 600	2 800	7 800	4 000
家庭户数/万户	200	180	130	490	210

【分析提示】

经过对市场200万家庭住户的抽样调查,2013年对空调器的购买量为每百户4台,即需求率为0.04,得出市场预测值为8万台,但这仅是对一个城市的抽样调查,其他四个城市需求量如何,就要采用局部总体类推法,以一个市场资料为基础,来类推其他四个市场的需求量,最后加以综合。在应用局部总体类推法进行预测时,应注意,该方法建立在事物发展变化的相似性基础上,相似性并不等于相同。

【小思考】对比类推法有哪几种?如何将企业的业务不断扩大?

答:有产品类推法、地区类推法、行业类推法和局部总体类推法。进行不断的预测发现企业运行的规律,用规律指导行为做大企业。

任务三 集合意见法

集合意见法又称集体经验判断法,它是利用集体的经验、智慧,通过思考分析、判断综合,对事物未来的发展变化趋势做出估计。由于企业内的经营管理人员、业务人员等比较熟悉市场需求及其变化动向,他们的判断往往能反映市场的真实趋势,因此它是进行短期、近期预测的常用方法。

集合意见法的预测步骤如下:

第一步,由若干个熟悉预测对象的人员组成一个预测小组,并向小组人员提出预测项目和预测的期限要求,并尽可能地向他们提供有关资料。

第二步,小组人员根据预测要求,凭其个人经验和分析判断能力提出各自的预测方案,同时每个人说明其分析理由,并允许大家在经过充分讨论后,重新调整其预测方案,力求在方案中有质的分析,也有量的分析;有充分的定性分析,又有较准确的定量描述。在方案中要确定三个重点:①确定未来市场的可能状况。②确定各种可能状态出现的概率(主观概率)。③确定每种状态下市场销售可能达到的水平(状态值)。

第三步,预测组织者计算有关人员的预测方案期望值,即各项主观概率与状态值乘积之和。

第四步,将参与预测的有关人员分类。由于预测参加者对市场了解的程度以及经验等因素不同,因而他们每个人的预测结果对最终预测结果的影响作用有可能不同。所以要对每个人员分别给予不同的权数表示这种差异,最后采用加权平均法获得最终结果。若给每个预测者以相同的权数,则表示各预测者的预测结果的重要性相同,那么最后结果可直接采用算术平均法获得,也可用中位数统计法获得。

第五步,确定最终预测值。应用集合意见法,最明显的优点是可以集思广益,避免个人独立分析判断的片面性,但它同样也存在着不足。例如,有许多企业都把完成销售计划的情况作为考核销售人员业绩的主要依据,故销售人员一般都希望尽量把计划压低,从而超计划部分可获得更多的奖励。这样在预测时,销售人员就不愿把那些有可能争取到的销售数字估计进去,这一切的最终结果是降低了销售预测的准确性。因此,在使用销售人员预测时,可采取一定的措施加以限制,如把预测结果同评定销售业绩分开。国外用得比较多的方法是用一个经验系数去修正每个销售人员的原预测结果,具体做法是统计每个销售人员历年的预测值与实际销售额的差距,并计算出这一差距的百分比(与实际销售额比)作为调整系数,用调整系数来修订预测值。如某销售人员预测下一年度企业的销售额为

2 200万元，依据以往资料分析，实际值总是比该销售员的预测值高5%，因此预测的修正值为2 200×（1+5%）=2 310（万元），最后由每个销售人员的预测修正值得到最终销售预测值。

【小思考】为什么使用集合意见法时要尽可能地让不同利益的人参加？

答：主要是为了避免有共同利益的人受利益驱动，故意得出有利于自己的预测结果。

例如：某公司总经理召集销售部经理、市场部经理等人员对某种商品下一年度的销售量进行判断预测，他们的预测估计如表9-2所示。

表9-2　　　　　　　　某公司年度销售，预测计算表　　　　　　　　单位：万台

预测人员	销售量估计值						预测值
	最高销售量	概率/%	最可能销售量	概率/%	最低销售量	概率/%	
销售部经理	2 600	32	2 500	45	2 300	23	2 486
财务部经理	2 550	25	3 450	50	2 250	25	2 925
市场部经理	2 700	30	2 500	47	2 400	23	2 537
分销商代理	2 610	28	2 300	45	2 100	27	2 333

表内预测值栏的数据点为各种情形下的销售量估计值与概率乘积之和。例如，对销售部经理而言，其预测为2 600×32%+2 500×45%+2 300×23%＝2 486（万台）。其他各位预测者的预测值计算方法相同。

【分析提示】

由于预测者对市场的了解程度以及经验等因素不同，因而他们每个人的预测结果对最终预测结果的影响及作用有可能不同，可分别给予不同的权数表示差异，最后采用加权平均法。若各位预测者的重要性相等，则可用算术平均法。在此例中，调查预测人员从各方面因素考虑，给各人的权数分别为销售部经理6、财务部经理5、市场部经理5、分销商代理7。

任务四 德尔菲法

一、德尔菲法的基本概念

德尔菲法是1960年由美国兰德公司（Rand Corporation）的海默（Olaf Helmer）等人发明的长期预测方法。运用德尔菲法的第一步是组成专家小组，然后以一系列的问卷向专家小组的每一成员分别询问；依据专家们对前一个问卷的答复拟下一个问卷，直到获得一个相对一致的预测值为止。利用德尔菲法进行预测时需要有一位协调者居中策划协调、拟订问卷、整理并综合专家们对未来的估计。此方法可以减少多数意见造成的晕轮效应或称见

风转舵效应。

德尔菲法同常见的召集专家开会、通过集体讨论、得出一致预测意见的专家会议法既有联系又有区别。德尔菲法能发挥专家会议法的优点，即能充分发挥各位专家的作用，集思广益，准确性高。能把各位专家意见的分歧点表达出来，取各家之长，避各家之短。同时，德尔菲法又能避免专家会议法的缺点：权威人士的意见影响他人的意见；有些专家碍于情面，不愿意发表与其他人不同的意见；出于自尊心而不愿意修改自己原来不全面的意见。

二、德尔菲法的运用

由于德尔菲法应用日益广泛，所以有进一步说明的必要。在高科技日新月异的情况下，预测工作更显不易，长期预测更难。在足够的时间和资源条件下，德尔菲法无论在方法预测还是销售预测方面，都极具效力。

1.德尔菲法的运用步骤

第一步：选出讨论会的会员。由三分之一的本企业的专家，三分之一本行业的专家，三分之一的社会专家组成。研究结果表明，讨论会若由10～50位专家组成，得到的结果就很可靠。

第二步：让全部专家背靠背，将一份开放式问卷（或称最初阶段问卷）分送给讨论会成员，请他们描述在某一领域中可能发生的特殊事件。将问卷收回并整理汇总，得出一份包括所有事件的清单，然后换用更明晰的文字表示，作为第二阶段问卷的内容。

第三步：请这批专家就问卷内的问题（即事件），预测其发生的时间，并说明理由。主持人收回问卷后，将资料统计出来，并汇总不同答案和根据的理由，编成第三阶段问卷。

第四步：在第三阶段问卷中，除包括相同事件外，还包括第二阶段估计事件发生的时间的中位数及其上、下四分位数以及各种理由。再将这份问卷送给讨论会的成员，请他们参考这些统计数字及理由，重新决定是否修正原来的估计数字或增减理由。

$$\text{数目小} \xleftarrow{\quad A \quad B \quad C \quad D \quad E \quad F \quad G \quad H \quad I \quad J \quad K \quad} \text{数目大}$$

$$\text{上}\frac{1}{4}\text{中位数} = \frac{B+C}{2} \qquad F = \text{中位数} \qquad \text{下}\frac{1}{4}\text{中位数} = \frac{I+J}{2}$$

$$\text{上、下四分位数} = \frac{\frac{B+C}{2} + \frac{I+J}{2}}{2} \tag{9.2}$$

如果对某一事件的新答案超出原来统计的四分位数范围，则须提出新的理由来解释，并说明与其看法不同的地方。收回这份问卷后，主持人将资料汇总，编列统计数字、理由及评论文字，再加上事件清单，编成第四阶段问卷。

第五步：这个程序背后所根据的理论，在于每经过一次新的问卷，所得的答案就渐次缩小范围。因为成员从他人的意见中获取新知识，进而修正了自己的看法。即使答案所列的时间仍有很大的差距，成员彼此也能了解不同意见背后的假设及理由。理论上，这个程序可以一直延续下去。但根据以往有关研究来看，在第四阶段后，再将问卷送出去已没有多大好处，可以告一段落。

2.专家的选择

第一步：先决定成员是全由公司内部人员组成，还是需要聘请外界专家。其决定应考虑下列两点：

（1）本次专家所得的预测结果，必须严格保密，才能产生效果。

（2）本企业内是否有足够的专家，这些专家是否都具有广泛的知识。

第二步：确定一份专家名单，然后分别派人接洽，主要的目标在于选出具有各种不同背景和职位的专家。

德尔菲法能否成功，要看这些专家是否全心全意且不断地参与。因此，在发出最初阶段问卷之前，必须先获得对方的承诺。在获得专家成员承诺时，应向专家说明下列几个事项：

（1）解说德尔菲法的程序，包括为何使用、过程如何以及成员们大约需投入多少时间与精力等。

（2）本次德尔菲法研究的目的，包括为何要从事此次研究、如何进行以及对从事研究的公司有何益处等。

（3）参加的成员将得到哪些利益。唯有给予相当的报酬，成员才愿意花费时间和精力做真正的承诺。激励的方法很多，视成员的工作及本次研究的主题而定。如：①成员可以学习德尔菲法，以后自己做预测时可以运用。②由于德尔菲法程序是以回归及交互影响为基础的，因此成员和进行研究的公司一样，可以学习到许多新的知识。成员所提出的概念，都会获得回馈，而同一领域中其他专家的情报以及对未来的预测结果，都可借助程序的进行而获悉。这些情报，若是由每个人自己来汇集，所花的时间和精力，势必将数倍于此。③如果该次德尔菲法研究所得的情报，对成员而言没有多大用处，则最好赠送礼物或支付酬金给成员。将成员视同公司的顾问，以其投入的时间及精力的多少而获得金钱上相当的报酬。

3.注意事项

要做一次成功的德尔菲法研究，过程相当不容易，有若干操作上易犯的错误应予避免：

（1）第二阶段开始的问卷，事件描述文字必须清楚明确，使每位成员对文字的解释一致。如果答案的差异是由于对问题的解释不尽相同所造成的，汇总答案就没有意义。因此，诸如"一般"、"显著"、"广泛使用"、"常态"等模棱两可的字眼，最好不要使用。在寄出前，应先由专人查阅一遍问题及提示，并预先试行作答，以防有意义混淆之处。

（2）每个问题只可包括一个事件，不得出现重复的事件。否则，成员对问题的一部分有一种看法，对另一部分又有不同的看法，就无法得到正确的情报。例如，"你认为足球与篮球运动将更普及、更不普及或不变"或是"由人驾驶的核子动力火箭将在哪一年到达火星"等问题，很可能造成混淆，产生错误的答案。就第二个问题而言，什么才是重要的？是人类到达火星，还是核子动力火箭到达火星？

（3）问卷形式必须易于填答。问题须编排得容易阅读；答案应该为选择式或填空式；希望另有评论时应留出足够的空白；回件的信封及邮票需一并备妥等。

（4）无论在何种情况下，主持人须避免将自己的看法暴露给成员。因为这些人都是挑选来的专家，不需别人的忠告，这会使他们对主持人的意见产生偏见，而使研究本身发生偏差。如果主持人发现成员忽略了某些要点，也必须承认自己在选择成员时已经失败，必须重新开始选择新的成员，或将新成员加进原有的成员中。

（5）任何成员均不应知道其他成员的名字。这种不具名方式才能确保对概念及意见的判断公正。

（6）成员须有充足的时间回答问卷。

（7）要有足够的人员处理回卷。如果只有一个讨论会，则一位职员加上一名秘书就已足够。但若不止一个，则应增加人手。

4.成功的条件

德尔菲法在下列情况下特别有利：

（1）情报来自许多行业。成员来自的行业多，职务背景不相同，有些成员还可以请教他们公司的其他同事来回答不熟悉的问题。因此，最后得到的情报不但数量多，种类也异，远非其他方法可以比拟。

（2）意见趋于一致。研究人员所面临的问题之一，是从各种不同的意见来源产生的数据中，做出单一的预测。理论上，德尔菲法可使成员的意见趋于一致，事实上也是如此。在研究实例中，80%的问题从一开始或经过随后三个阶段的再访后，都取得相当高的一致性，而在一开始及第三阶段的答案差异，还不到2%。

（3）对理由的评论。使成员的意见趋于一致的主要有两股主要力量：一股是统计数字；另一股是解释的理由。当某一成员发现自己的答案居于少数，又不太肯定自己的立场时，会改变答案。但若有理论根据，就会更坚持己意，而这正是"少数"答案（可能就是正确的答案）成为一致答案的唯一方法。每项答案背后的理由及评论，在使成员的意见趋于一致上非常有效。因此，最后达到一致的不一定就是原来的多数答案，有时也会趋于少数的那端。

（4）成员高度参与。参加成员不仅对研究有兴趣，而且充分地投入。这可以从实证研究的事实显示出来：每位成员平均投入7个小时以上；大约有90%的成员自始至终都参与研究，没有中途退出。

三、德尔菲法的缺点

德尔菲法作为一种主观、定性的方法，不仅可以用于预测领域，而且可以广泛应用于各种评价指标体系的建立和具体指标的确定过程。例如，我们在考虑一项投资项目时，需要对该项目的市场吸引力做出评价。我们可以列出同市场吸引力有关的若干因素，包括整体市场规模、年市场增长率、历史毛利率、竞争强度、技术的要求、能源的要求、环境的影响等。市场吸引力的这一综合指标就等于上述因素加权求和。每一个因素在构成市场吸引力时的重要性即权重和该因素的得分，需要由管理人员的主观判断来确定。这时，我们同样可以采用德尔菲法：

（1）研究时间不易预估。拖延时间的主要原因是问卷回收时间的延迟。

（2）叙述问题的文字力求明确，但仍不免有歧义发生，或可作不同解释之处。

（3）参与成员对问卷不明确的提示易产生误解。

（4）在第二阶段以后的问卷内，所包括的问题数目太多。理想的德尔菲法程序应该只包括25个左右的问题。

【小思考】德尔菲法的缺点产生的原因是什么？

答：由于专家们的意见取舍取决于预测的组织人员，所以是否客观、真实，直接影响专家们的判断结果。

任务五 其他定性预测法

在市场预测过程中对产品生产、销售前景做出定性预测，下列几种方法是专门针对消费倾向的定性预测法。

一、购买意向预测法

购买意向预测法是指通过一定的调查方法（如抽样调查、典型调查等）选择一部分或全部潜在购买者，直接向他们了解预测期购买商品的意向，并在此基础上对商品需求或销售做出估计的方法。在缺乏历史统计数据的情况下，运用这种方法，可以取得数据，做出推断。因而，这种方法在市场调查预测中得到广泛的应用。特别是对高档耐用消费品比较适用，能使供应商对市场提供适销对路的产品。但该预测方法的缺点是只能预测一些具有共同特征的产品，而对某种具体品牌的产品缺乏指导意义。

购买意向预测法是指通过一定的调查方式（如典型调查、抽样调查等）选择部分消费者调查其未来某种商品的购买意向，并在此基础上对商品需求量或销售量进行预测的方法。在缺乏历史统计数据的情况下，运用这种方法，可以取得数据资料，做出市场预测。

购买意向预测法的步骤为：

首先，将消费者的购买意向分为不同等级，用相应的概率来描述其购买可能性大小。例如：耀华公司将消费者的购买意向分为5个等级，其对应的购买概率，见表9–3。

表9–3　　　　　　　　　　耀华公司购买意向概率表

购买意向	肯定购买	可能购买	未定	可能不买	肯定不买
概率P/%	100	80	50	20	0

其次，向被调查者介绍所要调查的商品的具体情况，如耀华公司电脑的性能、特点、价格，同类商品的性能、价格等，以便于被调查者准确地做出选择判断，并调查被调查者的购买意向。

再次，对购买意向调查资料进行分析、整理并汇总列表。该公司对该市300户居民进行了电脑购买意向调查，该市居民为12万户，资料整理汇总见表9-4。

表9-4　　　　　　　　　　　各种购买意向相应的概率人数

购买意向	肯定购买	可能购买	未定	可能不买	肯定不买
概率P/%	100	80	50	20	0
人数（户数）	4	10	20	110	156

最后，计算购买比例的期望值，并预测购买量。
购买比例的期望值为

$$\frac{4\times100\% + 10\times80\% + 20\times50\% + 110\times20\% + 156\times0}{300} = \frac{4+8+10+22}{300} = 14.7\%$$

下半年电脑销售量预测值为：14.7%×12=1.764（万台）
该市下半年电脑销售量预测值为1.764万台。

购买意向调查法适用于高档耐用消费品和生产资料等商品销售的预测，一般消费品购买缺少计划性，很难了解消费者的购买意愿，一般不适用。值得指出的是，当市场上存在多种性能、价格都类似的产品时，企业很难就某种特定的产品进行购买意向的调查。因为不少消费者往往需要到商店购买时，才能决定购买何种品牌的产品。购买意向预测法也可用来预测消费者对商品花色、品种、款式、规格、价格等方面的需求，以便生产企业能够更好地向市场提供适销对路的产品。

二、市场联测法

联测法是指企业以某一典型市场的调查资料为基础，运用分析、判断、联测的方法，对其他市场或整体市场进行预测的方法。

由于主客观条件的限制，企业不可能对整个市场进行全面普查，只能是重点调查或典型调查。因此，在许多情况下运用某一典型市场的调查资料，经过分析、判断，对其他市场或整个市场进行联测，就成为客观需要。运用联测法，其关键在于选定的样本市场应具有典型性和代表性，应是总体市场的缩影，即能反映市场总体的全貌。

例如：华威集团为了开拓四个城市汽车的需求市场，用联测法预测2014年四个城市汽车总需求量。

用X_1、X_2、X_3、X_4分别代表企业要开拓汽车销售的四个城市市场。居民对汽车的需求与居民收入水平、供电和住宅状况有关，而X_1、X_2、X_3、X_4四个城市的居民收入、住房条件、供电状况大致相同。因此，可以用对某一城市汽车需求作抽样调查，如以X_1为样本城市进行调查，并以这一城市抽样调查资料为依据，联测其他三个城市的汽车需求量。其具体步骤如下：

第一步，收集四个城市2013年汽车销售数字和居民户数的资料，并计算销售率。通过间接调查，这一方面资料如表9-5所示。

表9-5 四个城市2013年汽车销售统计资料

市场	X_1	X_2	X_3	X_4
实际销售量/台	6 000	7 600	8 400	5 300
居民家庭/万户	4	5.2	6	3.5
销售率/（台/户）	0.15	0.146	0.14	0.151

销售率的公式如下：

$$C_i = \frac{实际销售量}{居民户数} \tag{9.3}$$

按上式计算四个城市2013年汽车销售率分别为0.15、0.146、0.14、0.151。

第二步，计算四个城市2014年汽车需求率。

由于对X_1城市居民进行抽样调查，得知每百户居民汽车需求量为11台。若用D_i表示需求率，则对于X_1城市需求率为：

$$D_1 = \frac{实际销售量}{居民户数} = \frac{11}{100} = 0.11$$

对X_2、X_3、X_4城市没有进行抽样调查，通过联测法间接求得它们的汽车需求率D_2、D_3、D_4。

由于四个城市2013年销售率差异可以近似反映四个城市2014年需求的差异。这样两个城市的销售率之比近似等于两个城市需求率之比。即

$$\frac{D_2}{D_1} = \frac{C_2}{C_1} \left(或 \frac{D_3}{D_1} = \frac{C_3}{C_1}, \frac{D_4}{D_1} = \frac{C_4}{C_1} \right)$$

由此，不难求出X_2、X_3、X_4城市的需求率D_2、D_3、D_4。

$$D_2 = \frac{C_2}{C_1}D_1 = \frac{0.146}{0.15} \times 0.11 = 0.107$$

$$D_3 = \frac{C_3}{C_1}D_1 = \frac{0.14}{0.15} \times 0.11 = 0.103$$

$$D_4 = \frac{C_4}{C_1}D_1 = \frac{0.151}{0.15} \times 0.11 = 0.11$$

第三步，根据各城市需求率计算四个城市汽车需求量。

需求量计算公式为

$$需求量 = 需求率 \times 居民户数$$

各城市的汽车需求量分别为

X_1城市需求量＝0.11×40 000＝4 400（台）

X_2城市需求量＝0.107×52 000＝5 564（台）

$$X_3 \text{城市需求量} = 0.103 \times 60\,000 = 6\,180 \text{（台）}$$
$$X_4 \text{城市需求量} = 0.11 \times 35\,000 = 3\,850 \text{（台）}$$

最后，确定四个城市2014年汽车总需求量预测值为
$$4\,400 + 5\,564 + 6\,180 + 3\,850 = 19\,994 \text{（台）}$$

以上就是仅根据X_1城市抽样调查资料而预测出X_2、X_3、X_4的需求率，进而求得四个城市汽车需求预测值。

三、主观概率预测法

概率有客观概率和主观概率两种表现形式。客观概率是指某一实验重复无限多次时，其中的某事件发生的次数。它只适用于在相同条件下可以多次重复实验的情况。例如，一枚硬币可以反复无数次的抛掷，结果出现正面和反面的概率都是50%。由历年气象数据统计得到的某地某月某日无雨的概率为客观概率。但是，在经济预测中，许多经济事件不能重复实验，特别是在事件发生之前就要估计它出现的概率。这就需要有主观概率。

主观概率预测法是不基于统计资料而是基于主观预测的概率，人们根据自己的经验和知识对某一事件可能发生的程度给出一个主观估计数。例如，预报员根据气象观察数据和理论，预测未来某天无雨的概率，营业员估计某商品有80%的可能是积压滞销，管理人员估计明年利润上升的概率为90%，这些都是个人主观的估计判断，反映个人对某事件的信念程度，因而是一种主观概率。主观概率法的适应性很强，在预测中越来越受到重视。

不同人对同一事件的判断，由于其知识经验和认识能力的不同，会有所差别，对同一事件在同一条件下出现的概率，不同的人可能提出不同的主观概率，并且主观概率是否正确也无法核对。例如，一个销售人员预测明年销售量上升的概率为80%，另一个则认为明年的销售量上升的概率只有60%，这时，无法判断谁提出的概率是正确的。如果明年的销售量上升了，也不能证明上升的概率是80%还是60%。因此，寻求合理的或最佳的估计概率，常要调查较多人的主观估计，并了解他们提出的主观概率的依据。

主观概率法是一种适用性很强的预测方法，可用于人类活动的各个领域。但是它要求被调查者懂得概率及积累概率的意义，这样才能做出准确的估计和判断。有时需要对被调查者事先进行简单的培训，让被调查者熟悉和掌握这种方法。此外，还有必要了解被调查者预测的依据。

现以某地商品销售额预测为例，说明主观概率法的预测步骤：

（1）准备预测资料并提出预测要求。应尽可能向被调查者提供详尽的资料，这样有利于被调查者做出更准确的判断。

例如：将某地过去若干年的商品销售额资料按月整理成表9-6，供被调查者参考。要求预测2014年11月份商品销售额，预测误差不得超过6万元。

表9-6　　　　　　　　　　　　某地商品销售历史资料　　　　　　　　　　单位：万元

月份	2010年	2011年	2012年	2013年
1	62	70	166	212
2	56	68	175	208
3	58	66	192	212
4	60	70	176	204
5	59	75	166	206
6	60	70	188	218
7	68	92	191	225
8	63	80	198	
9	60	80	202	
10	58	88	210	
11	61	98	212	
12	62	126	208	

（2）制定调查表，收集被调查者的预测数据。调查表是用来调查各个被调查者对未来销售额增长趋势估计的主观概率，以获取可以用来预测2014年11月份销售额的资料。为了更加方便地统计预测数据，通常先确定累积概率（主观概率），将累积概率值在0～1分出多个层次，如0.1，0.2，0.3，…，0.99等，然后由被调查者按相应的概率填写预测数据（销售额）。表9-7为主观概率调查表。

表9-7　　　　　　　　　　　　主观概率调查表

被调查人姓名：　　　　　　　　　　　　　　　　　　　　　　　　　　　　单位：万元

累积概率	0.010（1）	0.125（2）	0.250（3）	0.375（4）	0.500（5）	0.625（6）	0.750（7）	0.875（8）	0.990（9）
商品销售额									

注意，表中第1栏累积概率为0.010的商品销售额是可能的最小数值，表示小于该数值的可能性只有1%。表中第9栏累积概率为0.990的商品销售额是可能的最大值，说明商品销售额大于该数值的有1%。表中第5栏累积概率为0.500的商品销售额，表示大于和小于该数值的机会都是50%。

（3）汇总整理。将各个被调查者填写的预测值加以汇总，并计算出各栏平均数，见表9-8。

表9-8　　各个被调查预测值汇总　　单位：万元

被调查人	0.010 （1）	0.125 （2）	0.250 （3）	0.375 （4）	0.500 （5）	0.625 （6）	0.750 （7）	0.875 （8）	0.990 （9）
A	190	193	194	197	200	200	204	205	208
B	177	189	192	194	198	200	204	205	225
C	184	190	192	198	202	204	206	208	230
D	194	195	196	197	198	199	200	201	202
E	197	198	200	203	205	208	210	212	218
F	168	179	180	184	290	192	2194	196	198
G	192	198	200	206	207	212	216	219	224
H	180	184	186	189	194	195	198	200	205
I	189	189	189	191	192	193	194	195	198
J	196	202	292	205	205	209	212	213	220
平均数	186.7	191.7	193.1	196.4	199.1	201.4	203.8	205.4	212.8

（4）判断预测，根据汇总表，可以做出如下判断：

该市2014年11月份的商品销售额最低可达186.7万元。小于这个数的可能性为1%。

该市2014年11月份的商品销售额最高可达212.8万元。超过这个数的可能性也只有1%。

可以用199.1万元作为2014年11月份该市商品销售额的预测值。这是最大值与最小值之间的中间值。其累积概率为50%，是商品销售额期望值的估计数。

取预测误差为6万元，则预测区间为［（199.1-6），（199.1+6）］，即商品销售额的预测值在193.1万～205.1万元。

预测商品销售额在193.1万～205.1万元，在第3栏到第8栏的范围之内，其发生概率相当于：0.875-0.250＝0.625。也就是说，商品销售额在193.1万～205.1万元的可能性为62.5%。扩大预测误差的范围，可以提高实现的可能性。例如，要求误差在±12万元以内，则预测区间为187.1万～211.1万元，在第1栏到第9栏的范围之内，其相应概率为0.99-0.01-0.98，即商品销售额在187.1万～211.1万元的可能性达到98%。在实际应用中，还需要研究过去已做过的预测和实际发生数的偏差，计算出平均偏差，并以此对预测值进行校正。

四、预购测算法

预购测算法是根据顾客的预购订单和预购合同，来推测估计产品的需求量。这种方法主要运用于一些生产企业和批发企业的微观预测。对生产企业来说，宜用这种方法测算新产品、特需商品以及价格高的商品的需求量，这样可以避免由于产品资金的积压而给企业带来损失。对商业企业而言，特别是商业批发企业，常用此法来测算估计销售额，可以避免在数量和品种上造成的适销不对路。

预购测算法是一种比较简单有效的方法,在使用过程中应该注意两点:一是要考虑订货单和购货合同的履约率。因为有了订货单和购货合同并不等于商品已售出。由于市场的宏观和微观环境无时不在变化,变更订货单和合同的情况客观存在,预测人员可根据多年的合同执行情况,估计一个履约率。二是要考虑订单和合同的追加率,出于对合同履约率产生原因的同样考虑,常会发生签约后临时追加订货的情况。因此预测人员在采用预购测算法预测需求时,应根据合同订单的履约率和追加率,对各订货数进行修正、调整。

五、消费水平预测法

消费水平预测法主要是利用对消费水平和消费人数或户数这两个基本量的直观分析判断,并辅以简单推算来预测消费品需求量。根据消费品的消费特点不同,一般可分为非耐用消费品、一般耐用消费品两种不同的形式,下面分别阐述。

1.非耐用消费品的消费水平

非耐用消费品主要是指那些被消费使用后,商品实体随之消失,或虽然实体尚在,但其价值较低,使用期较短的商品,如一些日用品、食品、燃料等易耗品,均属于非耐用消费品。用消费水平预测法预测非耐用消费品,主要是利用一定时期内某种消费品需求量等于人数(户数)乘以消费水平这个关系式来预测需求量,估计公式为:

$$S = j \times g \tag{9.4}$$

式中:S 为预测期非耐用消费品的需求量;j 为预测期某个市场范围的平均人数(户数);g 为消费水平,也即一定时期内每人(每户)平均需求量或消费量,也称人均(户均)需求量。

上述估计式预测需求量的关键是估算出人数(户数)和消费水平。人数(户数)的测算一般可直接从统计资料得到。需要注意的是,人数(户数)的范围应与预测地区一致。若是预测某些特定消费对象需用的消费品,如儿童用品、妇女用品等,则可以按该类特定消费者人数核算。

采用消费水平预测法的关键在于能否正确估算预测期的消费水平。消费水平的估算主要有以下几种途径:

(1)利用历史数据,在分析历年的消费水平基础上,估计预测期的消费水平。如历史消费水平变化平缓,可取历年消费水平的平均值为预测期的消费水平。

(2)利用相关因素分析法,估计预测期的消费水平,即在预测前期的消费水平基础上,分析各种影响消费水平变化的因素,并进一步分析哪些因素促使消费水平提高或下降,最后对消费水平发展变化趋势做出推断。

(3)利用调查资料得到,可直接利用某些消费者购买力调查估算平均水平,也可利用我国各级城乡经济调查队的有关调查资料,掌握不同收入水平的家庭对某种消费品的人均(户均)需求量数据,从而推算出预测期的消费水平。

上述各种方法可同时使用并相互印证。

2.一般耐用消费品的消费水平预测法

一般耐用消费品主要是指那些价格较低,但使用期限较长的一类商品。这类消费品需求的特点是：由于价格较低，一般家庭或个人都已拥有，因此对这类商品的需求主要是来源于对原有消费品的更新，即更新量，故这类消费品的需求不仅与原拥有量有关，还与商品的年更新率，即年更新系数有关。年更新系数大，相对需求大，反之相对需求量就小。故此类消费品的需求量可用下式表示：

$$S = j \times g \times i \qquad (9.5)$$

式中：S为预测期的需求；j为人数（户数）；g为消费水平，指每人（每户）的拥有量；i为年更新系数。

上式中j、g的估算前面已介绍，与非耐用消费品类似。这里主要介绍年更新系数的估算。

年更新系数是指现有保有量中每年废弃部分需要更新补充的比例系数，通常以百分率表示。耐用消费品被废弃有两种情况：一是完全失去使用价值，不能修理使用，只能废弃；二是商品本身有一定使用价值，因花色、款式等陈旧而废弃不再使用。前者的年更新系数，可根据耐用消费品的平均使用年限估计。平均使用年限，可以通过典型调查获得，或者根据前几年的销售资料推算。后者的年更新系数可以通过抽样调查获得。若两种情况同时存在，可以一并通过抽样调查获得总的年更新系数；若两者的年更新系数都已分别得到，总的更新系数可直接把两者相加得到。

3. 高档耐用消费品的消费水平预测法

高档耐用消费品是一些能够经久耐用，价格比较高的消费品，如电视机、空调、汽车等。高档消费品的特点是价格高，市场需求量处在未饱和状态，存在一部分要更新，一部分要新增加。高档耐用消费品的消费水平预测公式

$$S = j(a_2 - a_1)i_n + j \times a_1 \times i \qquad (9.6)$$

或者

$$S = j(a_n - a_1)i_n + j \times a_1 \times i \qquad (9.7)$$

公式中j，i的意义同前。

a_1为预测期初高档耐用消费品的普及率，即每百户中的拥有量，它表示高档耐用消费品的消费水平；a_2为预测期期末的普及率；a_n为达到饱和程度时的普及率；i_n为年购买系数。

式（9.6）中$j \times a_1 \times i$是高档耐用消费品的更新需求部分；$j(a_2-a_1)$是高档耐用消费品的新增需求部分。(a_2-a_1)是预测期的新增普及率，每百户家庭中新购消费品的数量，新增普及率与总户数的乘积，即是预测期的总的新增需求量。

式（9.7）中（a_n-a_1）i_n是新增普及率，a_n采用德尔菲法或者经验判断法，预测出饱和普及率和达到饱和的普及时间。

例如：某市有124万户家庭，现在家用数码摄像机的普及率为8%，有关专家预测5年可达到饱和状态，饱和普及率为70%，若数码摄影机的使用寿命为8年，预测下一年该市数码摄像机的需求量。

由（9.7）得：

$$S = j(a_n - a_1)i_n + j \times a_1 \times i$$
$$= 124 \times (70\% - 8\%) \times \frac{1}{5} + 124 \times 8\% \times \frac{1}{8}$$
$$= 16.62(万台)$$

若某高档耐用消费品已经处于饱和状态，则该种消费品的需求主要是更新量，该消费水平的预测方法与一般耐用消费品完全相同。

项目小结

全面了解和掌握定性预测的概念，掌握定性预测的几种方法，了解定性预测方法的优点及局限性，有助于对定性预测的理论和实践有更深刻的认识和理解。

市场很大，商品交换的过程中要对各种信息进行收集、整理和分析：消费者购买及使用的动机、企业经营及营销状况等。供应商要把握市场动态，就要对市场进行定性预测。

复习思考题

■ 基本训练

1. 判断题

（1）对于市场调查者或决策者来说，操作简单、操作成本低的预测方法是最有效的方法。（ ）

（2）对比类推法是指利用事物之间具有共性的特点，把已发生事物的表现过程类推到后发生或将发生的事物上去，从而对后继事物的前景做出预测的一种方法。（ ）

（3）集合意见法是利用集体智慧进行预测的一种方法，一般适用于远期、长期预测。（ ）

（4）德尔菲法的运用首要步骤是确定预测目的。（ ）

（5）在缺乏历史统计数据的情况下，运用购买意向预测法，可以取得数据，做出推断。（ ）

（6）购买意向调查法适用于高档耐用消费品和生产资料等商品销售的预测。（ ）

（7）购买意向预测法也可用来预测消费者对商品花色、品种、款式、规格、价格等方面的需求，以便生产企业能够更好地向市场提供适销对路的产品。（ ）

（8）运用联测法，其关键在于选定的样本市场应具有典型性和代表性。（ ）

（9）预购测算法是根据顾客的预购订单和预购合同，来推测估计产品的需求量。这种方法主要运用于一些生产企业和批发企业的微观预测。（ ）

（10）消费水平预测法主要是利用对消费水平和消费人数或户数这两个基本量的直观分析判断，并辅以简单推算来预测消费品需求量。（ ）

2.选择题

（1）下列对于定性预测法的优点说法不正确的是（　　）。

A.定性预测通常比定量预测操作简单，且操作成本低

B.可以了解到消费者的动机及感觉

C.定性预测方法往往是定量调查的前提

D.预测的准确性高

（2）对比类推法包括下列具体方法中的（　　）。

A.产品类推法　　　B.地区类推法　　　C.行业类推法　　　D.局部总体类推法

（3）集合意见法最明显的优点是（　　）。

A.节省时间　　　B.成本低　　　C.集思广益　　　D.应用广泛

3.简答题

（1）什么是定性预测方法？它有哪些不足之处？

（2）什么是地区类推法？什么是行业类推法？

（3）请简述集合意见法的一般预测步骤。

（4）德尔菲法有哪些优缺点？

（5）购买意向预测法的步骤是什么？

4.本年度糖果厂糖果销售量1.22万吨，本市平均人口60万人，年末达61.2万人，年末人口比年初将增加2.1%，消费水平比上一年增加6%，由此推算消费水平值为9.8千克，根据上述资料预测下一年度该市糖果需求量。

5.我国银行个人消费信贷由于种种原因发展缓慢。随着经济的发展和借鉴国外的经验，在北京、上海、深圳等大城市得到了相对迅速的发展。在运行过程中，银行发现在三个领域内最易推广，即住房、汽车、教育。这个结论和国外个人消费信贷发展过程相似，从而也指导了在我国其他城市推出个人消费信贷的重点。

分析要求：试用定性预测法分析。

■ 案例分析

某市的摩托车市场销售情况的历史统计资料见表9-9。2004年具有购买摩托车经济条件的家庭占居民户的40%，而今具有购买家用轿车经济条件的家庭约为具有购买摩托车经济条件家庭的1/2。要求以此资料来分析预测家用轿车的市场销售发展趋势和销售量。

表9-9　　　　　　　　　　　　摩托车市场销售资料　　　　　　　　　　　　单位：千辆

年份/年	2004	2005	2006	2007	2008	2009	2010	2011	2012	2013
销售量	32	41	55	67	83	95	109	120	124	126

将表9-9描绘成曲线图，见图9-1。

从图9-1可以看出，除少数年份的摩托车销售量略有下降外，其他年份都是稳步上升，基本可分为三个阶段：2004—2006年为导入期，基数低，增长幅度也较小；2007—2009年为迅速成长期，基数放大，增长幅度大且稳定；2010—2012年进入成熟期，增长幅度明显放慢。

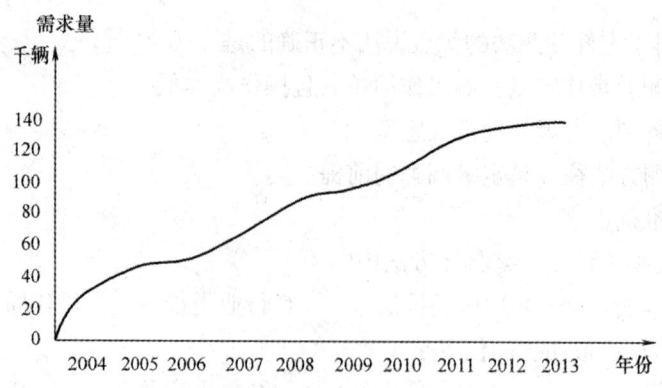

图9-1 摩托车市场发展轨迹图

由于轿车与摩托车都属于当时的高档耐用消费品,具有豪华、舒适、快捷、安全的代步功能,根据类推法,家用轿车大致也应有类似摩托车的导入期和成长期,且当市场拥有率达到一定程度时便明显放慢增长速度,进入成熟期。根据最初具有购买摩托车经济条件的家庭占居民户的40%,其第一年实际购买量为4 000辆来类推,而今具有购买家用轿车经济条件的家庭如为具有购买摩托车经济条件家庭的1/2。(资料来源:梁金华,郑媛媛.市场调查与预测.北京:清华大学出版社,2013.)

根据上述分析和轨迹估计图,家用轿车第一年的销售预测值为多少?

项目十 时间序列预测法

知识目标

掌握时间序列预测法的内涵以及几种常用的时间序列预测法。

技能目标

会运用平均预测法、指数平滑法、趋势延伸预测法及季节指数预测法。

能力目标

具有灵活运用各种时间预测法,准确预测市场变化趋势的能力。

案 例

某旅游公司2007—2013年接待游客人数如表10-1的第2栏所示。试用发展速度平均法预测2014—2016年可能接待的游客人数。

表10-1　　　　　　　　2007—2013年接待游客人数资料

年份/年	游客人数/人	环比发展速度/%	趋势值$\hat{y}_{t+1}$
2007	4 820	—	—
2008	5 400	112.03	5 396
2009	6 030	111.67	6 041
2010	6 750	111.94	6 763
2011	7 570	112.15	7 571
2012	8 480	112.02	8 476
2013	9 490	111.91	9 488

(资料来源:徐国强.管理统计学.上海:上海财经大学出版社,2013.)

首先，计算长期环比发展速度：

如2010年应为 $Y_{2010}/Y_{2009}=111.94\%$，以此类推，填入第3栏。从表中可见各项环比发展速度较接近，可用发展速度平均预测法。

其次，计算环比发展速度的几何平均数 $\bar{G}_t$：

$$\bar{G}_t = \sqrt[n+1]{\frac{Y_t}{Y_1}} = \sqrt[6]{\frac{9\,490}{4\,820}} = 111.95\%$$

再次，建立预测模型：

$$\hat{Y}_t = Y_t \bar{G}_t^T = 9\,490 \times 1.119\,5^T$$

最后，进行预测：

2014—2016年的 T 分别为1，2，3。

预测值为：

$\hat{Y}_{2014} : 9\,490 \times 1.119\,5^1 = 10\,624(人)$

$\hat{Y}_{2015} : 9\,490 \times 1.119\,5^2 = 11\,894(人)$

$\hat{Y}_{2016} : 9\,490 \times 1.119\,5^3 = 13\,315(人)$

案例分析

在掌握了一定数据后就可利用数学方法来进行市场预测。

本项目介绍了时间序列预测法，包括平均预测法、指数平滑预测法、趋势延伸法和季节指数预测法，重点介绍了这几种方法的原理、基本方法及其应用。

任务一 时间序列预测概述

在经济生活中，有时候我们需要对未来的经济现象进行预测，而预测的依据就是已经发生的经济现象。我们把历史数据按照时间顺序排列并进行分析、归纳、总结，从中得到一些经济规律，并利用这些规律进行预测。这种预测方法是一种非常重要的方法。

一、时间序列预测法的概念

时间序列预测法是将历史资料和数据，按照时间顺序排列成一系列，根据时间序列所反映的经济现象的发展过程、方向和趋势，将时间序列外推或延伸，以预测经济现象未来可能达到的水平。

时间序列又称动态序列，它是将某个经济变量的观测值，按时间先后顺序排列所形成的数列。时间可以是周、月、季度或年等，如商场计算销售额是按月排列数据，国家计算国民生产总值是按年来排列数据等。

二、时间序列预测法的特点

人类社会的各种政治、经济现象，其发展总是依据一定的规律，沿着一个特定的轨迹，从历史到现在直到将来。虽然事物的发展具有很大的不确定性，但我们根据事物发展已经表现出并且被我们总结出的规律，可以在一定程度上预测事物的未来发展趋势。

时间序列预测法是世界各国普遍采用的经济预测的基本方法。

在时间序列中，数据的大小受到各种因素的影响，数据的变化趋势也就表现出各种性状，通常根据这些影响因素将数据的变化趋势分为四大类：长期趋势、季节变动、循环变动和不规则变动。对于用前三种数据趋势预测问题，由于数据均呈现出某种规律性，因此我们能够将数据进行简化、分析，从而使预测成为可能，而不规则变动是指由某种偶然因素引起的突然变动，如战争的发生、政权的更迭、重大自然灾害的发生等，不规则变动没有周期性。

【小思考】

时间序列预测所需的资料主要有哪些？

答：所需资料主要是已经发生的和时间排列有关系的资料。

三、时间序列的基本类型

弄清楚时间序列的基本类型，有助于我们把握时间序列的规律，选择合适的预测方法，若以时间为横坐标（时间单位可以为分钟、小时、天、周、月、季、年或若干年），以某种现象的值为纵坐标，可以形象地将时间序列分为以下五种类型：水平型、趋势型、季节型、周期型和不规则型。

1.水平型时间序列（图10-1）

水平型时间序列是指时间序列的数据在一定时期内呈现出围绕某一稳定值（平均值）上下波动，并不远离稳定值。

2.趋势型时间序列（图10-2）

趋势型时间序列是指时间序列的数据在一定时期内呈现出持续上升或持续下降的趋势。这是由于某些影响事物发展的根本因素引起的一种长期倾向，如房价上涨、股价下跌等。趋势型时间序列分为两种类型：一类是直线趋势型时间序列，即直线式的下降或直线式的上升，也称为线性时间序列；另一类是曲线趋势型时间序列，即时间序列的数据图表现为曲线式的上升或曲线式的下降。曲线趋势型时间序列也称为非线性变动。

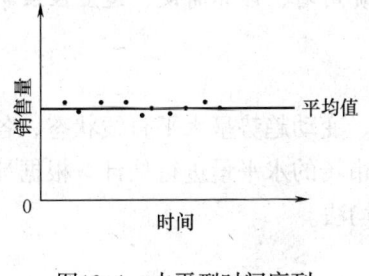

图10-1 水平型时间序列

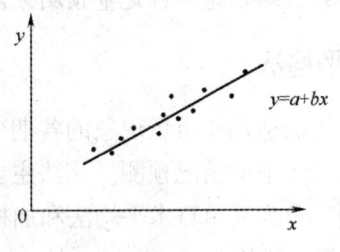

图10-2 趋势型时间序列

3.季节型时间序列（图10-3）

季节型时间序列是指时间序列的数据以一年为周期，随着季节变换，在每年的不同季节会反复出现波峰和低谷的规律变动，如空调、冷饮的销售，夏季是销售旺季，冬季是销售淡季，每年均如此。

4.周期型时间序列

周期型时间序列是指时间序列数据在较长周期（3年、5年或更长时间）内，呈现出有规则地上升或下降相互交替的循环变动状况，例如：经济呈现

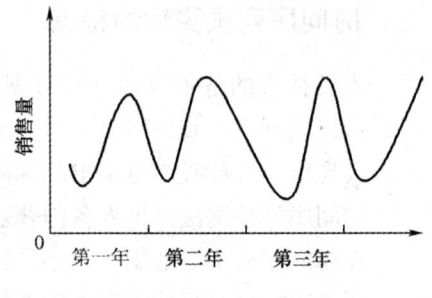

图10-3　季节型时间序列

衰退、危机、复苏和繁荣四个阶段，在一个较长时间内循环往复。政府宏观调控可以调整此类波动的幅度，但无法消除此类波动。周期变动也可泛指间隔数年就出现一次的市场现象变动规律，如旗袍的流行、喇叭裤的流行等。

时间序列市场预测法依据的时间序列数据必须是这四种类型，它的预测结果才有科学性和准确性。也就是说，利用时间序列法进行市场预测是有条件的，它采用的时间序列数据必须是有一定规律性变动的数据。

5.不规则型时间序列

时间序列数据没有一定的规律，通常是由于一些突发事件引起的，如"SARS"、"9·11"事件等。

将时间序列分出各种类型，是为了便于观察分析时间序列的规律，并根据其规律选择合适的预测方法来开展预测。

任务二　平均预测法

时间序列中各时间的指标值有多种表现形式，可以是水平量（总量），也可以是相差量、对比量、平均量。直接计算一定时期内各时间指标值的平均数，以此为基础确定未来期预测值的方法为平均预测法。这种方法简便易行，不建立复杂的预测模型，不进行复杂的运算，在短期预测中常用。

【经验谈】

时间序列预测法是一种定量预测方法，具有费用省、计算简便、适应性强等特点。

一、算术平均法

算术平均法适用于市场现象的各期变化不大、变动趋势呈水平直线状态、各观察值错落于某一直线上下的情况预测。该法主要对未来市场的水平量进行估计。根据计算平均数的要求不同，分为简单算术平均法和加权算术平均法。

1.简单算数平均法

设时间序列的各项观察值为Y_1，Y_2，…，Y_t，各期观察值的简单算术平均数$\overline{Y}$的计算公

式为：

$$\overline{Y} = \frac{\sum_{t=1}^{n} Y_t}{n} (t = 1, 2, \cdots, n) \tag{10.1}$$

市场现象的预测值$\hat{Y}$，就用简单的序列平均值$\overline{Y}$代替。该法预测十分简便，但是只适用于受个别偶然因素影响下出现轻微波动的市场现象预测。

【小思考】

某百货公司一柜台2013年下半年各月的销售额分别为18万、17万、19万、20万、17万与19万元，试预测2014年1月份该柜台的销售额。

解：用简单算术平均法计算的平均数$\overline{Y}$为：

$$\overline{Y} = \frac{\sum_{t=1}^{n} Y_t}{n} = \frac{18+17+19+20+17+19}{6} = 18.33(万元)$$

答：预测2014年1月份该柜台的销售额为18.33万元

历史数据的离散程度，即历史数据与平均数的离差大小，可以用方差（Variance）或者标准差（Standard Deviation）来衡量。计算公式是：

$$\sigma^2 = \frac{\sum_{i=1}^{n}(x_i - \overline{X}_A)^2}{n} \tag{10.2}$$

对于算术平均法预测值$\overline{X}_A$来说，其方差σ_X^2等于历史数据方差的$\frac{1}{n}$，即：$\sigma_{\bar{x}}^2 = \frac{1}{n}\sigma^2$。方差的开方为标准差$\sigma$，故预测值$\overline{X}_A$的标准差$\sigma_x$为：

$$\sigma_x = \sqrt{\frac{\sigma^2}{n}} = \sqrt{\frac{\sum(x-\overline{X}_A)^2}{n}} = \sqrt{\frac{\sum(x-\overline{X}_A)^2}{n^2}} \tag{10.3}$$

（1）标准差σ为不小于零的数，即$\sigma \geq 0$。

（2）当$\sigma=0$时，$x_1=x_2=\cdots=x_n=\bar{x}$，说明历史数据都在一条水平线上。

（3）σ值越大，说明历史数据的波动性较大。可以根据标准差计算预测区间，其技术公式为：

$$\overline{X}_A \pm t\sigma_{\bar{x}} \tag{10.4}$$

2.加权算数平均法

简单算术平均法只反映一般的平均状态，由于它对各个单位的权数同等看待，因而不能反映出各个单位的不同权数。而权数不同，各个单位的变量对算术平均数的影响也就不一样。权数对于各个单位变量来说，具有权衡轻重的作用。即在实际预测中，近期状态值对预测值的影响要比远期大。

（1）时间序列加权算术平均预测法。我们引入加权算术平均法，以各期不同的权数W来表示不同期观察值对预测值的不同影响程度。时间序列的加权算术平均数$\overline{Y}$的计算公式则为：

$$\overline{Y} = \frac{\sum_{t=1}^{n} W_t Y_t}{\sum_{t=1}^{n} W_t} \quad (t = 1, 2, \cdots, n) \tag{10.5}$$

权数W_t可以用绝对数表示，也可以用相对数表示，其实质仍然是上述公式的转化形式。

$$\overline{Y} = \frac{\sum_{t=1}^{n} W_t Y_t}{\sum_{t=1}^{n} W_t} = \sum_{t=1}^{n} \left(Y_t W_t / \sum_{t=1}^{n} W_t \right) = \sum_{t=1}^{n} (Y_t W'_t) \tag{10.6}$$

W'_t为某期权数占期权数总和的比重，也称为权数系数。

【小思考】

仍以上例【小思考】的资料为基础，设2013年7—12月的权数分别为0.5、1.0、1.5、2.5、3.5与5.0，则加权平均值为：

$$\overline{Y} = \frac{\sum_{t=1}^{n} W_t Y_t}{\sum_{t=1}^{n} W_t} = \frac{18 \times 0.5 + 17 \times 1 + 19 \times 1.5 + 20 \times 2.5 + 17 \times 3.5 + 19 \times 5}{0.5 + 1 + 1.5 + 2.5 + 3.5 + 5} = 18.5(万元)$$

答：预测2014年1月份该柜台的销售额为18.5万元

（2）时间序列增长量平均预测法。时间序列中各期的近期增长量如果大体相等，则说明该市场现象呈直线趋势上升或下降，即为线性增长趋势。采用算术平均法预测此类现象，预测结果必然出现滞后性。趋势上升的，预测结果偏低；趋势下降的，预测结果偏高，用增长量平均法可以纠正滞后偏误差。

设时间序列各期水平为$Y_1, Y_2, \cdots, Y_t$，从第二期起各期逐期增长量为$\Delta Y_t(Y_t - Y_{t-1})$，各期增量的平均值为$\overline{\Delta Y_t}$，计算公式为：

$$\overline{\Delta Y_t} = \frac{\sum_{t=2}^{n} \left[(Y_t - Y_{t-1}) + (Y_{t-1} - Y_{t-2}) + \cdots + (Y_2 - Y_1) \right]}{n-1} = \frac{\sum_{t=2}^{n} \Delta Y}{n-1} \tag{10.7}$$

预测模型为：

$$\hat{Y}_{t+1} = Y_t + \overline{\Delta Y_t} \tag{10.8}$$

[例10-1] 如表10-2第2栏所示，试用增长量平均法预测2014年的销售利润。

【分析提示】

首先，计算各期逐期增长量ΔY_t：

$$\Delta Y_t = Y_t - Y_{t-1}, \text{如} \Delta Y_{2010} = Y_{2010} - Y_{2009} = 600 - 535 = 65（万元）$$

计算各项逐期增长量，如表10-2第3栏所示。从表10-2中可知各期增长量接近。

表10-2　　　　　　　　　某企业近几年产品销售利润表　　　　　　　　单位：万元

年份/年	年销售利润	逐期增长量	趋势值$\hat{Y}_{t+1}$
2007	410	—	—
2008	470	60	475.83
2009	535	65	541.67
2010	600	65	607.60
2011	670	70	673.33
2012	735	65	739.17
2013	805	70	505.00

其次，计算各期增长量平均值$\overline{\Delta Y_t}$：

$$\overline{\Delta Y_t} = \frac{\sum_{t=2}^{n} \Delta Y}{7-1} = \frac{60+65+65+70+65+70}{7-1} = 65.83(万元)$$

最后，用预测模型计算各期趋势值（理论值），如表10-2的第4栏。预测2014年的销售利润为：

$$\hat{Y}_{2014} = Y_{2013} + \overline{\Delta Y_t} = 805 + 65.83 = 870.83(万元)$$

二、发展速度平均法

时间序列中各期（第一期除外）的环比发展速度如果接近，说明该市场现象呈指数曲线的变化趋势，可采用发展速度平均法进行预测。发展速度的平均数多采用几何平均法计算，故此法也称几何平均法。

时间序列的各期发展水平为$Y_1, Y_2, \cdots Y_t$。

观察期各期的环比发展速度G_t的计算为：

$$G_t = \frac{Y_t}{Y_{t-1}} \times 100\%$$

观察期各期环比发展速度的平均数$\overline{G_t}$计算为：

$$\overline{G_t} = \sqrt[n-1]{G_2 \cdot G_3 \cdot \cdots \cdot G_n} = \sqrt[n-1]{\prod G_n} \qquad (10.9)$$

亦即：

$$\overline{G_t} = \sqrt[n-1]{\frac{Y_t}{Y_1}} \qquad (10.10)$$

近期的预测模型为：

$$\hat{Y}_t = Y_t \cdot \overline{G_t}^T \qquad (10.11)$$

T是观察期末期，从$T=0$起的预测期时期序号。

三、移动平均预测法

时间序列由 n 期观察值 Y_n, Y_{n-1}, Y_{n-2}, Y_{n-3} 组成。对连续 N ($N<n$) 期的观察值进行算术平均,可得其平均数 M_t,称移动平均数。由于 $N<n$,故一个时间序列有若干移动平均数,即:

$$M_n = \frac{1}{N}(Y_n + Y_{n-1} + \cdots + Y_{n-N+1}) \cdots \tag{10.12}$$

$$M_t = \frac{1}{N}(Y_t + Y_{t-1} + \cdots + Y_{t-N+1}) \cdots \tag{10.13}$$

$$M_{n-N+1} = \frac{1}{N}(Y_N + Y_{N-1} + \cdots + Y_1) \tag{10.14}$$

该法只适用于没有明显的升降趋势和循环变动的时间序列,否则会出现预测值的滞后偏差。移动平均预测法之所以简单,是因为它用移动平均值 M_t 取代预测值预测模型为:

$$\hat{Y}_{t+1} = M_t \tag{10.15}$$

移动平均预测法表面上看与简单算术平均法的意义相同,其实不然,因为它有一系列平均值,能显示出市场现象的长期趋势。

移动平均预测法是一种重要的时间序列预测方法,它可以运用一个非常小的样本量,但是它们仍然能够提供一个有利的可以解释的结果,只要移动平均序列的期间足够长。但是多长才算足够长?移动平均预测法必须需要多少个时间单位?

[例10-2] 某市2004—2013年的人均粮食需求量资料如表10-3的第2栏所示,试用移动平均预测法预测2014年的人均粮食需求量。

表10-3　　　　　　某市1992—2001年的人均粮食需求量资料　　　　　　单位:千克

年份/年	粮食需求量Y_t	移动平均数$N=3$	移动平均数$N=5$
2004	206	—	
2005	214	—	—
2006	208	209.33	—
2007	220	214.00	
2008	230	219.33	215.6
2009	212	220.67	216.8
2010	202	214.67	214.4
2011	210	208.00	214.8
2012	218	210.00	214.4
2013	206	211.33	209.6

(资料来源:徐国强.管理统计学.上海:上海财经大学出版社,2013.)

【分析提示】

从表10-3第2栏资料可见,该市人均粮食需求量在10年中变动幅度最大的为11.7%〔(230−206)÷206〕,标准差系数仅为3.7%,升降趋势不明显,可用移动平均法预测。

分别取$N=3$和$N=5$,计算移动平均数,如表10-3的第3栏和第4栏。

【经验谈】

一般情况下,时间序列比较短时N值取3,时间序列比较长时N值取5,可以减少误差。

据$\hat{Y}_{t+1}=M_t$的模型预测:

当$N=3$时,2014年人均粮食需求为211.33千克;

当$N=5$时,2014年人均粮食需求为209.6千克。

应该取哪个值呢?一般选取标准差σ较小的对应预测值。

经计算:当$N=3$时,$\sigma=4.31\%$

当$N=5$时,$\sigma=3.65\%$

所以,预测值为$N=5$时的209.6千克为好。

上述问题的答案主要由几个因素决定,包括数据自身的变动(对任何一组数据来说,有许多复杂的技术可以对此计算)。数据自身的变动越多,那么所需的期限往往越长。概括来说,应用跟踪数据会表明一条规则,在大多数的情况下应用这条规则后,采用移动平均序列的效果会很好。这条规则就是:在使用移动平均这一预测方法时,每组样本数越多,那么采用移动平均预测法的期限就越短。移动平均期限越短,那么数据中的时效性就表现得越明显。而移动平均预测法的期限越长,那么滞后性就越突出。时效性越明显就表明在较短的期限内,数据变化越剧烈,如果将自变量与因变量的关系描绘成一条曲线,我们会发现此时的曲线有更大的斜率(绝对值),我们看到的上升或下降趋势更为剧烈。如果这种上升或下降趋势是加速的,那么在较短的这个移动平均数系列中体现出来的结果,在另一个序列中要等更长的期限之后才能体现出来。此时虽然同样的趋势也会显现出来,但到这时候所有得到的信息已经过时了。所以可以这样说,移动平均序列的期限越短,那么我们越能够迅速地看出这些东西,如广告和价格变动对商品销售量的影响。所以,在使用移动平均预测法时,应该尽量使每组样本数据的个数增大而减少移动平均的期限,这样可以更及时地反映数据间的关系,从而为管理决策者提供有力、有效的数据支持。

任务三 指数平滑预测法

移动平均预测法比简单平均预测法预测结果的精度有所提高,但移动平均预测法有这样一些缺点:①必须存储近n期的数据才可计算一个移动平均预测值;②对最近的实际值等值看待,并对$t-n$期以前的数据完全不予考虑,因而容易引起误差。指数平滑预测法是一种通过对预测目标历史统计序列的逐层的平滑计算，消除随机因素造成的影响，找出预测目标的基本变化趋势，并以此预测未来的方法。这种方法的预测效果比移动平均预测法要好，因而应用范围也更广泛。指数平滑预测法按平滑次数的不同又分为一次指数平滑、二次指数平滑和三次指数平滑。此处主要介绍一次指数平滑法与二次指数平滑法。

一、一次指数平滑法

指数平滑法是根据对权数递增快慢的要求，选择权数 α（$0<\alpha<1$，又称为平滑系数），对本期的实际值 y 加权平均来推算下一期的预测值 $\hat{y}_{t+1}$ 的一种预测方法，因此又称指数加权平均法。计算公式为：

$$\hat{y}_{t+1} = \alpha y_t + (1-\alpha)\hat{y}_t \tag{10.16}$$

上式也可表示为：

$$\hat{y}_{t+1} = \hat{y}_t + \alpha(y_t - \hat{y}_t) \tag{10.17}$$

该式的意义是下一期预测值是本期预测值加上 α 乘以本期的预测误差（$y_t - \hat{y}_t$）。α 值反映并确定了预测误差中需要调查的比例的大小。这种预测方法称为一次指数平滑法。

1. 平滑系数 α 的选择

在应用指数平滑法进行预测时，平滑系数 α 的选择是非常重要的。平滑系数 α 值的大小直接影响权数 $\alpha(1-\alpha)^t$ 按指数规律衰减的速度，而且决定了预测模型修匀误差［即 $\alpha(y_t - \hat{y}_t)$］的能力。

从理论上讲，α 取 0～1 的任意数值都可以。具体选择使用时，应先分析时间序列的变化趋势：

当时间序列呈稳定的水平趋势时，α 应取较小值，如 0.1～0.3；

当时间序列呈较大的波动趋势时，α 应取居中值，如 0.3～0.5；

当时间序列波动呈明显的上升或下降的斜坡趋势时，α 应取值较大些，如 0.6～0.8，以使预测的灵敏度增高；

在应用中，可取若干个 α 值进行试算比较，选择预测误差最小的 α 值。

2. y_1 的确定

根据（10.16）式可知，当 $t=1$ 时，有 $\hat{y}_2 = \alpha y_1 + (1-\alpha)\hat{y}_1$，这里的 $\hat{y}_1$ 不能通过运算得出。因此初始值 $\hat{y}_1$ 的选择可以按资料的项数多少来确定。当资料项数很多时（一般超过20项），初始值对预测结果影响较小，可以选择第一期的实际值作为初始值，即 $y_1 = \hat{y}_1$；当资料项数较少时（一般少于20项），初始值对预测结果影响较大，可选择研究时间以前一段时间数据的平均值作为初始值。

［例10-3］某发电厂周发电量如表10-4所示，请用一次指数平滑法预测该发电厂第21周的发电量。

【分析提示】

表10-4　　　某发电厂周发电量及一次指数平滑预测值计算表

周数	t	发电量y_t	α=0.2的预测值$\hat{y}_t$	α=0.5的预测值$\hat{y}_t$
1	1	128	130	130
2	2	132	129.6	129
3	3	130	130.08	130.8
4	4	129	130.064	130.04
5	5	130	129.851 2	129.532
6	6	134	129.881	129.925 6
7	7	128	130.704 8	131.940 5
8	8	136	130.163 8	129.352 4
9	9	135	131.331 1	133.081 9
10	10	134	132.064 8	133.165 5
11	11	130	132.451 9	13.032 4
12	12	135	131.961 5	131.225 9
13	13	133	132.569 2	133.480 7
14	14	137	132.655 6	132.784 6
15	15	135	133.524 3	134.827 7
16	16	130	133.819 4	134.262 1
17	17	134	133.055 5	131.909 7
18	18	136	133.244 4	133.527 8
19	19	135	133.795 5	134.622 2
20	20	137	134.036 4	134.397 8
21	21	—	134.629 2	135.518 2

（资料来源：胡旭星.市场预测方法100种.北京：首都经济贸易大学出版社，2012.）

二、二次指数平滑法

一次指数平滑法只适用于时间序列有一定波动但没有明显的长期递增或递减的短期预测，若进行中长期预测，则会造成显著的时间滞后，产生较大的预测误差。为弥补这一缺陷，可采用二次指数平滑法。

二次指数平滑法是在一次指数平滑的基础上再进行一次平滑，利用两次平滑值建立的线性趋势模型进行预测。计算公式为：

$$S_t^{(2)} = \alpha S_t^{(1)} + (1-\alpha) S_{t-1}^{(2)} \tag{10.18}$$

式中：$S_t^{(1)}$为一次指数平滑值，即$\hat{y}_{t+1}$；$S_t^{(2)}$为二次指数平滑值；α为平滑指数。当时间序列$\{y_t\}$从第t期开始以后具有直线变化趋势时，可建立如下线性趋势模型：

$$\hat{y}_{t+T} = a_t + b_t T \quad (T = 1, 2, \cdots) \tag{10.19}$$

式中：

$$\begin{cases} a_t = 2S_t^{(1)} - S_t^{(2)} \\ b_t = \dfrac{\alpha}{1-\alpha}[S_t^{(1)} - S_t^{(2)}] \end{cases} \qquad (10.20)$$

需注意的是：二次指数平滑法适合用于具有线性趋势数据的处理分析。若时间序列呈非线性变化趋势，则可用三次指数平滑法。

【小思考】

指数平滑预测法的主要缺点是什么？

答：对于存在长期趋势的资料，指数平滑预测有系统滞后的现象，在历史数据资料项数不多时，初始值的影响不存在，平滑系数 α 的值难确定，只能做超前一期的预测。

任务四 趋势延伸预测法

趋势延伸预测法又称数学模型法，就是通过建立一定的数学模型，对时间序列拟合恰当的趋势线，将其外推或延伸，用以预测经济现象未来可能达到的水平。趋势延伸预测法又可以分为直线（线性）趋势延伸预测法和非线性（曲线）趋势延伸预测法。

如果一个时间序列的各期指标数值大体是曲线趋势变动，我们就可以用相应的曲线方程来描述这种变动，并估算出方程中的待定参数，建立预测模型，然后应用这个预测进行外推预测。

一、直线趋势延伸预测法

当时间序列的每期数据按大致相同的数量增加或减少时，即逐期增减量（一次差）大体相同，则可配以直线方程并利用最小二乘法进行预测。直线趋势预测模型为：

$$y_c = a + bt \qquad (10.21)$$

式中：y_c 为预测值；a，b 为方程式的参数；t 为时间（一般用序号表示）。

根据最小二乘法的原理：$\sum (y - y_c)^2$ =最小值，y 为实际值，可以推导出两个标准式：

$$\begin{cases} \sum y = na + b\sum t \\ \sum ty = a\sum t + b\sum t^2 \end{cases} \quad (n \text{ 为时间序列的项数}) \qquad (10.22)$$

解标准方程得：

$$\begin{cases} a = \dfrac{1}{n}\sum y - \dfrac{b}{n}\sum t = \bar{y} - b\bar{t} \\ b = \dfrac{n\sum ty - \sum t \sum y}{n\sum t^2 - (\sum t)^2} \end{cases} \qquad (10.23)$$

在运用过程中，a，b 的公式很复杂，为简化 a，b 的计算，可采用一定的技巧将其简化，设法使$\sum t=0$。如果n为奇数，则令中间一项的$t=0$，上面记为-1，-2，-3，…，下面记为1，2，3，…，这样$\sum t=0$；若n为偶数，则令中间两项分别为-1和1，上面的记为-1，-3，-5，-7，…，下面的记为1，3，5，7，…。两样$\sum t=0$，则a、b可简化为：

$$\begin{cases} a = \dfrac{\sum y}{n} \\ a = \dfrac{\sum ty}{\sum t^2} \end{cases} \tag{10.24}$$

[例10-4] 某企业2004—2013年的商品销售额的资料如表10-5所示。

表10-5 某企业2004—2013年的商品销售额资料 单位：万元

年份/年	商品销售额y	按一般顺序排序的t			简化计算排序的t'			趋势值y_c
		时间序号t	t^2	ty	时间序号t'	t^2	$t'y$	趋势值y_c
2004	7	1	1	7	-9	81	-63	8.8
2005	12	2	4	24	-7	49	-84	12.2
2006	17	3	9	51	-5	25	-85	15.6
2007	20	4	16	80	-3	9	-60	19
2008	23	5	25	115	-1	1	-23	22.4
2009	26	6	36	156	1	1	26	25.8
2010	29	7	49	203	3	9	87	29.2
2011	32	8	64	256	5	25	160	32.6
2012	35	9	81	315	7	49	245	36
2013	40	10	100	400	9	81	360	39.4
合计	241	55	385	1 607	—	330	563	241

（资料来源：胡旭星.市场预测方法100种.北京：首都经济贸易大学出版社，2013.）

【分析提示】

观察资料我们可发现商品销售额按大致相同的数额增加，因此拟定直线趋势方程$y_c=a+bt$，根据表中资料，按一般序号计算，可导出：

$$\begin{cases} b = \dfrac{n\sum ty - \sum t \sum y}{n\sum t^2 - (\sum t)^2} = \dfrac{10 \times 1\,607 - 55 \times 241}{10 \times 385 - 55^2} = 3.4 \\ a = \bar{y} - b\bar{t} = \dfrac{241}{10} - 3.4 \times \dfrac{55}{10} = 5.4 \end{cases}$$

则直线趋势方程为：$y_c=5.4+3.4t$

将代表各年度的t值代入方程即可计算出各年的预测值。如预测2016年的商品销售额，相对应的$t=13$，$y_c=5.4+3.4 \times 13=49.6$。

若用简化法计算（见表中后半部分）：

$$\begin{cases} b = \dfrac{\sum t'y}{\sum t'^2} = \dfrac{563}{330} = 1.7 \\ a = \dfrac{\sum y}{n} = \dfrac{241}{10} = 24.1 \end{cases}$$

代入方程得：$y_c=24.1+1.7t'$

也将代表各年度的 t' 值代入方程，则可发现与上一种方法的预测值相同，且 $\sum y_c = \sum y$。仍预测2016年的商品销售额，相对应的 $t'=15$，$y_c=24.1+1.7\times15=49.6$。

【小思考】

直线趋势延伸预测法与指数平滑预测法有何区别？

答：直线趋势延伸预测法是利用最小平方法，即通过求 $\sum(y-y_c)^2$ 的最小值，对未来进行预测；指数平滑预测法是利用平滑计算消除随机因素而进行的推算。

二、曲线趋势延伸预测法

在市场预测中，经常会遇到经济现象的发展呈非线性变化的曲线，此时则用相应的曲线趋势方程进行拟合趋势。下面介绍的是二次曲线趋势延伸预测法。

如果时间序列各期水平的二级增减量大致相同，其发展趋势表现为可用以描述其发展的长期趋势描绘近似一条二次曲线（即二次差近似相同），则其发展可以配合相应的趋势方程：

$$y_c=a+bt+ct^2$$

式中：a、b、c 三个待定参数同样可使用最小平方法求得。因为有三个待定参数。根据最小平方法可推导出三个标准方程：

$$\begin{cases} \sum y = na + b\sum t + c\sum t^2 \\ \sum ty = a\sum t + b\sum t^2 + c\sum t^3 \\ \sum t^2 y = a\sum t^2 + b\sum t^3 + c\sum t^4 \end{cases} \tag{10.25}$$

依照直线趋势延伸法中的简化计算原理，使得 $\sum t=0$，$\sum t^3=0$，所以上面的标准方程可简化为：

$$\begin{cases} \sum y = na + c\sum t^2 \\ \sum ty = b\sum t^2 \\ \sum t^2 y = a\sum t^2 + c\sum t^4 \end{cases} \tag{10.26}$$

由此可以推出：

$$\begin{cases} b = \dfrac{\sum ty}{\sum t^2} \\ c = \dfrac{n\sum t^2 y - \sum t^2 \sum y}{n\sum t^4 - (\sum t^2)^2} \\ a = \dfrac{\sum y - c\sum t^2}{n} \end{cases} \tag{10.27}$$

[例10-5] 根据资料，某煤矿2005—2013年原煤产量如表10-6所示，预测2016年该煤矿的产量。

表10-6　　　　　　　　　　某煤矿2005—2013年原煤产量表　　　　　　　　　单位：万吨

年份/年	产量(y)	序号(t)	t^2	t^4	ty	t^2y
2005	158	−4	16	256	−632	2 528
2006	171	−3	9	81	−513	1 539
2007	187	−2	4	16	−374	748
2008	206	−1	1	1	−206	206
2009	228	—	—	—	—	—
2010	253	1	1	1	253	253
2011	281	2	4	16	562	1 124
2012	312	3	9	81	936	2 808
2013	346	4	16	256	1 384	5 536
合计	2 142	—	60	708	1 410	14 742

该企业产量的二级增减量大体相同，其发展趋势应属二次曲线型，模型为：

$$y_c = a + bt + ct^2$$

根据表中计算资料，运用最小平方法可导出：

$$\begin{cases} b = \dfrac{\sum ty}{\sum t^2} = \dfrac{1\,410}{60} = 23.5 \\ c = \dfrac{n\sum t^2 y - \sum t^2 \sum y}{n\sum t^4 - (\sum t^2)^2} = \dfrac{9 \times 14\,742 - 60 \times 2\,142}{9 \times 708 - 60^2} = 1.5 \\ a = \dfrac{\sum y - c\sum t^2}{n} = \dfrac{2\,142 - 1.5 \times 60}{9} = 228 \end{cases}$$

【分析提示】

将a、b、c值代入抛物线方程，即得：

$$y_c = 228 + 23.5t + 1.5t^2$$

若要预测2016年的产量，则将其对应的$t=6$代入上述方程：

$$y_c = 228 + 23.5 \times 6 + 1.5 \times 36 = 423（万吨）$$

即2016年该煤矿的产量预测为423万吨。

任务五 季节指数预测法

季节变动是指某些经济变量的变化是随时间的推移、季节的不同而呈现出周期性变化的，每年都会出现相似的周期曲线。有些经济变量反映的季节变动较强，如夏季商品、冬季商品的需求与供给量。而另一些经济变量表现的季节变动则相对较弱，如酒类、肉制品及文具用品等商品的需求与供给量。因此，在进行市场预测时，我们应考虑到经济变量的季节变化，以便更好地为市场决策、资金流通服务。

【经验谈】

进行季节变动趋势预测的目的主要是分析季节变动因素对趋势发展的影响，并由此预测未来趋势。一般都应具备3年以上连续的各月或各季度资料，否则会因资料过少而无法准确反映季节变动规律。

季节指数预测的一般步骤为：

第一，收集3年以上各年的月或季资料Y_t，形成时间序列。

第二，计算各年同季或同月的平均值$\overline{Y_i}$：

$$\overline{Y_i} = \sum_{i=1}^{n} Y_i / n \tag{10.28}$$

式中：Y_i为各年各月或同季观察值；n为年数。

第三，计算所有年度所有季或月的平均值$\overline{Y}$

$$\overline{Y_i} = \sum_{i=1}^{n} Y_i / n \tag{10.29}$$

式中：n为一年月数或季数。

第四，计算各季或各月的季节比率（即季节指数）：

$$f_i = \overline{Y_i} / \overline{Y} \tag{10.30}$$

第五，计算预测期趋势值$\hat{X}_t$。

趋势值是不考虑季节变动影响的市场预测趋势估计值。其计算方法有多种：① 以观察年的年均值除以一年月数或季数；② 观察年年末的年值乘以预测年的年发展速度；③ 直接以观察年年末的年值除以一年月数或季数。如果预测年数值变化不大，可用上述第三种方法。

第六，建立季节指数预测模型，进行预测。即：

$$\hat{Y}_t = \hat{X}_t f_i \tag{10.31}$$

[例10-6] 某地区棉衣、毛衣、皮衣2010—2013年各季销售额资料见表10-7的2~5栏，试预测2014年各季销售额。

表10-7　　某地区棉衣、毛衣、皮衣2010—2013年各季销售额

季度	各季销售额/万元				季均销售Y/万元	季节比率f_t/%	2014年各季预测值Y_t/万元
	2010年	2011年	2012年	2013年			
第一季度	148	138	150	145	145.25	127.13	147.00
第二季度	62	64	58	66	62.50	54.70	63.26
第三季度	76	80	72	78	76.50	66.96	77.42
第四季度	164	172	180	173	172.25	150.77	174.32

【分析提示】

（1）计算各年同季的季平均销售额，见表第6栏。

如第一季度为：

$$Y_1 = \frac{148+138+150+145}{4} = 145.25（万元）$$

（2）计算所有年所有季的季平均销售额。

$$\overline{Y_t} = \frac{145.25+62.5+76.5+172.25}{4} = 114.25（万元）$$

（3）计算各季节比率，见表第7栏。

如第二季度为：$f_2 = 62.5/114.25 \times 100\% = 54.76\%$

（4）预测年的季趋势值$\hat{X}_t$。

$$\hat{X}_t = \frac{145+66+78+173}{4} = 115.5$$

（5）2014年各季预测值$\hat{Y}_t$，于表第8栏。

$$\hat{Y}_3 = 115.5 \times 0.6696 = 77.34（万元）$$

【小思考】

季节指数预测法是否可以用于短期趋势预测？

答：不可以。季节指数预测中因其可变因素较多，不宜用于短期预测。

项目小结

本项目介绍了时间序列预测法的概念、特点及常用的三种预测法，时间序列预测法利用时间序列进行外推或延伸，以预测未来水平。

预测中常用的三种方法分别是指数平滑预测法、趋势延伸预测法及季节指数预测法。这三种方法适用的环境各不相同。本项目对此进行了详细分解及说明，读者在学习时应注意区别应用。

复习思考题

■ 基本训练

1.判断题

（1）时间序列又称动态序列，它是将某个经济变量的观测值，按时间先后顺序排列所形成的数列。（　　）

（2）平均预测法不建立复杂的预测模型，不进行复杂的运算，在短期预测中常用。（　　）

（3）季节指数预测法一般适用于长期趋势预测。（　　）

（4）季节变动是指某些经济变量的变化是随时间的推移、季节的不同而呈现出周期性变化的，每年都会出现相似的周期曲线。（　　）

2.选择题

（1）通常经济变量数据的变化趋势有（　　）。

A.长期趋势　　　B.季节变动　　　C.循环变动　　　D.不规则变动

（2）当数据按照时间呈递增或递减时，应采取下列（　　）中的平均预测法。

A.简单算术平均法　　　　　　B.加权算术平均法

C.增长量平均法　　　　　　　D.发展速度平均法

（3）运用指数平滑法进行预测时，平滑系数α的选择是非常重要的，当时间序列呈稳定的水平趋势时，α应取（　　）。

A.较小值，如0.1~0.3　　　　B.居中值，如0.3~0.5

C.较大值，如0.6~0.8　　　　D.0~1随意取值

（4）趋势延伸预测法又可以分为（　　）。

A.直线（线性）趋势预测法　　　B.递增趋势预测法

C.非线性（曲线）趋势预测法　　D.递减趋势预测法

3.简答题

（1）什么是时间序列预测法？它有什么特点？

（2）什么是指数平滑预测法？它有什么特点？

（3）什么是趋势延伸预测法？

4.某粮库历年收购的粮食入库量资料如表10-8所示。

表10-8　　　　　　　　某粮库历年收购的粮食入库量

年份/年	2007	2008	2009	2010	2011	2012
总额/百亿美元	9.5	12.5	14	16	18	21

问题：试用直线趋势预测法预测2015年的粮食入库量。

5.某国历年进出口总额如表10-9所示。

表10-9　　　　　　　　　　　　某国历年进出口总额

年份/年	2007	2008	2009	2010	2011	2012	2013
总额/百亿美元	32	35	40	47	57	69	83

（资料来源：胡玉立.市场预测与管理决策.北京：中国人民大学出版社，2012.）

问题：试用二次曲线趋势延伸法预测2014年的进出口总额。

6.某商场空调销售资料如表10–10所示。

表10–10　　　　　　　　　某商场空调销售资料　　　　　　　　　单位：台

年份/年	一季度	二季度	三季度	四季度
2010	120	165	182	114
2011	124	182	312	123
2012	138	197	354	140
2013	142	218	370	148

问题：试用季节指数预测法分析2014年、2015年各季度销售量。

■ 案例分析

某地专用汽车保有量预测

表10–11给出了2004—2012年某地专用汽车保有量实际数，试求2013、2014年专用汽车保有量预测值。

表10–11　　　　　　　　　某地专用汽车保有量　　　　　　　　　单位：万辆

年份/年	2004	2005	2006	2007	2008	2009	2010	2011	2012
保有量	16.5	18.0	20.0	22.5	26.0	30.0	34.0	40.0	46.0

根据表10–11的数据，绘制散点图知该时间序列呈指数曲线趋势变化，其环比发展速度基本稳定在1.15，故可采用指数曲线模型预测。设指数曲线趋势模型为$y=ab^t$，列计算表，于是有：

$$\lg \hat{a} = \frac{\sum \lg y_t}{n} = \frac{12.82}{9} = 1.4244$$

$$\lg \hat{b} = \frac{\sum t \cdot \lg y_t}{\sum t^2} = \frac{3.424}{60} = 0.0571$$

于是，

$$\hat{a} = 10^{1.4244} = 26.5461$$

$$\hat{b} = 10^{0.0571} = 1.1405$$

所求的指数曲线趋势预测模型为：$\hat{y} = 26.5705 \times (1.1405)^t$

应用模型内插计算各年理论销售量$\hat{y}$及e_t^2，计算结果见表10–12，计算估计标准误差。

表10-12 年理论销售量及相关资料表

年份/年	t	t^2	y_t	$\lg y_t$	$t \cdot \lg y_t$	$\hat{y}_t$（车辆）	e_t^2
2004	−4	16	16.5	1.217	−4.868	15.704	0.633 6
2005	−2	9	18.0	1.255	−3.765	17.911	0.007 9
2006	−3	4	20.0	1.301	−2.602	20.427	0.182 3
2007	−1	1	22.0	1.352	−1.352	23.297	0.635 2
2008	—	—	26.0	1.415	—	26.571	0.326 0
2009	1	1	30.0	1.477	−1.477	30.304	0.092 4
2010	2	4	34.0	1.538	3.076	34.561	0.003 7
2011	3	9	40.0	1.602	4.806	39.417	0.339 9
2012	4	16	46.0	1.663	6.652	44.955	1.092 0
	—	60	253.5	12.82	3.424	253.14	3.313 0

$$S = \sqrt{\frac{\sum e_t^2}{n-2}} = \sqrt{\frac{3.313}{7}} = 0.688 \text{（万辆）}$$

于是2013年专用汽车保有量预测值为：

$$\hat{y}_5 = 26.570\ 5 \times (1.140\ 5)^5 = 51.27 \text{（万辆）}$$

2014年专用汽车保有量预测值为：

$$\hat{y}_6 = 26.570\ 5 \times (1.140\ 5)^6 = 58.48 \text{（万辆）}$$

对$\alpha=0.05$，查t分布表得$t_{0.05}(7)=2.365$

则有，$57.27 \mp 0.688 \times 2.365 = (55.643, 58.897)$（万辆）

$58.48 \mp 0.688 \times 2.365 = (56.853, 60.107)$（万辆）

问题：经预测，2013年、2014年的专用汽车保有量各是多少？可靠程度有多少？

项目十一　回归分析预测法

知识目标

掌握回归预测法的内涵及几种常见的回归预测法。

技能目标

掌握运用一元、多元非线性回归预测的方法。

能力目标

具有灵活运用各种回归预测法、准确预测市场趋势的能力。

案例

某医药商店2003—2012年销售额如表11-1所示。

表11-1　　　　　某医药商店2003—2012年销售额　　　　　单位：元

年份/年	时间序列（t）	销售额
2003	1	710
2004	2	718
2005	3	705
2006	4	716
2007	5	725
2008	6	734
2009	7	729
2010	8	736
2011	9	732
2012	10	745

根据公式求得：

$$\begin{cases} b = \dfrac{n\sum ty - \sum t \sum y}{n\sum t^2 - (\sum t)^2} = 3.73 \\ a = \bar{y} - b\bar{t} = 704.47 \end{cases}$$

$$\hat{y}_t = 704.47 + 3.73t$$

用直线趋势图分析建立预测数学模型，可以直观地看出销售额变化规律（图11-1）。

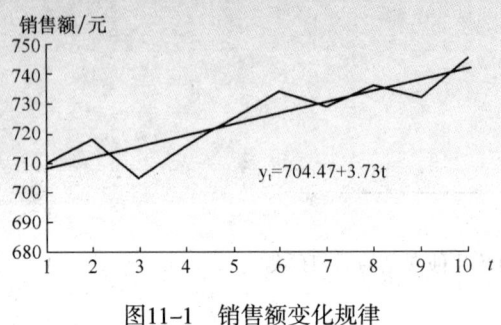

图11-1　销售额变化规律

市场定量预测有时间趋势预测和回归分析预测等。时间趋势预测以时间趋势的外推为主进行预测，而回归预测则以变量之间的回归关系进行预测。我们知道，市场的发展与变化是由多种因素决定的，它们之间存在着一定的相互依存关系，例如，销售额、价格、成本、销售量及收入等变量，这些变量中的一个或几个发生变化时，会引起其他变量的变化，但是引起变化的具体量值却无法简单确定，即一个（或几个）变量变化后，其他变量增加或减少的数值无法轻易确定，这时只能利用统计的方法找出它们之间的回归关系。

任务一　回归分析预测法

回归分析预测法，是在分析市场现象自变量和因变量之间相关关系的基础上，建立变量之间的回归方程，并将回归方程作为预测模型，根据自变量在预测期的数量变化来预测因变量关系，因此，回归分析预测法是一种重要的市场预测方法。当我们在对市场现象未来发展状况和水平进行预测时，如果能将影响市场预测对象的主要因素找到，并且能够取得其数量资料，就可以采用回归分析预测法进行预测。它是一种具体的、行之有效的、实用价值很高的预测方法。

"回归"这个概念，是1877年英国人遗传学家弗朗西斯·盖尔顿（Francis Galton）和统计学家卡尔·皮尔逊（Karl Pearson）在研究人类身高的遗传性时，发现父母身高在子女身高遗传上有回归现象：若父亲们为高个子，则儿子们个子也高，但其平均身高低于父亲们的平均身高；若父亲们为矮个子，则儿子们个子也矮，但其平均身高高于父亲们的平均身高。身高的变化不是两极分化，而是"趋同"回归到普通人。此后，回归的含义被进一步扩大,现被广泛应用于变量间的数量关系分析。

一、回归分析预测法的概念

回归分析预测法是预测学的基本方法,它是在分析因变量与自变量之间的相互关系上,建立变量间的数量关系近似表达的函数方程,并进行参数估计和显著性检验以后,运用回归方程式预测因变量数值变化的方法。其中,表达经济变量间的数学表达式称为回归方程。预测过程中,当回归方程表述为曲线型时,称其为非线性回归。

二、回归分析预测法的具体步骤

1.确定预测目标和影响因素

通常情况下,市场预测的目标必定是因变量,研究者可根据研究预测的目的确定。

确定自变量,预测者既要对历史资料和现实调查资料进行分析,又要根据自己的理论水平,专业知识和实践经验进行科学性分析,必要时还可以运用假设技术,先进行假设再进行检验,以确定主要的影响因素。

【小思考】

如何预计未来五年以小家电需求为目的的市场预测?

答:应该从它的因变量——未来五年小家电的需求量,和对于影响和制约预测目标的因素——自变量来分析。

2.进行相关分析

所谓相关分析,就是对变量间的相关关系进行分析和研究。这一过程主要包括两个方面:一是确定变量间有无相关关系,即确定变量间是否存在不具有数值对应关系的非确定性依存关系,换句话说,当自变量的确定值为x,与其具有相关关系的对应值y并不确定。这是相关分析也是回归分析的前提。二是确定相关关系的密切程度,这是相关分析的主要目的和主要内容。相关关系的密切程度通常用相关系数或相关指数来衡量。

相关系数计算公式为:

$$r = \frac{\sum (x-\bar{x})(y-\bar{y})}{\sqrt{\sum (x-\bar{x})^2 \sum (y-\bar{y})^2}} \tag{11.1}$$

式中:r为相关系数;x为自变量的值;$\bar{x}$为自变量的平均数;y为因变量的值;$\bar{y}$为因变量的平均数。

相关系数$-1 \leq r \leq 1$,即$|r| \leq 1$。当变量x与y呈线性相关时,$|r|$越接近1,表明变量间的线性相关程度越高;$|r|$越接近0,表明变量间的线性相关程度越低。$r>0$表明为正相关,$r<0$表明为负相关。当现象呈较强的非线性相关时,相关系数$|r|$值或许趋近于0,或许很大,并不确定。

3.建立回归预测模型

建立回归预测模型,就是建立回归方程,依据变量之间的相关关系,用恰当的数学表达式可以表示。

线性回归方程的一般表达式为:

$$y = a + b_1x_1 + b_2x_2 + \cdots + b_nx_n \tag{11.2}$$

当线性回归只有一个自变量与一个因变量间的回归，称为一元线性回归或简单线性回归、直线回归，可简写为：

$$y = a + bx \tag{11.3}$$

其他形式的线性回归则称为多元线性回归。

当变量间不呈现线性关系时，则需根据曲线的形状建立相应的非线性回归方程。方程的参数通常使用最小平方法计算求得，然后代回方程用于预测。

4.回归预测模型的检验

建立回归方程的根本目的在于预测，将方程用于预测之前需要检验回归方程的拟合优度和回归参数的显著性，只有通过了有关的检验后，回归方程才可用于经济预测。常用的检验方法有相关系数检验、F检验、t检验和$D-W$检验等。

5.进行实际预测

运用通过检验的回归方程，将需要预测的自变量x代入方程并计算，即可取得所求的预测值。

【小技巧】

在预测时通常可采用哪两种数据采集方式？

【分析提示】

预测通常分两种情况，一是点预测，就是所求的预测值为一个数值；二是区间预测，所求的预测值有一个数值范围。通常用正态分布的原理测算其估计标准误差，求得预测值的置信区间。

任务二 一元线性回归分析预测法

一元线性回归分析预测法是回归分析预测中最基本的方法。

一、一元线性回归预测法的概念

一元线性回归预测法是指影响经济变化的众多因素中有一个起决定作用，且自变量与因变量的分布呈线性趋势的回归，用这种回归分析来进行预测的方法。一般地，一元线性回归方程为：

$$y_c = a + bx \tag{11.4}$$

式中：y_c为因变量；x为自变量；a、b为参数。b又称回归系数，用以说明x每增加一个单位所引起的y的增加值。

【经验谈】

利用回归方程进行预测时，选用的自变量一般都属于可控制的普通变量，或者由我们直接给定其数值，这样，应用回归分析预测就比较简便。

二、一元线性回归分析预测法的使用

[例] 根据经验,企业的商品销售额同广告费支出之间具有相关关系。某企业2004—2013年的商品销售额和广告费支出的资料如表11-2所示。

表11-2　　　　某企业2004—2013年的商品销售额和广告费支出表

年份/年	广告费支出 x_i /万元	商品销售额 y_i /百万元	xy	x^2	y^2
2004	4	7	28	16	49
2005	7	12	84	49	144
2006	9	17	153	81	289
2007	12	20	240	144	400
2008	14	23	322	196	529
2009	17	26	442	289	676
2010	20	29	580	400	841
2011	22	32	704	484	1 024
2012	25	35	875	625	1 225
2013	27	40	1 080	729	1 600
合计	157	241	4 508	3 013	6 777

(资料来源:徐国强.管理统计学.上海:上海财经大学出版社,2012.)

预测该企业2016年的广告费支出为35万元,要求在95%的概率下预测该年的商品销售额。

【分析提示】

1.进行相关分析

在坐标系上将广告费支出和商品销售额的数据标出,形成散点图,可以发现呈直线趋势,从而判定两者呈一元回归。

2.建立回归方程

回归方程为:$y_c=a+bx$,关键是求参数 a、b 的值。

根据表11-2计算的有关数据,利用最小平方法可以求出:

$$b = \frac{n\sum xy - \sum x \sum y}{n\sum x^2 - (\sum x)^2} = \frac{10 \times 4508 - 157 \times 241}{10 \times 3013 - (157)^2} = 1.321$$

$$a = \bar{y} - b\bar{x} = \frac{\sum y}{n} - b \times \frac{\sum x}{n} = \frac{241}{10} - 1.321 \times \frac{157}{10} = 3.36$$

所求回归方程为:$y_c=3.36+1.321x$

3.进行检验

(1)相关系数。

$$r = \frac{n\sum xy - \sum x \sum y}{\sqrt{n\sum x^2 - (\sum x)^2}\sqrt{n\sum y^2 - (\sum y)^2}}$$

$$= \frac{10 \times 4\,508 - 157 \times 241}{\sqrt{10 \times 3\,013 - (157)^2}\sqrt{10 \times 6\,777 - (241)^2}}$$

$$= 0.993\,9$$

取显著性水平 $\alpha=0.05$，$df=n-2=8$。查相关系数临界值表得：

$$r_{0.05(8)} = 0.632$$

因为 $r > r_\alpha$，说明广告费支出与商品销售额存在很强的正相关关系。

（2）决定系数 r^2 检验和 F 检验。决定系数 r^2 检验和 F 检验用来检验回归方程线性关系的显著性，两者在检验原理上大体相同，均借助了方差分析：

$$\sum (y - \bar{y})^2 = \sum (y - y_c)^2 + \sum (y_c - \bar{y})^2$$

式中：$\sum (y - \bar{y})^2$ 为总变差；$\sum (y - y_c)^2$ 为剩余变差；$\sum (y_c - \bar{y})^2$ 为回归变差。

计算结果见表11-3。

表11-3　　　　　　　　　　计算表

时间	x	y	y_c	$(y-y_c)^2$	$(y_c-\bar{y})^2$	$(y-\bar{y})^2$	$(x-\bar{x})^2$
1	4	7	83 644	2.703	238.888	292.41	136.89
2	7	12	12.607	0.368	132.089	146.41	75.69
3	9	17	15.249	3.066	78.340	50.41	44.89
4	12	20	19.212	0.621	23.893	16.81	13.69
5	14	23	21.854	1.313	50.45	1.21	2.89
6	17	26	25.817	0.033	2.948	3.61	1.69
7	20	29	29.78	0.608	32.362	24.01	18.49
8	22	32	32.422	0.178	69.256	62.41	39.69
9	25	35	36.385	1.918	150.921	118.81	86.49
10	27	40	39.027	0.947	222.815	252.81	127.69
合计	157	241	240.997	11.755	956.457	968.90	548.10

决定系数 r^2 利用回归变差、点变差、总变差的比重说明回归直线的代表性，若这个比例越大，则说明 x 与 y 之间关系越密切，回归直线代表性越好。一般 r^2 的取值在0~1。

$$r^2 = \frac{\sum (y_c - \bar{y})^2}{\sum (y - \bar{y})^2} = \frac{956.457}{968.9} = 98.7\%$$

F 检验法将自变量作为一个整体来检验与因变量之间的线性关系是否显著。其计算为：

$$F = \frac{\sum(y_c - \bar{y})^2}{\sum(y - \bar{y})^2/(n-2)} = \frac{956.457}{11.755 \div 8} = 650.928$$

最显著性水平α=0.05，df_1=1，df_2=n-2=8。查F分布表得：

$$F_{0.05(1,8)} = 5.32$$

因为$F>F_α$，说明广告费支出与商品销售额线性关系显著。这与决定系数r^2检验结论一致。

4.进行预测

（1）点预测。

2016年的广告费支出预计为35万元。

将x_0=35万元代入回归方程：

$$y_c = 3.36 + 1.321 \times 35 = 49.595（百万元）$$

即：2016年的商品销售额可望达到49.595百万元。

（2）区间预测。

①计算估计标准误差：

$$S_y = \sqrt{\frac{\sum(y-y_c)^2}{n-2}} = \sqrt{\frac{11.755}{8}} = 1.212$$

因为，α=0.05，df=8，查t分布表，得：

$$t_{\frac{\alpha}{2}, n-2} = t_{0.025, 8} = 2.036$$

②当广告费支出达到x_0=35万元时，商品销售额的预测区间为：

$$y_c \pm t_{\frac{\alpha}{2}, n-2} \cdot S_y \sqrt{1 + \frac{1}{n} + \frac{(x_0 - \bar{x})^2}{\sum(x-\bar{x})^2}}$$

$$= 49.595 \pm 2.306 \times 1.212 \times \sqrt{1 + \frac{1}{10} + \frac{(35-15.7)^2}{548.1}}$$

$$= 49.595 \pm 3.728$$

即：若以95%的把握程度预测，当广告费支出达到35万元时，商品的销售额在45.867百万元～53.323百万元。

【小思考】

一元线性回归分析预测法与上一章中介绍的趋势延伸预测法有什么区别？

答：一元线性回归预测法是基于时间的内在因素进行远期预测的，而趋势延伸预测法是基于时间上的动态预测。

任务三　多元线性回归分析预测法

在进行市场预测时,我们常常遇到的变量并非两者之间的关系,而是几个因素共同发生作用,用一元线性回归分析预测法已不能进行预测,这时可以使用多元线性回归分析预测法进行预测。

一元线性回归模型是将影响因变量的原因归结于一个主要因素上。当影响因变量变化的因素有多个时,一元线性回归模型就无法准确地判断多个变量之间的关系。

一、多元线性回归分析预测法的概念

影响因变量的因素有两个或两个以上,且自变量与因变量的分布呈线性趋势的回归,用这种回归分析来进行预测的方法就是多元线性回归分析预测法。例如,影响商品销售额的因素除广告费外,价格、销售网点和居民收入等因素均发挥作用,这时就需要建立多元回归分析预测模型。

二、多元线性回归分析预测的使用方法

具体的回归方程的一般式是:

$$y_c = a + b_1x_1 + b_2x_2 + \cdots + b_nx_n \tag{11.5}$$

式中:x_1、x_2、…、x_n为n个影响y的自变量;a、b_1、b_2、…、b_n为回归参数。

存在两个自变量条件下的多元线性回归方程称为二元回归方程,即:

$$y_c = a + b_1x_1 + b_2x_2 \tag{11.6}$$

它是多元线性回归方程中的特例。

如何使用多元(以二元为例)线性回归分析选择预测区间?

【分析提示】多元(以二元为例)线性回归分析的步骤如下。

1.建立线性方程

$$y = a + b_1x_1 + b_2x_2$$

参数a、b_1、b_2仍使用最小平方法推算,得到:

$$\begin{cases} \sum y = na + b_1 \sum x_1 + b_2 \sum x_2 \\ \sum x_1 y = a \sum x_1 + b_1 \sum x_1^2 + b_2 \sum x_1 x_2 \\ \sum x_2 y = a \sum x_2 + b_1 \sum x_1 x_2 + b_2 \sum x_2^2 \end{cases} \tag{11.7}$$

将相关数据代入上述方程组,得到系数:a、b_1、b_2。

所以，二元线性回归方程为：

$$y_c = a + b_1 x_1 + b_2 x_2 \tag{11.8}$$

2. 检验

利用复相关系数检验回归方程整体显著性。

$$R = \sqrt{1 - \frac{\sum (y - y_c)^2}{\sum (y - \bar{y})^2}} \tag{11.9}$$

简捷公式为：

$$R = \sqrt{1 - \frac{\sum y^2 - a \sum y - b_1 \sum x_1 y - b_2 \sum x_2 y}{\sum y^2 - n \bar{y}^2}} \tag{11.10}$$

取一个特定的α并计算出$df=n-k-1$（k为自变量个数），查相关系数临界值表得到$R_{\alpha,df}$。如果$R>R_\alpha$，说明x_1、x_2与y线性关系显著。

3. 预测

（1）点预测。将x_1、x_2代入（11.4）得到预测值y_c。
（2）区间预测。计算估计标准误差：

$$S = \sqrt{\frac{\sum (y - y_c)^2}{n - 3}}$$

取α，$df=n-3$，查t分布表，得到$t_{\alpha/2,df}$。
所以，预测区间为：$y_c \pm t_{\alpha/2} \cdot S$。

【小思考】

如果有三个自变量x_1、x_2、x_3与一个因变量y是线性相关，请列出三元线性回归方程。
答：根据上述，方程应该是：$y_c = a + b_1 x_1 + b_2 x_2 + b_3 x_3$。

任务四　非线性回归分析预测法

在许多社会经济现象中，变量间的关系很多呈非线性关系。对非线性回归变量的分析，可以采取一些曲线方程来反映变量间的关系。非线性回归预测是指用于预测的回归方程是非线性的。但非线性的回归方程从求解方法来说是比较困难的，我们需要将非线性的关系线性化处理，可以使研究的问题简化。这样，我们就可以使用线性回归方程求解非线性问题。

用手工方法进行定量分析有很多的局限性，当变量较多、数据量较大的时候，无法进行分析，电子计算机的应用与发展为我们进行回归分析提供了优越条件。筛选变量拟合模型、求解参数、测定相关系数、检验显著水平、计算估计标准误差、分析预测因变量的置信区均可以在计算机上进行操作。

通常可线性化的非线性回归模型有以下几个。

一、指数曲线模型

指数曲线模型如图11-2所示。

指数曲线方程为：

$$y_c = ae^{bx} \tag{11.11}$$

公式两边分别取对数 $\ln y_c = \ln a + bx$，令 $y' = \ln y_c$，$a' = \ln a$，则得：$y' = a' + bx$。按一元线性回归方程求解参数 a' 和 b'，则 $a = e^{a'}$。

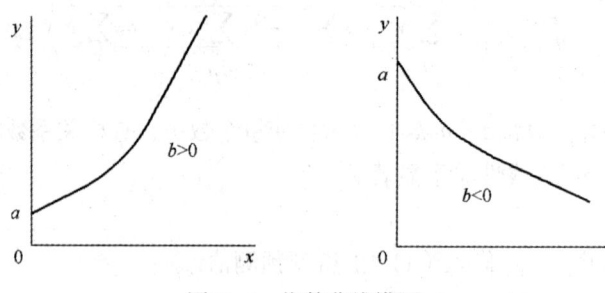

图11-2 指数曲线模型

二、幂函数模型

幂函数模型如图11-3所示。

幂函数 $y = ax^b$ 型曲线，可以令 $y' = \lg y$，$x' = \lg x$，$a' = \lg a$，则得：$y' = a' + bx'$。

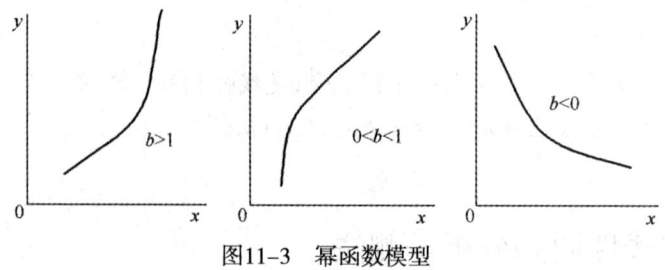

图11-3 幂函数模型

三、双曲线模型

双曲线模型如图11-4所示。

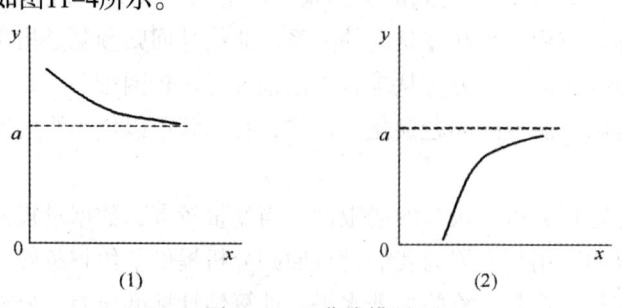

图11-4 双曲线模型

（1）$y = a + \dfrac{b}{x}$ 型曲线。令 $x' = \dfrac{1}{x}$，则得：$y = a + bx'$。

（2）$\dfrac{1}{y} = a + \dfrac{b}{x}$ 型曲线。令 $y' = \dfrac{1}{y}$，则得：$y' = a + bx'$。

四、对数模型

对数模型如图11-5所示。

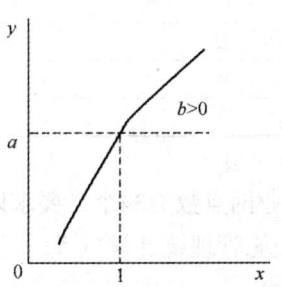 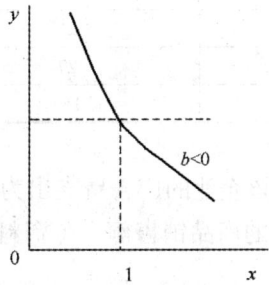

图11-5　对数模型

对数曲线 $y=a+b\lg x$ 型曲线。令 $x' =\lg x$，则得：$y=a+bx'$。

【小思考】

回归分析预测法中，为什么要进行检验，以测定变量间的相关关系？

答：相关关系的大小直接反映了变量的密切程度，从而说明两者进行回归分析更可信。

五、多项式模型预测

$$y = a_0 + a_1 x_1 + a_2 x_2 + \cdots + a_n x_n \tag{11.12}$$

令 $x_1=x$，$x_2=x^2$，$x_3=x^3$，…，$x_n=x^n$，则可转化为多元线性回归方程：

$$y=a_0+a_1 x+a_2 x^2+\cdots+a_n x^n$$

比较常用的多项式模型有以下两个。

1. 二次模型

$$y = a_0 + a_1 x + a_2 x^2$$

2. 三次模型

$$y = a_0 + a_1 x + a_2 x^2 + a_3 x^3$$

例如：

全市商品销售额除了同广告费支出相关外，还同网点数有一定的相关关系。资料如表11-4所示。

表11-4　　　　　　　商品销售额同广告费支出、营业网点数的关系

年份/年	广告费支出x_1/万元	广营业网点数x_2/个	商品销售额y/百万元
2004	4	1	7
2005	7	2	12
2006	9	5	17
2007	12	8	20
2008	14	10	23
2009	17	12	26
2010	20	15	29
2011	22	18	32
2012	25	22	35
2013	27	28	40
合计	157	121	241

如果2016年该企业的广告费支出为35万元，营业网点数为34个，要求以95%的概率预测该企业2016年的商品销售额。（资料来源：徐国强.管理统计学.上海：上海财经大学出版社，2012.）

【分析提示】

解决问题的步骤如下：

（1）建立线性方程。从表11-4中可以看出，商品销售额与广告费支出、营业网点数两个因素均存在相关关系，所以拟合二元线性回归方程：

$$y = a + b_1x_1 + b_2x_2$$

参数a、b_1、b_2仍使用最小平方法推算，得到：

$$\begin{cases} \sum y = na + b_1 \sum x_1 + b_2 \sum x_2 \\ \sum x_1y = a\sum x_1 + b_1 \sum x_1^2 + b_2 \sum x_1x_2 \\ \sum x_2y = a\sum x_2 + b_1 \sum x_1x_2 + b_2 \sum x_2^2 \end{cases} \quad (11.13)$$

列表进行有关数据的计算，结果见表11-5。

表11-5　　　　　　　　　　　　计算表

年份/年	x_1	x_2	y	x_1y	x_2y	x_1^2	x_2^2	x_1x_2
2004	4	1	7	28	7	16	1	4
2005	7	2	12	84	24	49	4	14
2006	9	5	17	153	85	81	25	45
2007	12	8	20	240	160	144	64	96
2008	14	10	23	322	230	196	100	140
2009	17	12	26	442	312	289	144	204
2010	20	15	29	280	435	100	225	300
2011	22	18	32	704	476	484	324	396
2012	25	22	35	875	770	625	484	550
2013	27	28	40	1 080	1 040	729	676	702
合计	157	121	241	4 508	3 639	3 013	2 047	2 451

将相关数据代入上述方程组，得到：

$$\begin{cases} 241 = 10a + 157b_1 + 121b_2 \\ 4\,508 = 157a + 3\,013b_1 + 2\,451b_2 \\ 3\,639 = 121a + 2\,451b_1 + 2\,047b_2 \end{cases}$$

解方程组，得到：

$$\begin{cases} a = 6.925\,8 \\ b_1 = 0.350\,0 \\ b_2 = 0.965\,0 \end{cases}$$

所以，二元线性回归方程为：

$$y_c = 6.928\,5 + 0.35x_1 + 0.965x_2$$

（2）检验。

利用复相关系数检验回归方程整体显著性。

$$R = \sqrt{1 - \frac{\sum (y - y_c)^2}{\sum (y - \bar{y})^2}}$$

简捷公式为：

$$R = \sqrt{1 - \frac{\sum y^2 - a\sum y - b_1 \sum x_1 y - b_2 \sum x_2 y}{\sum y^2 - n\bar{y}^2}}$$

$$= \sqrt{1 - \frac{6\,777 - 6.928\,5 \times 241 - 0.35 \times 4\,508 - 0.965 \times 3\,639}{6\,777 - 10 \times (24.1)^2}}$$

$$= 0.990\,7$$

取 $\alpha=0.05$，$df=n-k-1=7$（k 为自变量个数和），查相关系数临界值表得到：$R_{0.05,7}=0.758$。

因为 $R > R_\alpha$，说明 x_1、x_2 与 y 线性关系显著。

（3）预测。

① 点预测。当广告费支出 $x_{10}=35$ 万元，营业网点数 $x_{20}=34$ 个时：

$$y_c = 6.928\,5 + 0.35 \times 35 + 0.965 \times 34$$
$$= 51.988\,5（百万元）$$

② 区间预测。计算估计标准误差：

$$S = \sqrt{\frac{\sum (y - y_c)^2}{n - 3}} = \sqrt{\frac{17.796\,5}{7}} = 1.594\,5$$

取 $\alpha=0.05$，$df=n-3=7$，查 t 分布表：

$$t_{\alpha/2,7}=2.365$$

所以，预测区间为：

$$y_c \pm t_{\alpha/2} \cdot S = 51.988\,5 \pm 2.365 \times 1.594\,5$$
$$= 51.988\,5 \pm 3.771$$

即：当在95%的把握程度下，如果广告费支出达到35万元，营业网点有34个，销售额为51.99百万元，则商品销售额的置信区间为［48.22，55.76］百万元。

项目小结

本项目介绍了回归分析预测法的基本步骤、确定目标及影响因素，进行相关分析，建立回归模型，检验回归模型，最后进行实际预测。

本项目还介绍了一元线性回归预测法和多元线性回归预测法。在预测过程中，关键是对回归模型的检验及估计标准误差的计算。

复习思考题

■ 基本训练

1.判断题

（1）通常情况下，市场预测的目标必定是自变量，研究者可根据研究预测的目的确定。（　　）

（2）一元线性回归分析预测法，是指影响经济变化的众多因素中有一个起决定作用，且自变量与因变量的分布呈线性趋势的回归，用这种回归分析来进行预测的方法。（　　）

（3）非线性回归分析预测是指用于预测的回归方程是非线性的。（　　）

（4）$R = \sqrt{1 - \frac{\sum(y - y_c)^2}{\sum(y - \bar{y})^2}}$，如果$R > R_\alpha$，说明$x_1$、$x_2$与$y$非线性关系显著。（　　）

2.选择题

（1）相关系数$-1 \leqslant r \leqslant 1$，当（　　）时，表明变量间的线性相关程度越高。

　A.$|r|$越接近1　　　B.$|r|$越接近0　　　C.$r > 0$　　　D.$r < 0$

（2）$y_c = a + bx$，其中y是因变量，x是自变量，a、b为参数，（　　）又称回归系数。

　A.y　　　　　B.x　　　　　C.a　　　　　D.b

3.简答题

（1）利用回归分析预测法应遵循什么步骤？

（2）相关系数r的取值表明变量之间有什么关系？

4.某企业为研究工人的平均工龄和平均文化程度与劳动生产率之间的关系，随机抽取了7个班组，得到的数据如表11-6所示：

表11-6　　　　　　　　　　　某企业工人基本情况表

班组序号	平均文化程度/年	平均工龄/年	劳动生产率
1	11.4	12.4	205
2	10.2	11.2	206
3	11.3	11.6	213
4	10.8	12.2	256
5	11.8	12.8	259
6	11.4	11.9	272
7	10.1	14.2	275

要求预测平均文化程度为12年、平均工龄为13年的劳动生产率（提示：概率为95%，$t_{\frac{\alpha}{2},4} = 2.776$，利用复相关系数检验）。

■ 案例分析

1. 某企业历年产量与生产费用的资料如表11-7所示：

表11-7　　　　　　　　某企业历年产量与生产费用的资料

年份/年	产量/百吨	生产费用/百万元	年份/年	产量/百吨	生产费用/百万元
2003	10.0	2.0	2008	21.4	7.4
2004	12.4	2.8	2009	23.1	8.9
2005	14.5	3.6	2010	26.0	10.0
2006	16.0	4.3	2011	27.9	11.2
2007	19.5	6.0	2012	30.0	13.0

根据以上资料，运用所学回归方程知识来分析以下问题：

（1）以产量为自变量，求生产费用的一元线性回归方程。

（2）为产量拟合一直线趋势方程，并预测2014年的产量。

（3）根据（1）和（2）的结果，在95%的把握程度下预测2014年的生产费用。

2. 用二元线性回归预测模型建立施肥量和土质指数对农作物产量的相关性影响。在一项关于某种农作物产量的研究中，从10个农场得到的数据如表11-8所示。试建立产量对施肥量和土质指数的二元线性回归预测模型。

表11-8　　　　　　　　10个农场某种农作物产量情况表

农场编号	产量	施肥量	土质指数
1	50	38	50
2	52	39	50
3	56	39	54

续表

农场编号	产量	施肥量	土质指数
4	59	41	56
5	62	44	56
6	64	42	60
7	68	43	64
8	69	46	63
9	70	48	62
10	71	47	60

设产量为y，施肥量为x_1，土质指数为x_2，则y对x_1、x_2的二元线性回归预测模型为：

$$\hat{y} = \hat{b}_0 + \hat{b}_1 x_1 + \hat{b}_2 x_2$$

根据表11-8的资料列出回归分析计算表，如表11-9所示。

表11-9　　　　　　　　　　回归分析计算表

农场编号	y_i	x_{1i}	x_{2i}	y_i^2	x_1^2	x_2^2	$x_{1i}y_i$	$x_{2i}y_i$	$x_{1i}x_{2i}$
1	50	38	50	2 500	1 444	2 500	1 900	2 500	1 900
2	52	39	50	2 704	1 521	2 500	2 028	2 600	1 950
3	56	39	54	3 136	1 521	2 916	2 184	3 024	2 106
4	59	41	56	3 481	1 681	3 136	2 419	3 304	2 296
5	62	44	56	3 844	1 936	3 136	2 728	3 472	2 464
6	64	42	60	4 096	1 764	3 600	2 688	3 840	2 520
7	68	43	64	4 624	1 849	4 096	2 924	4 352	2 752
8	69	46	63	4 761	2 116	3 969	3 174	4 347	2 898
9	70	48	62	4 900	2 304	3 844	3 360	4 340	2 976
10	71	47	60	5 041	22 209	3 600	3 337	4 260	2 820
Σ	624	427	575	39 087	18 345	33 297	26 742	36 039	24 682

由表11-9得：

$$\bar{x}_1 = 47.2, \bar{x}_2 = 57.5, \bar{y} = 62.1$$
$$L_1 = 18\,345 - 10 \times 42.7^2 = 112.1$$
$$L_{11} = 33\,297 - 10 \times 57.5^2 = 234.5$$
$$L_{22} = L_{21} = 24\,682 - 10 \times 42.7 \times 57.5 = 129.5$$
$$L_{1y} = 216\,742 - 10 \times 42.7 \times 62.1 = 225.3$$
$$L_{2y} = 36\,039 - 10 \times 57.5 \times 62.1 = 331.5$$

于是，根据公式得：

$$\hat{b}_1 = \frac{225.3 \times 234.5 - 331.5 \times 129.5}{112.1 \times 234.5 - 129.5^2} = 1.0406$$

$$\hat{b}_2 = \frac{331.5 \times 112.1 - 225.3 \times 129.5}{112.1 \times 234.5 - 129.5^2} = 0.8389$$

$$\hat{b}_0 = 62.1 - 1.0406 \times 42.7 + 0.8389 \times 57.5 = 65.9031$$

从而得 y 对 x_1、x_2 的二元线性回归预测模型为：

$$\hat{y} = 65.9031 + 1.0406x_1 + 0.8389x_2$$

问题：此数学模型说明了土质指数和施肥量是什么关系？

项目十二　市场调研报告

知识目标

了解市场调研报告的作用以及市场调研报告的种类。

技能目标

根据市场调研报告的类型，确定调研报告的格式与内容，熟练撰写市场调研报告。

能力目标

具有撰写各种类型市场调研报告的能力。

案例

上海高级商场消费人群研究报告

上海作为全国的经济中心，大型商场的数量和规模在全国范围处于领先水平，其中还有相当数量的高级商场，例如美美、连卡佛、巴黎春天、伊势丹、伊都锦、梅龙镇广场等，这些高级商场都位于市中心的繁华路段，有的已成为了上海的标致性商场，闻名全国。那么，这些商场的主流消费者主要是哪些人呢？他们又有哪些消费特征呢？

市场策划（上海）有限公司就高级商场消费人群的一些特征及主要购买消费状况对上海市的472名普通消费者进行了一次随机抽样调研，调研采用了街头访问形式，在上海的徐家汇、南京路、四川北路、淮海路4个主要商圈的12个高级商场同时进行，其数据置信度为95%。

购买商品时更注重品牌

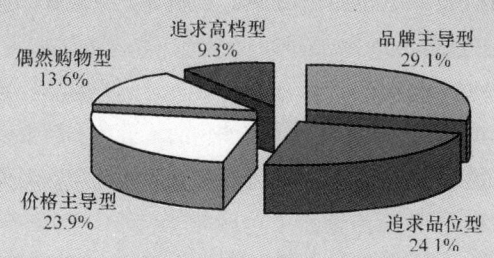

图12-1　消费者不同的购物类型

调研结果显示，约三成的消费者表示"比较注重品牌，购物时会去购买几种特定牌子的产品"，追求品位型和价格主导型的人数比例基本持平，分别为24.1%和23.9%，偶然购物型和追求高档型的比例相对低一些，占了13.6%和9.3%的比例（图12-1）。

品牌主导型这部分消费者中以年轻的白领人士居多。高档商场里最具有特色的是一些高档品牌，这些品牌的商品只有在特定的商场才有，这些品牌的价格虽较普通商品要高，但是其品质和耐用性以及售前、售后服务都是一流的。尤其是一些服装品牌，其款式、面料都有与众不同之处，是一些女性消费者的最爱，对一些购物时注重品牌的人非常有吸引力。同时这部分群体在经济上也完全可以承受，是品牌的忠实拥护者。

追求品位型的群体中年轻白领占大部分，他们相对而言更加追求个性、讲究品位，购物时品牌并不居于主导地位，任何品牌的产品只要符合其品位要求就深受他们欢迎。

价格主导型的群体有一些是学生，他们的经济主要依靠父母，追求品牌，对他们而言在经济上是无法承担的，价廉物美的商品对其更有吸引力。还有一部分消费者的年龄偏大，受传统观念的影响，认为相同的物品，有品牌的价格要高许多，即使质量、服务更为出色，他们也认为不值得，价格是其购物时的主导因素。

另有少部分的消费者属于偶然购物型和追求高档型。偶然购物型的消费者在购物前没有计划，较为随心所欲，这部分群体中各种各样的消费者都占了一定的比例。追求高档型的消费者大部分是一些收入不菲的高级白领，他们比较倾向于购买一线品牌的商品，商品的档次对他们而言才是最重要的，价格只是其中的附属因素。

消费购物逐渐显示出理性

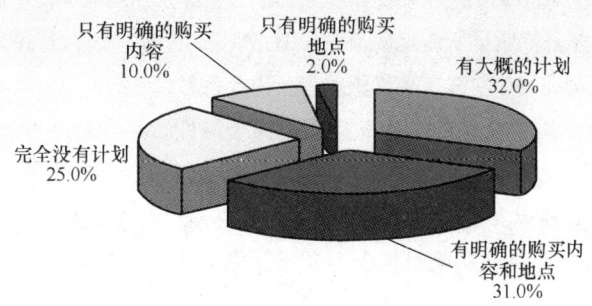

图12-2　消费者购物前的计划

调研结果显示（图12-2），在购物前有大概的计划和有明确购买内容和地点的人数比例基本持平，分别为32.0%和31.0%。而25%的消费者在购买前完全没有计划，只有明确购买内容或地点的人数比例均较低，分别是10.0%和2.0%。

大部分的消费者在购物前都会有一个大概的计划。对所购物品的品种、数量等心中有底。在明确了购物的种类、档次以后，基本可以确定购物的地点。多数消费者都会选择一些距离较近的商场，当然某些特定物品只有在特定商场才能买到。此外消费者也会选择一些商场密集的商业区，这些地区位于市中心，交通方便。

四分之一的消费者表示在购物前完全没有计划。这部分的群体以女性居多，一般而言，大部分的女性在购买商品前并没有计划，或者是实际购物的品种和数量超出了原先的计划。绝大多数情况是在逛商场时购买的商品不在原先的计划中，或者选购商品时购买了计划之外的商品。

1成的消费者表示在购物前只有明确的购买内容。这部分群体女性占多数，在购物时抱有"货比三家"的心态，并不确定某一个商场作为其购物的场所。或者是明确了购物内容，但并不清楚具体的选购地点。

极少数消费者在购物前只有明确的购买地点。这部分消费者中多为高级白领，会选择一些商品齐全的商场作为其购物的固定场所，在购物时除了考虑到购物的品种等，更多享受的是高级商场所提供的优质服务和良好的购物环境。此外也有少数消费者会选择距离较近的商场作为其固定的购物场所。

表12-1　　　　　　　　　　　　商圈消费者的主要特征

性别	女性
年龄	30岁以下
学历	高中以上
个人收入	1 000~2 000元
职业	职员
距离	2km、2~5km、5km以外的比例相差不大

调研结果显示（表12-1），男性和女性的人数比例约1∶2，并以青年人为主，其中30岁以下者约占6成。中、高学历者为主，相应人数比例超过了90%，其中中等和较高学历者各占一半。中等收入（个人月均收入在1 000~2 000元）者比重最大，约42%，中高收入者占27%；低收入者比例约13%。办公室职员所占比例最高（31.7%），学生、经营管理人员、专业人员、服务业从业人员人数比例在12%左右，其他职业者所占比例较低。

从人群购买类型来看，女性的购物欲望明显高于男性，某些商品即使购买后并不立刻使用，但大多数女性也会出于减价等原因而购买。而且，就上海现在的家庭来看，在家里掌握财政大全的往往是女性，所以女性消费者是最大的消费群体。基本上男性消费者只有在明确了购买内容后，才会去选购商品，购物时很少会超出原先的计划，从人数比例上说，只有女性的一半。

大商场的商品种类比较齐全，又常有特有商品，青年人比较喜欢新鲜的、与众不同的事物，所以购物群体中青年人占有6成的比例。

消费者中，以拥有中、高学历的人为多，具有中、高学历的人，在购物时除了购买商品，更为看中购物的氛围，高级商场的购物环境明显比普通购物场所要好，这是吸引这部分消费者的一个重要原因（表12-2）。

表12-2　　　　　　　　　　商厦和消费者的对应关系

商场	年龄	收入	职业
梅龙镇广场	26~30岁	1 501~2 000元	管理人员、专业人员、国家机构工作人员
	36~40岁	5 001元以上	
东方商厦	31~35岁	1 501~4 000元	个体私营业主、职员
巴黎春天	无明显特征	1 001~3 000元	职员
百盛	无明显特征	无固定收入者	在校学生
浦东第一八佰伴	20~22岁	无固定收入者	无明显特征
新世界	46岁及以上	1 000元以下	服务业从业人员、专业人员、国家机构工作人员
太平洋百货	23~25岁	无明显特征	职员

通过研究数据发现（表12-2）：

整个上海的高级商场，不难发现，商场在市场细分方面也做得越来越细，商场的目标消费群体随着其市场定位也越来越明确。

每个高级商场都已经有了自己比较固定的顾客。其中梅龙镇广场的消费者以管理人员、专业人员、国家机构工作人员为主，梅龙镇广场的定位较高，而这部分消费者的收入也处于上游，经济上可以承受。东方商厦和巴黎春天的消费者比较接近。新世界偏中档，其主要消费人群也以服务业从业人员、收入在1 000元以下的中年人为导向。百盛、太平洋无论是从内部装修还是商品的种类，都符合青少年的消费习惯，主要消费人群以青少年为主。

市场调研的结论：

1.重视期望产品的发展

现在的消费者对于商场，不仅要求其有充足齐全的商品，更要求商场有优良的服务态度和良好的购物环境以及完备的善后服务，这样才能让人在购物的时候感到安心和放心。这些都是期望产品里面的一部分因素。产品是市场营销组合中的最重要的部分，产品包括：核心产品、形式产品、期望产品、延伸产品、潜在产品。现在的商场已经把第一、第二层产品做的非常好了，但是，相对于第三层期望产品还有所不足，还有待提高。这也是今后商场的主要竞争点之一。

2.加强理性宣传

这些年来，上海商业环境的竞争气氛越来越浓，消费者有了充分的选择余地，加之普通消费者受教育的程度不断提高，那种一掷千金，盲目消费的习惯有了很大的改观，到高级商场进行消费的人群渐趋理性。消费者在消费时，往往货比三家，并且会结合自己理性的消费需求，采取不同的购买行为。所以，商场针对这一点，应该将商品的宣传放在首要的位置，通过宣传,让人们能够对于不同的产品都有所了解,避免误导消费者,尊重消费者的选择权,同时促进消费者的消费欲望。

3.注重对目标群体的研究,做到有的放矢

从调研结果可以看出,到高级商场进行消费行为的以20~30岁的女性为多,并且她们的收入一般在1000~2000元。于是,可以得出这类的人群是高级商场的目标群体,所以,如何吸引并巩固这部分消费人群是高级商场经营中的头等大事。商场应注重对这部分消费者的消费行为及习惯的研究,并将这部分消费群体牢牢锁定,制定出针对性较强的营销策略,促销手段、新产品宣传和推广等。要避免盲目性和普遍性,做到有的放矢。

4.加强市场细分,抓住目标消费群体

现在的消费者市场分布不均,消费群体差别化加大,许多高级商场都在建立自己的目标市场。大而全的市场格局未必能赢得大而全的消费群体。因此,商场应该寻找并确定自己的目标群体,并加强自己对特定目标市场的服务功能,进而确立自己行业中的优势和地位。

案例分析

优秀的调研报告一般都是文字、图、表格各占三分之一,体现调研报告的个性、时尚、简约、和谐的时代特色。调研报告一定要解决实际问题。

任务一 调研报告的作用和种类

一、调研报告

市场调研报告是市场调研研究成果的一种表现形式。它是通过文字、图表等形式将调研的结果表现出来,以使人们对所调研的市场现象或问题有一个全面系统的了解和认识。撰写市场调研报告是市场调研的最后一步,也是十分重要的一步。调研数据经过统计分析之后,只是为我们得出有关结论提供了基本依据和素材,要将整个调研研究的成果用文字形式表现出来,使调研真正起到解决社会问题、服务于社会的作用,则需要撰写调研报告。调研报告是调研结果的集中表现。能否撰写出一份高质量的调研报告,是决定调研本身成败与否的重要环节。

1.市场调研报告撰写的意义

(1)市场调研报告是市场调研所有活动的综合体现,是调研成果的集中体现。市场调研报告是调研与分析成果的有形产品。调研报告是将调研研究的成果以文字形式表达出来。因此调研报告是市场调研成果的集中体现,并可用作市场调研成果的历史记录。

(2)通过市场调研分析,透过数据现象分析数据之间隐含的关系,使我们对事物的认识能从感性认识上升到理性认识,更好地指导实践活动。市场调研报告比起调研资料来更便于阅读和理解，它能把死数字变成活情况，起到透过现象看本质的作用，有利于商品生产者、经营者了解、掌握市场行情，全面而透彻地把握市场动向，在确定经营目标、编制计划以及控制、协调、监督等方面都起到积极的作用。

（3）市场调研报告是为社会、企业、各部门管理服务的一种重要形式。一个好的调研报告，能对企业的市场活动提供有效的导向作用，调研的结果为企业作决策提供依据。许多管理者并不一定涉足市场调研过程，但他们将利用调研报告进行业务决策。所以，如果调研报告写得拙劣不堪，再好的调研资料也会黯然失色，甚至可能导致市场活动的失败。

2.市场调研报告的特点

（1）针对性。针对性包括选题上的针对性和阅读对象的明确性两方面。一是调研报告在选题上必须强调针对性，做到目的明确、有的放矢，围绕主题展开论述，这样才能发挥市场调研应有的作用。二是调研报告还必须明确阅读对象。阅读对象不同，他们的要求和所关心的问题的侧重点也不同。针对性是调研报告的灵魂，必须明确要解决什么问题、谁是读者等。针对性不强的调研报告必定是盲目的和毫无意义的。

（2）科学性。市场调研报告不是单纯报告市场客观情况，还要通过对事实作分析研究，寻找市场发展变化规律。这就需要写作者掌握科学的分析方法，以得出科学的结论、适用的经验、深刻的教训以及解决问题的方法、意见等。只有具备了上述三个特点的市场调研报告才具有指导意义和实用价值。

（3）时效性。市场调研报告对市场情况作反映，要迅速及时，以适应瞬息万变的市场变化。市场调研滞后，就失去了其存在的意义。因此，市场调研报告的价值有一定期限，调研者要随市场情况变化而不断对市场作调研分析研究。

（4）新颖性。市场调研报告要紧紧抓住市场活动的新动向、新问题，提出新颖的观点。如果你的观点都是别人已经知道或已经提出的，人云亦云而没有独到的见解，就失去了调研报告存在的价值。

3.市场调研报告的目的

市场调研的主要目的是为营销管理提供服务。具体来说，如果调研人员是从事独立的调研专业，那么他的研究目的就是指导其客户去解决市场营销问题；如果调研人员是被某公司雇用进行调研，那么调研人员的研究目的便是指导该公司营销经理去解决问题。只有让客户了解调研材料和结论，调研结果有一定的效果时，调研的服务性才具体落到实处。而要让客户更好地了解调研材料和结论，就必须有一个科学完整的调研报告。

4.市场调研报告的作用

调研报告是调研人员在工作中对某事物、某问题进行深入细致的调研后，经过认真分析研究，最终形成的成果和结论。调研报告的作用主要有三个方面：

（1）调研报告可使调研成果形成一种有条理的固定形式，使委托人或调研结果的使用者能既简洁又系统地了解所研究问题的基本情况、结论和建议。同时，存档后，它还可以作为相关问题甚至相关行业调研时的基本参考。

（2）调研报告可以全面地反映调研工作的质量。因为，调研报告在某种意义上就是对调研工作的总结，调研各个阶段的工作做得如何最终都集中体现在报告中。对调研工作质量的评估也很可能主要取决于对调研报告的评价。

（3）调研报告可以帮助人们采取合理的行动或对策。调研报告可以说是一份系统的调研记录，既有第一手资料又有第二手资料，同时还有系统的分析和结论。这些正是调研结果使用者所必需的。他们往往依据调研报告，加上自己的分析判断，就可以做出合理的决策，并采取有效的行动。

二、调研报告的种类

要写出一份好的报告，最根本的是要安排好报告的内容，而形式是次要的。报告必须根据问题的特点、读者的思维习惯和偏好等，来合理地安排其内容和形式。从表达形式来看，调研报告可分为书面报告和口头报告。对小型调研活动或急需的基本信息进行决策时，没有必要或没有时间使用书面报告，因此口头报告也是一种必要的表达形式。在调研实践中也可以把两者结合起来，在提交书面报告的同时，辅之以口头报告作为补充或解释说明。

从其使用者来看，调研报告可分为基础报告、供出版用的报告、专题报告和供决策者使用的报告等。

1.基础报告

基础报告（basic report）是调研人员撰写的供其自用的调研报告。它是为取得调研结果而准备的第一份报告。这类报告的内容包括工作文件和报告草稿。它是最后报告的基础，待最后报告完成后，它就成为档案保存起来。

【小思考】

为什么基础报告也是很必要的？

答：如果不做基础报告，将来需要参考其研究方法和资料时，或需要帮助其他项目做研究时，就无法得到这类基础的完整的工作记录和研究成果。

2.供出版用的报告

供出版用的报告（report for publishing）是指调研人员撰写的登载于专业报纸、杂志、会刊或专著上的公开的调研报告。这类报告应根据刊物和读者的不同而有所差异。一般不能用简单的叙述写成报告，同时内容又不要过于烦琐，只有很专业的期刊或专著才可能需要较多的细节或过程。出版者和读者一般都喜欢语言简练、条理清楚、观点鲜明、有启发性、有可读性的报告。

3.专题报告

专题报告（technical report）是指供培训业务人员使用的调研报告。这类报告的特点是：包括报告产生过程的介绍；有推导结论的逻辑过程和统计上的细节，如假设检验；有复杂的附录，如使用的研究方法和完整的文献，以为读者提供进一步的资料来源或证明。

4.供决策者使用的报告

供决策者使用的调研报告（report for executive）是最常见的调研报告，也是本章研究的重点。

三、市场调研报告的撰写技巧

市场调研报告的写作技巧主要包括表达、表格和图形表现等方面的技巧。

表达技巧主要包括叙述、说明、议论、语言运用四个方面的技巧。

1.叙述的技巧

市场调研的叙述，主要用于开头部分，叙述事情的来龙去脉，表明调研的目的和根据、调研的过程和结果。此外，在主体部分还要叙述调研得来的情况。市场调研报告常用的叙述技巧有概括叙述、按时间顺序叙述、叙述主体的省略。

（1）概括叙述。叙述有概括叙述和详细叙述之分。市场调研报告主要用概括叙述，将调研过程和情况概略地陈述，不需要对事件的细枝末节详加铺陈。这是一种"浓缩型"的快节奏叙述，文字简约，一带而过，给人以整体、全面的认识，以适合市场调研报告快速及时反映市场变化的需要。

（2）按时间顺序叙述。它是指交代调研的目的、对象、经过时，往往用按时间顺序叙述的方法，次序井然，前后连贯。如开头部分叙述事情的前因后果，主体部分叙述市场的历史及现状，就体现为按时间顺序叙述。

（3）叙述主体的省略。它是指市场调研报告的叙述主体是写报告的单位，叙述中用第一人称。为行文简便，叙述主体一般在开头部分中出现后，在后面的各部分即可省略，并不会因此而令人误解。

2.说明的技巧

市场调研报告常用的说明技巧有数字说明、分类说明、对比说明、举例说明。

（1）数字说明。市场运作离不开数字，反映市场发展变化情况的市场调研报告，要运用大量数据，以增强调研报告的精确性和可信度。

（2）分类说明。市场调研中所获材料杂乱无章，根据主旨表达的需要，可将材料按一定标准分为几类，分别说明。例如，将调研来的基本情况，按问题性质归纳成几类，或按不同层次分为几类。每类前冠以小标题，按提要句的形式表述。

（3）对比说明。市场调研报告中有关情况、数字说明，往往采用对比形式，以便全面深入地反映市场变化情况。对比要清楚事物的可比性，在同标准的前提下，作切合实际的比较。

（4）举例说明。为说明市场发展变化情况，举出具体、典型事例，这也是常用的方法。市场调研中，会遇到大量事例，应从中选取有代表性的例子。

3.议论的技巧

市场调研报告常用的议论技巧有归纳论证和局部论证。

（1）归纳论证。市场调研报告是在占有大量材料之后，作分析研究，得出结论，从而形成论证过程。这一过程主要运用议论方式，所得结论是从具体事实中归纳出来的。

（2）局部论证。市场调研报告不同于议论文，不可能形成全篇论，只是在情况分析、对未来预测中作局部论证。例如，对市场情况从几个方面作分析，每一方面形成一个论证过程，用数据、情况等作论据去证明其结论，形成局部论证。

4.语言运用的技巧

语言运用的技巧包括用词方面和句式方面的技巧。

（1）用词方面。市场调研报告中数词用得较多，因为市场调研离不开数字，很多问题要用数字说明。可以说，数词在市场调研报告中以其特有的优势，越来越显示出其重要作用。市场调研报告中介词用得也很多，主要用于交代调研目的、对象、根据等，如用"为、对、根据、从、在"等介词。此外，还多用专业词，以反映市场发展变化，如"商品流通"、"经营机制"、"市场竞争"等词。为使语言表达准确，撰写者还需熟悉市场有关专业术语。

（2）句式方式。市场调研报告多用陈述句，陈述调研过程、调研到的市场情况，表示肯定或否定判断。祈使句多用在提议部分，表示某种期望，但提议并非皆用祈使句，也可用陈述句。

四、撰写市场调研报告应注意的问题

撰写一份好的调研报告不是件易事，调研报告本身不仅显示着调研的质量，也反映了作者本身的知识水平和文字素养。在撰写调研报告时，要注意以下几个方面的问题：

（1）考虑谁是读者。报告应当是为特定的读者而撰写的，他们可能是领导、管理部门的决策者，也可能是一般的用户。不但要考虑这些读者的技术水平、对调研项目的兴趣，还应当考虑他们可能在什么环境下阅读报告以及他们会如何使用这个报告。有时候，撰写者必须适应有几种不同技术水平和对项目有不同要求的读者，为此可将报告分成几个不同的部分或干脆完全针对对象分别地撰写整个报告。

（2）力求简明扼要，删除一切不必要的词句。调研报告应该是精炼的，任何不必要的东西都应省略。不过，也不能为了达到简洁而牺牲了完整性。

（3）行文流畅，易读易懂。报告应当是易读易懂的。报告中的材料要组织得有逻辑性，使读者能够很容易弄懂报告各部分内容的内在联系。使用简短的、直接的、清楚的句子把事情说清楚，比用"正确的"但含糊难懂的词语来表达要好得多。为了检查报告是否易读易懂，最好请两三个不熟悉该项目的人来阅读报告并报出意见，反复修改几次之后再呈交给用户。

（4）内容客观。调研报告的突出特点是用事实说话，应以客观的态度来撰写报告。在文体上最好用第三人称或非人称代词，如"作者发现……"、"笔者认为……"、"据发现……"、"资料表明……"等语句。行文时，应以向读者报告的语气撰写，不要表现出力图说服读者同意某种观点或看法。读者关心的是调研的结果和发现，而不是你个人的主观看法。同时，报告应当准确地给出项目的研究方法、调研结果的结论，不能有任何迎合用户或管理决策部门期望的倾向。

（5）选用不同类型的图表，具体说明和突出报告的重点内容。用表格、图表、照片或其他可视物品来补充正文中的关键信息是十分重要的。直观可视的图表等对帮助报告撰写者和读者之间进行交流是很有好处的，也可以增强报告的明了程度和效果。

（6）报告中引用他人的资料，应加以详细注释。这一点是大多数人常忽视的问题之一。通过注释，指出资料的来源，以供读者查证，同时也是对他人研究成果的尊重。注释应详细准确，如被引用资料的作者姓名、书刊名称、所属页码、出版单位和时间等都应予以列明。

（7）打印成文，字迹清楚、外观美观。最后呈交的报告应当是专业化的，应使用质量好的纸张，打印和装订都要符合规范。印刷格式应有变化，字体的大小、空白位置的应

用对报告的外观及可读性都会有很大的影响。同时报告的外观是十分重要的。干净整齐、组织得好的有专业味道的报告一定比那些匆匆忙忙赶出来的外观不像样的报告更可信、更有价值。撰写者一定要清楚不像样的外观或一点小失误和遗漏都会严重地影响阅读者的信任感。

任务二 调研报告的格式与内容

一、文字市场调研报告

调研报告一般没有统一固定的格式与内容，尤其是对于口头报告、基础报告和专题报告更是如此。如何安排报告的格式和内容，就要根据问题的性质和使用者的要求而定。这里主要介绍一下供决策者阅读和使用的报告的基本格式和内容。

一般来说，提供给决策者的调研报告应包括以下一些内容。

1. 呈送函件

函件要指出该报告直接呈交给谁，进行该项工作的原因以及这项调研的有关批示或批准事项等。

2. 扉页

在扉页上包括三项内容：一是调研报告的标题；二是调研人员姓名及所属单位或调研公司；三是完成和呈报报告的日期。调研报告的标题也就是报告的题目，一般要简单醒目并点明报告的主题。有的调研报告可能采用正副两个标题，正标题表达调研的主题，副标题则具体表明调研的单位和问题。如果调研报告需保密，那么就应当在每份扉页上编号或写上准备分发给收件人的姓名。

一般情况下，扉页应放在报告的首页，但也有人喜欢把呈报函件放在首页，以突出表示他们要把报告呈交给函件所指之人。

3. 目录

如果报告较长，报告书就应该有一个目录。所谓目录也就是报告中各章节内容索引和附录的顺序提要及其页码。附录可能包括各种表格、图表、图示或插图说明等，它们一般要排列在报告正文之后。目录一般以不超过一页为宜。

4. 提要

提要是对调研报告基本内容的概括，是对所有主要事例和主要调研成果及结论的综述。有的主管人员或决策人员往往对调研的复杂细节没有什么兴趣，有的则因工作紧张，以至于他们只想知道主要结果、主要结论和如何行事的建议等。因此提要是调研报告不可缺少的重要内容。

编写提要时，最好在报告全文写好之后，将其插入到报告中的适当位置。这种提要一般不宜超过两页，汇总表也不宜超过两个。

5.导言

这一部分通常包括：进行这项调研工作的原因、工作范围、对研究问题的拟订、要达到的目标以及调研所依据的一些假设等。此外，如果有必要，还可加进历史背景的简要描述。导言的目的是引导读者详细探讨面临的问题。

6.研究方法

方法有助于使人们确信调研结果的可靠性，因此应对所用研究方法进行简短叙述，并说明为什么选用这些方法。这里所说的研究方法是指为达到调研目标所使用的程序，它包含着调研方法，但又不能将其简单地理解为调研方法。描述研究方法时至少应包括以下几方面：①调研设计是探索性的、描述性的，还是结论性的或试验性的；②收集、检查和使用各种资料的方法；③抽样设计和样本选择方法；④所使用的问卷类型以及确定类型的依据；⑤分析和解释所使用的方法；⑥所使用的调研人员的数量和类型（如采访人员、操作人员和管理人员等）。

7.调研成果

调研成果是调研报告的核心内容，因此应是重点交代、重点阐述的部分。这部分内容主要包括：①对于大量的原始资料进行整理概括的结果及其解释和说明，使读者一目了然；②使用的各种定性和定量分析方法的分析结果，包括使用统计分析方法的分析结果和详细的解释；③综合概括和结论；④表达调研成果的其他手段，如图、表和曲线等。

【经验谈】

报告所列调研成果的完全和详细程度，与调研者的水平和使用报告目的有关。一般来说，成果至少应有足够详细的解释，使读者对所研究的问题有充分的了解。有关详细的资料可以放在附录中，供有关人员在他们认为需进一步研究时加以使用。

8.限制条件

某些限制条件的交待也是很有必要的。例如，完成调研工作的时间期限；调研回答误差及其可能的影响；调研成果的局限性、试用范围和可推广的程度；由于现场被调研对象不愿意作为抽样的对象，而使用代替的样本限制等。

9.结论和建议

根据调研成果，用归纳法或演绎法进行推理判断，可以合乎逻辑地得出某些结论。这些结论应该对调研的前提或假设进行证实或否定。如果是营销决策调研，结论的提出可采取列举几种可供选择的方案的形式，说明企业可以采取哪种步骤和行动，每种可能的开支和达到的结果。如果可能的话，调研人员应预测到企业采取了某种具体方案后，一定时间内应达到的经济效果。

紧接在结论之后应是有关行动的建议。建议的内容主要有：企业应当选择哪一种行动方案，其可行性如何；由谁做，做什么，何时、何地做等。这些建议可能被决策者采纳，也可能被束之高阁。

【小思考】

如果报告提出的建议不被采纳，是否还要提建议？

答：无论调研人员的建议起不起作用，为了进一步研究的需要，提出建议都是他们职权范围内的事，都应当提出他们的建议。

10.附录

附录主要包括用来论证、说明或进一步阐述正文有关情况的补充或扩充资料。一般将其顺序编号,排列在正文之后。可能涉及的资料主要有:

(1)已经在报告的正文汇总的统计表和统计数字列表及其详细计算。

(2)第二手资料来源索引;第一手资料来源和联系对象的名称及地址、电话、电子邮箱及网址一览表。

(3)收集资料所使用的问卷和采访者指导说明书。

(4)为抽样调研而选定样本的有关细节。

(5)有关会议记录、书籍、手册等。

(6)其他有必要列入的参考资料。

二、口头市场调研报告

在很多情况下,需要将市场调研结果向管理层或委托单位作口头报告。口头报告可以帮助管理部门或委托方理解书面报告并接纳书面报告。口头报告还要针对用户事先提出的问题进行说明和做出回答。

由于很多管理决策的领导对调研项目的第一印象和最后印象是根据口头报告形成的,因此口头报告的重要性无论如何强调都不会过分。

1.口头市场调研报告的技巧

口头报告同书面报告一样,首先需要了解听众对象。他们的专业技术水平的层次有多高?他们在项目中的参与程度有多深?他们的兴趣如何?一般来说,口头报告宁可少一些详细的技术性阐述。因为经理们在听讲时,如果需要了解情况,他们可以随时要求对有关的技术细节进行必要的解释。

(1)口头报告的制作。口头报告制作的一个重要方面是怎样组织报告的顺序。一般有两种较通用的方式,在报告的开头,两种方式都先阐述调研的总体目标和特定目标。两者的差别是何时介绍调研的结论。其中最通用的方式是在对调研活动的所有项目都一步步地介绍清楚以后,再阐述结论。这种形式使报告的陈述具有逻辑性和系统性。另一种方式是在调研目标提出以后,立即阐述调研的结论。这种方式能迅速抓住经理人员的注意力,加深他们对调研结果的印象。这不仅使他们能够对调研所提出的各种行动方案加以思考,也能提醒他们对用以支持结论的一些例证充分注意。

口头报告的制作还要考虑如何适当地使用直观教具,以使口头阐述效果更佳,报告人可以根据听众人数的多少以及会议室的设备状况来决定使用何种教具。例如,挂图、投影器、幻灯片甚至黑板都可以用来帮助提高口头报告的效果。

(2)口头报告人的演讲。口头报告人应使用三分之一(至多不超过一半)的时间来阐述正式报告的内容,他必须把握整个讲演进程,保证留有足够的时间对关键的调研结果充分阐述并展开讨论,同时能保留充裕的时间来允许提问和进一步讨论。

与书面报告相比,口头报告有其独特的优点。口头演讲可以产生一种相互影响的效应,因为提问和回答过程可以帮助报告人澄清谈话过程中可能出现的混淆;报告人还可以对一些需要特别注意的部分,有重点地详细阐述,并体会到什么是听众最感兴趣和特别关心的部分。此外，在报告过程中听众提出的问题可以帮助演讲人对报告进一步进行改进。

（3）调研结果的图表。口头报告中如能适当运用设计精良的图表进行说明，能顶上千句言语说明的效果。在调研报告中，涉及数字表述时常可使用图表来加以说明，图片能使读者对数量之间的关系和比较有较为准确的理解，因为图表说明更加直观、明确，给人以深刻的印象。

在调研报告中，常用的图表有三种：第一种是统计图，用来显示量的多少；第二种是地图，用来显示地理区域；第三种是示意图，用形象的图形来显示数字的含义。一般来说，统计图使用最普遍。

2.口头市场调研报告应注意的问题

要使口头报告发挥效力，关键是做好充分的准备。只要准备充分，就会充满信心，增强口语表达的效果。具体应注意以下问题：

（1）按照书面报告的格式准备好详细的演讲提纲。
（2）口头报告的内容和风格要与听者的具体情况和要求相吻合。
（3）借助可视物来加强发言效果，如PPT、图片、实物等。
（4）语言要简洁明了，明确易懂。
（5）要有趣味性和说服力，适当使用实例加以说明。
（6）报告的结尾应当是明确而强有力的。

任务三 调研报告准备的原则

一、基本原则

一个典型的完整的调研报告，应该有三种表达方式，即用文字和数据作为主要的表达方式，同时用图表补充或阐明。报告起草人应熟练使用这些表达方式，以将调研成果有效地、充分地展示给决策者。

准备调研报告，首先应符合两个基本原则。

（1）调研报告必须真实、准确，以实事求是的科学态度，准确而全面地总结和反映研究成果，是写好调研报告的首要原则。真实性主要表现在一切结论来自客观实际，有具体的数字资料依据。从事实出发，而不是从个人观点出发先入为主地做出主观判断。调研之前所涉及的理论模型或先行的工作假设，都应毫无例外地接受调研资料的检验。凡是与事实不符的观点，都应该坚决舍弃；凡是暂时还拿不准的，应如实写明，或放在附录中加以讨论。

调研报告的真实性还表现在，所用的数据要准确。只有建立在精确数据上的论点才真实可信。因此，调研报告所提供的事实材料必须经过认真审核，数据应当经过反复检验。

（2）调研报告要满足决策者（读者）的需求或要求，这也是准备调研报告的重要原则。

【经验谈】

因为营销调研是为经营决策服务的，经营决策是由主要决策者依据调研成果做出的，所以决策者必然要求有一个适合其阅读使用的最终报告。

报告起草人应尽量了解主要决策者的类型，了解他们的兴趣、偏好及思维模式，以使提交的报告最大限度地符合决策者的需求，使报告能一次通过。通常决策者有以下4种类型：

（1）对事物的看法有鲜明的倾向性，对调研有强烈的兴趣的决策者。此类决策者对接受或拒绝调研成果报告起着重要作用。在这种情况下，报告起草人应该小心谨慎，最好从决策者所感兴趣的方面入手，逐渐展开报告；同时应避免出现没有详细说明的命题或结论。

（2）迟疑的决策者。此类决策者需要很强的刺激才愿意对事情做出决定。在这种情况下，有必要对报告做一番生动有趣的描述。

（3）喜欢分析思考的决策者。这类决策者往往需要报告具有完整的资料和有深度、有逻辑性的论证。

（4）精悍果断，善于综合思考的决策者。这类决策者希望不花过多的时间就能掌握事物的本质。在这种情况下，应该采用简练的语言和图表来表达报告的内容。准备调研报告的过程实际上是调研者与决策者（读者）双向决定的过程，并非报告越长越好或越详细越好，也并非只有一种模式。报告要在真实可信的基础上，尽量满足报告使用者的需求或要求。

但是，更多的时候我们不可能把主要决策者简单地归入哪个类型，或者说很难确切地适应决策者的兴趣和思维模式。这时候，应该遵照下述一般原则按常规处理。

二、报告编写的原则

编写供决策者阅读、使用的调研报告时，应遵循以下原则。

1.易于理解和阅读

这主要包括：逻辑严密、结构层次清楚，比如每个主题要有明确的标题，除了主标题以外，还可以使用副标题。为了易于理解，还应当尽量使用非专业性语言，必须使用专门术语时，报告中应有简要的解释，并将这类解释放在附录中。内容是否明确是评价报告的一个重要的质量指标，因为如果内容表达含糊不清往往会导致错误的决策或大量的失误。为此在起草报告时，应该反复推敲修改，不追求速度，也可以事先让两三个不熟悉专业的人阅读报告，提出不明确之处，再予以纠正。

2.语句简练流畅

语句结构是写作技巧的反映。要想写出好的报告，当然要注意语句结构技巧。首先应尽量使语句简洁：少使用长而晦涩的语句；其次应使语句尽量活泼流畅，以引起阅读兴趣。

3.简要

这主要是说报告的篇幅一般不宜过长，报告的长短应以能达到研究目的为准；把要点放在前面，并可用大号黑体字表示强调，然后，针对论点简要阐述；既要具体又不能啰嗦。

4.实用

实用原则是很重要的。它主要强调调研报告应有很强的针对性和目的性,即帮助决策者研究问题和解决问题,因此它无需使用华丽的词藻和进行过多的理论分析。

5.形式多样化

调研报告的编排形式不是唯一的,相反,灵活多样的编排形式更有利于引起读者注意,避免呆板,方便阅读。例如,可用黑体字强调中心思想或主要论点,用引号或下划线强调关键词,用圆点表明重点等。报告整体的各部分的排列,根据情况,可顺序编号排列,也可主次排列,亦可以分块列表顺序排列等。

三、表格展示的原则

列入报告中的部分统计资料,在其相对比较简单或描述其在上下文中的关系时,可以将其并入文字说明部分。

【小思考】

当需要比较复杂的统计分析时,应选择的表示方法是什么?

答:应单独使用统计资料,不宜把各种资料交叉使用。

这类表格的设计应注意的问题主要有以下几个方面。

1.标题

标题应安排在表上方正中间,必须简明准确地表述资料的性质、分类和时间。如果统计表较多,应给各表编号,以免混乱。

2.数字

所有上下各行数字的位数都应对齐,同类数字应保持统一的有效位数,如准确到哪一位数字,都应一致;遇有相同的数字时,要重写一遍,不可用"同上"或"同左"之类的字样代替;有不同年份的应按年月顺序排列;对于与正文有关的数字,应当用有关的符号表示(如8A、8B等)。

3.项目排列

项目应按资料的重要程度排列。例如,当资料与行政区域及位置关系密切时,可以按地理位置排列;当资料与时间有关时,应按适当的时期(如年、季、月等)排列;当大小次序重要时,应按顺序排列,这种排列最常见;当项目位置在表中显得重要时,应该用阿拉伯数字或英文字母排列等。

4.纵标目和横标目

纵标目是位于垂直栏目之上的名称,横标目是位于横行或水平数字行的左端,两者都应当简明扼要。横标目上的总标目(一般位于表的左上角)要能综合说明横标目的内容。若有小分类或小计时,要在横标目中一并表示出来,但小分类的横标目要缩进几格而又比小计凸出。当一个总的纵标目所表达的内容与表中两个以上的纵标目具有共同点时,则把总的纵标目放在这些共同的纵标目的上方。如果纵标目、横标目较多,最好编号。

5.计量单位

表中的数字要注明计量单位。如表内数字都属同一计量单位,一般应将其标明在表的上方，以免在表内重复填写；如不属于同一计量单位，应将其放在各纵标目上。

6. 资料来源和脚注

除第一手资料外，一般均应标明资料来源，以便需要时参考。对有些无法并入表格的解释性内容，如数据资料或计算方法的某些限制条件，可用脚注说明。脚注一般应放在表格的下面、"资料来源"的上面。

7. 重点强调符号

有时需要强调一下重点以引起读者注意，可以使用必要的符号进行标明。例如，在数字、横标目和纵标目中，利用字体对比，可达到强调重点的目的；利用细线、粗线或双线可表示强调或引起注意等。

四、图像展示原则

对于报告的重要部分，有时需要用图像形式给予充实。图像是一种基本的形象化的辅助手段，它有利于理解表格和说明资料特征。但是也应该慎重地有限制地使用，只有必要并且报告篇幅许可时，才使用图像形式展示资料。

图像具体形式非常丰富，但常用的主要有曲线图、条形图、圆形分割图、象形图和统计地图等。下面简要地说明曲线图和条形图的制作及使用的原则。

1. 曲线图

曲线图是以图内曲线的高低升降来表现数据资料的变化或依存关系的图形。根据其反映的资料性质，曲线图有动态曲线图、分配曲线图和依存关系图等。调研报告中常用的是动态曲线图。动态曲线图是通过连续曲线的升降来表示现象发展的动态。例如，各年产品销售总额的数据记录可描绘成一条动态曲线。动态曲线图的绘制，通常是利用直角坐标，在坐标的横轴上划分时距，在纵轴上确定数量尺度。从纵横轴上的各标点分别引出细直线，构成坐标格，即图形的底景。然后根据数据资料在坐标格上确定各交叉图示点，连接各点便形成动态曲线图。为了进行对比，可以把两条或两条以上曲线图绘制在同一直角坐标内。例如，有两种或多种产品的同期销售数据资料，即可在同一坐标内绘制成两条或多条曲线，以便对其进行对比（图12-3）。

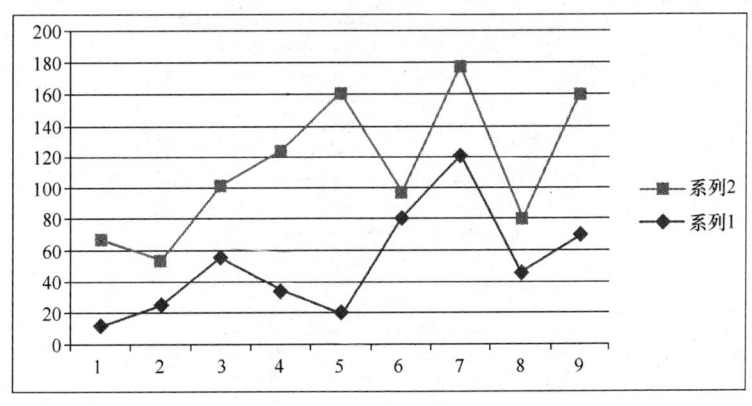

图12-3 曲线图

绘制动态曲线图应注意以下一些原则：

（1）纵轴尺度应以0点为起点，自下而上标明数目，尺线上相同线段必须代表相同数值。横轴上时间的排列，要自左而右，间隔也应与时间长短相适应。

（2）纵轴尺度和横轴的间隔应当相互适应。如果纵轴尺度过大而横轴间隔太小，将加剧曲线的波动；反过来，纵轴尺度过小而横轴间隔过大，则会使曲线特征不够明显。

（3）图示点的确定必须准确。在横轴上以一定标点表示一定时间时，必须落点在各标点相应的指导线上。用一定线段表示一定时距时，应根据图示资料性质加以定点。

（4）图示曲线要转折分明，并应用粗线来绘制，以使其突出有力，显示图示现象的变动趋势。

（5）对于同一图示有两条以上曲线时，为了显示各条曲线的不同变动趋势，应该用不同形式或粗细的曲线来表示。

2.条形图

条形图是以相同宽度的条形的长短或高低来比较数据大小。它是图像展示最常用的形式。条形图绘制简便，表现形式明确，图示效果较好。条形图可分为垂直条形图和水平条形图。垂直条形图比较适用于按数量或年份分类的数据资料，见图12-4；水平条形图比较适用于按质量或地理位置分类的数据资料（见图12-5）。

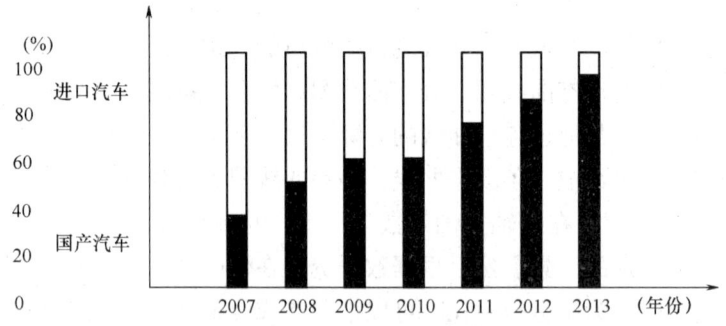

图12-4 历年汽车销售市场占有率（垂直条形图）

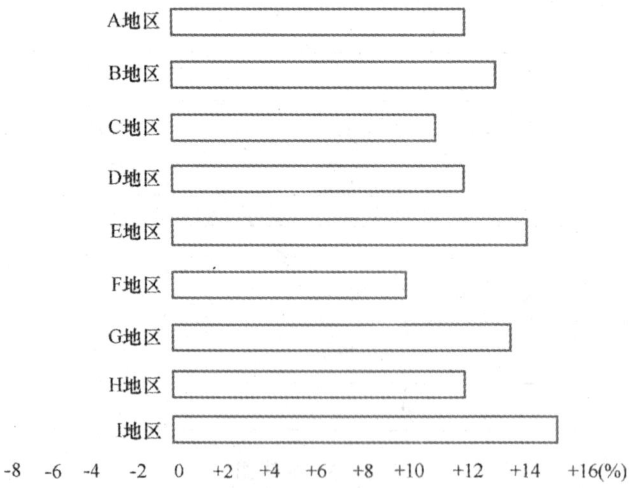

图12-5 全国九个地区2012—2013年销售变化百分比（水平条形图）

3.其他图形

(1)圆形分割图。圆形分割图是较常用的表示数据的方法。它是把整个圆形分成若干扇形部分,以全圆面积表示现象总体(或总量),各扇形面积的大小表示总体中各组成部分所占比重的大小。其绘制方法是,根据扇形面积与圆心角的大小成正比例的原理,每3.6度圆心角即包括1%的圆面积;将各组成部分的数据分别乘以3.6,可得各组成部分应占的圆心角的度数;然后,使用量角器按计算度数可绘出各个扇形。例如,我们对某城市居民某年消费支出结构调研的结果是,耐用消费品支出占14%,非耐用消费品支出占61%,用于各项服务支出占25%。如果用圆形分割图来形象地表示这个结构,首先应计算各自圆心角度数分别为50.4°(3.6×14)、219.6°(3.6×61)和90°(3.6×25),然后即可绘出圆形分割图(图12-6)。

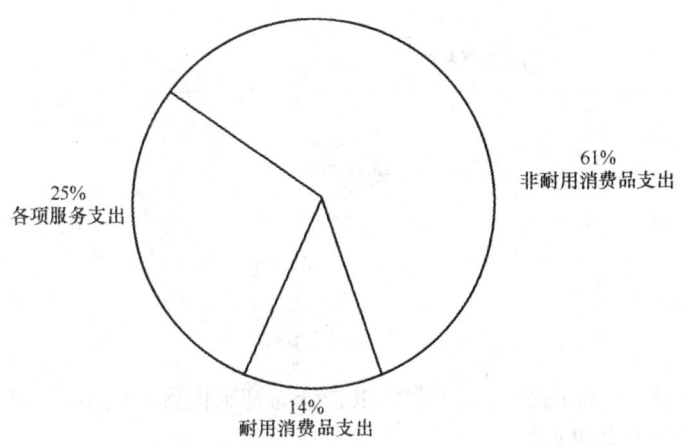

图12-6 某市居民某年消费支出结构(圆形分割图)

(2)象形图。象形图是用形象画来表示调研资料的图形。它可分为两类:一类是用形象画的大小、多少、长短或高低来表示数据资料;另一类是仅用图内形象画象征图示的现象,另用数字来注明现象的数量(图12-7)。

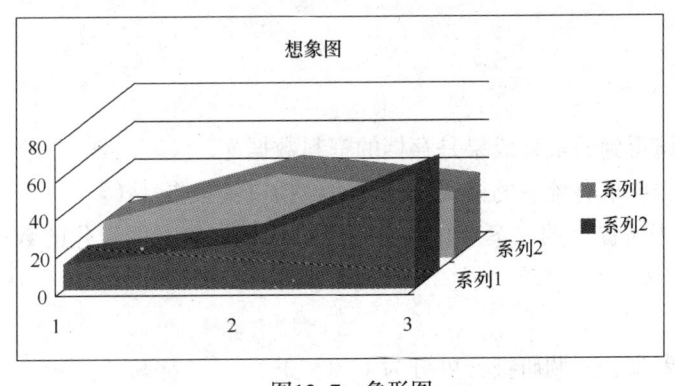

图12-7 象形图

(3)统计地图。统计地图是以地图为底景,对所研究的社会经济现象有关地区分布的调研资料进行图示。它主要适用于表示按行政区域或经济区域等划分的目标市场的研究，如不同地区生产销售总额、消费者数量和比重以及购买力分布等（图12-8）。

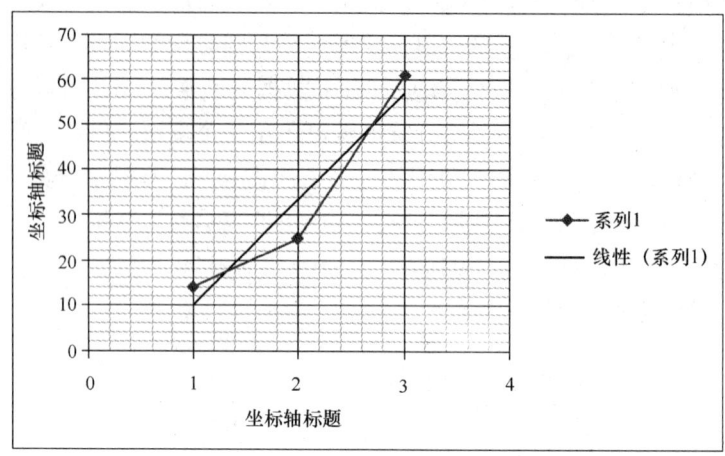

图12-8　统计地图

项目小结

本项目介绍调研报告的作用及分类。调研报告分为基础报告、供出版用的报告、专题报告、供决策者使用的报告四类。

重点介绍了调研报告的格式及内容，并分别提出调研报告每一部分的要点。最后强调了在编写调研报告时应注意的一些原则。

复习思考题

■ 基本训练

1.判断题

（1）市场调研得到的最终成果是存档的资料数据库。（　　）

（2）调研报告要求有统一的格式和内容，包括口头报告。（　　）

（3）调研报告所提供的方案性材料必须经过认真审核，而量化的数据则无需过多检验。（　　）

2.选择题

（1）从使用者来分，调研报告可分为（　　）。

　　A.基础报告　　　　　　　　B.供出版用的报告
　　C.专题报告　　　　　　　　D.供决策者使用的报告

（2）一般情况下，应被放在调研报告首页的内容是（　　）。
　　A.呈送函件　　　　B.扉页　　　　C.目录　　　　D.提要
（3）编写报告时应遵循的原则有（　　）。
　　A.语句简练流畅　　　　　　B.简要
　　C.实用　　　　　　　　　　D.形式多样化

3.简答题
（1）调研报告中附录一般涉及的资料有哪些？
（2）表格展示时应遵循哪些原则？
（3）调研报告的内容包括哪几个方面？
（4）调研报告写作的技巧是什么？

■ 案例分析
1.《郑州大学毕业生就业情况调查》
2.《为什么大学毕业生择业倾向沿海地区》
3.《高校发展重在学科建设——××大学学科建设实践思考》
试分析以上调研报告题目属于什么形式，适用于哪些调研？

参考文献

1. 冯志强.市场营销策划.北京：北京大学出版社，2013.
2. 岑咏霆.市场调查技术.北京：高等教育出版社，2013.
3. 李欣.助你成为营销高手.珠海：珠海出版社，2012.
4. ［美］小卡尔·迈克丹尼尔.当代市场调研.范秀成等译.北京，机械工业出版社，2012.
5. 韩函.中华粮油商务.郑州：中华粮网，2013.
6. 冯志强.创新战略.北京：中国市场出版社，2012.
7. 车礼，胡玉立.市场调查与预测.武汉：武汉大学出版社，2012.
8. 张梦霞，成功的市场调研.北京：石油工业出版社，2013.
9. ［美］拉里·帕西.市场调研.文岳译.北京：机械工业出版社，2012.
10. ［英］保罗·海格、彼得·杰克逊.市场调研.张天赐译.北京：中国标准出版社，2012.
11. 陈煌涛，胡春晓.国际市场调研与预测.南昌：江西高校出版社，2011.
12. 苗杰．现代广告学.北京：中国人民大学出版社，2013.
13. 梁金华，郑媛媛.市场调查与预测.北京：清华大学出版社，2013.
14. 王静.现代市场调查.北京：首都经济贸易大学出版社，2012.
15. 陆宗憬.市场调查预测指南.北京：化学工业出版社，2012.
16. 徐阳.市场调查与市场预测.北京：高等教育出版社，2013.